新文科·智能会计课教融合精品教材

商业智能财务分析解决方案

◎ 主　编　刘俊勇

◎ 副主编　马世权　李绍蓬　贾　菁

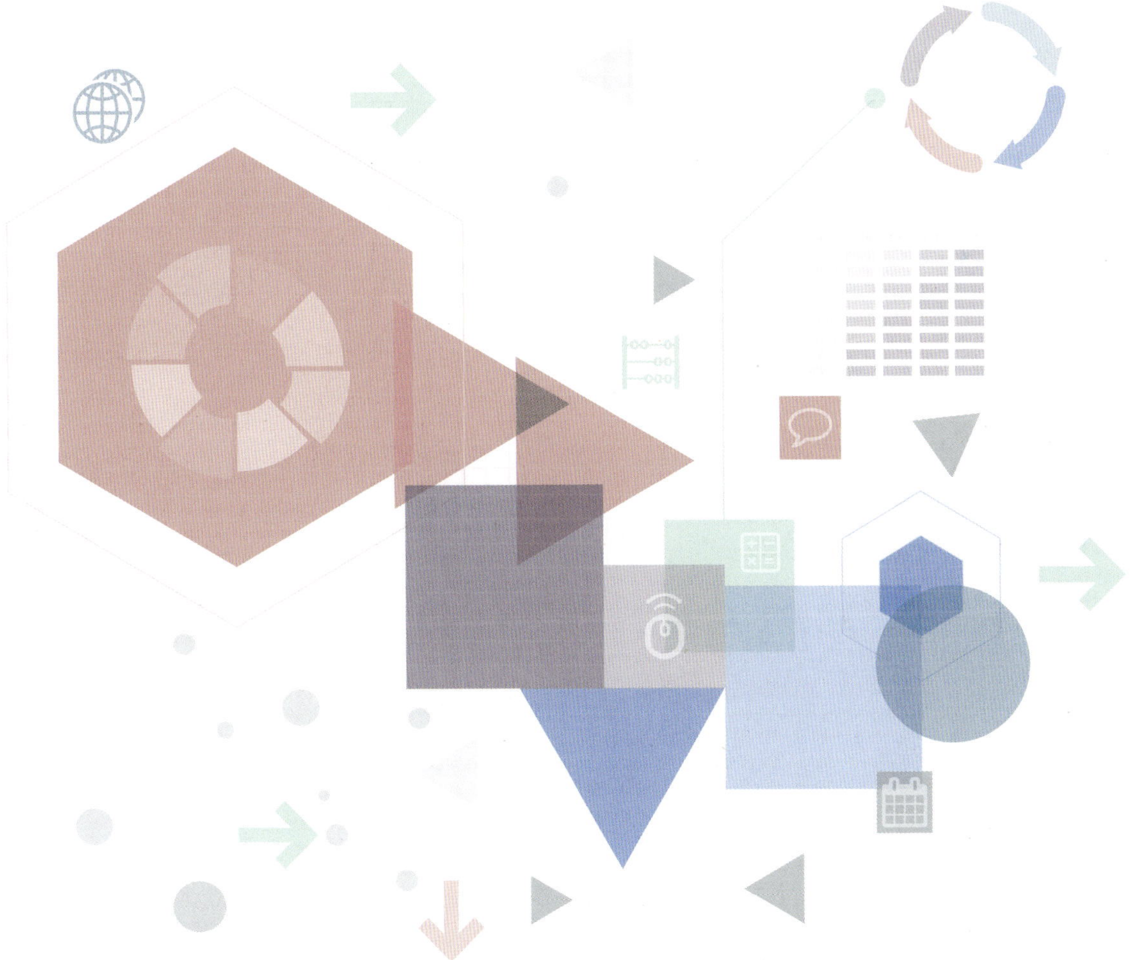

高等教育出版社·北京

内容简介

国家"十四五"规划中提到科技创新推动产业升级,智能技术应用极大地推动了财务智能的转型和发展。未来财务人才需要具备推理判断能力、洞察理解能力以及谈判沟通能力等,本书取材于中央财经大学会计学院的学习项目,采用微软的 Power BI 商业智能数据分析工具并结合多家知名企业应用案例,讲述了商业智能软件如何帮助企业将传统的"利润表""资产负债表"和"现金流量表"等用可视化的方式进行展现,如何使财务指标分析、应收账款等财务信息在企业经营决策时发挥作用。全书共九章:第一章为商业智能财务的前景;第二章到第四章分别介绍了"利润表""资产负债表"和"现金流量表"的智能财务分析方案;第五章为重要的财务指标分析;第六章和第七章针对"收入"和"应收账款"管理进行讲解;第八章为费用预算控制;第九章为管理利润考核。

本书配有大量的教学视频、案例分析、函数汇总、练习题等,用多媒体的方式带入,方便读者一步一步地掌握操作技能、顺利完成学习。本书既是高等学校经济与管理专业学生学习商业智能财务分析课程的教学用书,也是社会读者学习商业智能财务分析的实用培训教材。

图书在版编目(CIP)数据

商业智能财务分析解决方案 / 刘俊勇主编. -- 北京:高等教育出版社,2021.8(2022.9重印)

ISBN 978-7-04-055984-2

Ⅰ.①商… Ⅱ.①刘… Ⅲ.①会计分析-高等学校-教材 Ⅳ.①F231.2

中国版本图书馆 CIP 数据核字(2021)第 061672 号

Shangye Zhineng Caiwu Fenxi Jiejue Fang'an

| 策划编辑 | 王 琼 付雅楠 | 责任编辑 | 王 琼 付雅楠 | 封面设计 | 张 楠 | 版式设计 | 杨 树 |
| 插图绘制 | 于 博 | 责任校对 | 王 雨 | 责任印制 | 赵义民 | | |

出版发行	高等教育出版社	网 址	http://www.hep.edu.cn
社 址	北京市西城区德外大街4号		http://www.hep.com.cn
邮政编码	100120	网上订购	http://www.hepmall.com.cn
印 刷	北京中科印刷有限公司		http://www.hepmall.com
开 本	787mm×1092mm 1/16		http://www.hepmall.cn
印 张	11		
字 数	240 千字	版 次	2021年8月第1版
购书热线	010-58581118	印 次	2022年9月第2次印刷
咨询电话	400-810-0598	定 价	35.00元

本书如有缺页、倒页、脱页等质量问题,请到所购图书销售部门联系调换

版权所有 侵权必究

物 料 号 55984-00

前 言

随着数字化进程加速,一场数字化转型正在影响整个社会,大力发展智能财务研究是对人工智能发展、会计数字化转型的积极响应。 大数据、云计算和 AI 等新一代数字技术正在为各个产业提供支持,有力地助推全方位的产业数字化转型。数字技术既带来了便利,也引发了人们焦虑,财务人员只有面对挑战,不断进取,破解难题,才能充分利用好数字技术不断完善和重构下的财务管理。

《商业智能财务分析解决方案》取材于中央财经大学会计学院的学习项目。 同学们学习 Power BI 后,可以很快地将企业经营分析的思路和相关财务指标用可视化的方式展现出来,极大地提高了分析的效率。 由此我们萌生了编写这本教材的想法,希望通过教材让更多的人掌握新工具,并提升财务分析的工作效率。 为了将三大财务报表的分析和企业的实际经营分析相结合,本书专门收录了对多家企业进行深入调研与采访的数据,以达到更好的阐述效果。

商业智能(Business Intelligence,BI)的概念在 10 年前就被提及,它能够将原始数据转化为对商业目标有益的信息,从而辅助人们更快速地探索市场的优劣势,做出有效决策,保证企业的长期稳定发展。 传统的 BI,有 SAP 中用于建模的 BW 和报表工具 BO、IBM 的 Cognos 等。 最近几年在 Gartner(全球最具专业权威的 IT 研究咨询公司)发布的《分析与商业智能平台魔力象限报告》(*Magic Quadrant for Analytics and Business Intelligence Platforms*)中又出现了 Tableau、Qlik 等新秀,但微软公司开发的 Power BI 从 2016 年起就一直处于 BI 领域的领导者地位,在经过了企业多方面实践后,我们选择了这款对财务人员比较友好的 BI 软件来进行讲解,也是希望与大家一起体验新时代 BI 工具的灵活易用。

智能财务不仅是未来发展的方向,更是值得广泛推广的新技能,本书是从实践中来,又经过了中央财经大学教学实践的检验,具有以下三个特点:

1. 学界和业界结合,注重实操。 高等财经院校一直致力于专业课程建设、财会理论研究和人才培养能力的不断提升。 财务是一门应用类学科,要不断与实务发展相结合,有的放矢地进行教育和培养。 本书满足了高等财经院校推动教学改革发展的需要，让高等财经院校人才不仅具备过硬的理论基础，同时也具备扎实的操作技能。本书注重实操，结合大量的案例和作业，可以让学生身临其境地体验商业场景，完成商业报告。

2. 体现业财融合，财务智能化。本书适应了当前管理会计业财融合的需要。管理会计业财融合已经推动多年，从传统的核算会计到责任会计、管理会计，会计行业的发展水平在不断地提升，本书正是将战略会计、管理会计以及绩效管理等方法结合信息化指标更加清楚地展现给决策人，让业财融合落到实处，让会计专业的学生和会计从业人员能力提升更具思路和方向。

3. 选择大量真实的实践案例，应用性强。科技手段不仅助力企业的发展，更是引领甚至颠覆企业的发展。本书结合多家知名企业实施案例，总结出创造者在应用过程中的经验和方法，这些有价值的案例为企业助力和赋能，推动其向更加优质高效的方向发展。

本书内容共分为九章：第一章商业智能财务的前景；第二章商业智能财务分析在利润表中的应用；第三章商业智能财务分析在资产负债表中的应用；第四章商业智能财务分析在现金流量表中的应用；第五章财务指标分析；第六章收入洞察；第七章应收账款管理；第八章费用预算控制；第九章管理利润考核。本书由刘俊勇教授、马世权、李绍蓬、贾菁共同编写完成。得益于严谨的项目管理制度，本书编写团队任务分配均衡、进度安排合理，最终大家齐心协力完成了教材的编写。

和传统教学用书不同，我们还针对教学案例录制了学习视频，每一章案例都从数据准备、模型搭建和可视化展现等方面进行详细的介绍，让读者不但能够跟着书中的步骤进行学习，还可以看到老师在功能实现中的演示过程，便于反复查看、反复练习。

毕竟智能财务还是一个新的领域，我们也是通过对工作实践和客户应用过程中诸多案例的思考，甄选出最具广泛意义和代表性的案例进行讲解，让读者能够通过学习案例自己动手做到三大财务报表的创建，并且对重大收入和利润事项进行更进一步的展开。当然如果读者对此有更浓厚的学习兴趣，或者将案例推演到实际的工作中还有新的想法和困惑，我们还可以通过作者自建公众号"Power BI 大师"及学习群进行解答和分享。

商业智能财务分析的建设发展任重道远，尽管我们尽了最大的努力，但由于水平有限，书中难免会有一些疏漏不妥之处，恳请各位读者提出宝贵意见，以便我们再版时修订并致谢。

编　者
2021 年 5 月

目 录

第一章　商业智能财务的前景 ·· 1
　　第一节　数字时代　财务未来 ·· 1
　　第二节　业财融合　财务转型 ·· 4
　　第三节　大势所趋　紧随时代 ·· 5
　　第四节　课程设置 ·· 8
　　本章关键词 ·· 12
　　即测即评 ·· 12

第二章　商业智能财务分析在利润表中的应用 ·························· 13
　　第一节　数据准备工作 ·· 14
　　第二节　利润表基础度量值的建立 ······································ 20
　　第三节　利润表模板应用 ·· 26
　　第四节　利润表项目度量值的计算 ······································ 30
　　第五节　自定义单位和百分比格式 ······································ 36
　　第六节　自定义正负数显示格式 ·· 40
　　第七节　利润表矩阵可视化设计 ·· 44
　　第八节　可视化图表输出 ·· 50
　　本章关键词 ·· 59
　　即测即评 ·· 59

第三章　商业智能财务分析在资产负债表中的应用 ······················ 60
　　第一节　数据准备工作 ·· 61
　　第二节　资产负债表基础度量值的建立 ·································· 66

　　　　第三节　矩阵的完善 …………………………………… 71
　　　　第四节　比率指标计算和仪表板可视化 ………………… 75
　　　本章关键词 ……………………………………………………… 77
　　　即测即评 ………………………………………………………… 78

第四章　商业智能财务分析在现金流量表中的应用 ………… 79

　　　　第一节　数据准备工作 …………………………………… 80
　　　　第二节　现金流量表度量值的建立 ……………………… 82
　　　　第三节　可视化输出 ……………………………………… 85
　　　本章关键词 ……………………………………………………… 89
　　　即测即评 ………………………………………………………… 89

第五章　财务指标分析 ……………………………………………… 90

　　　　第一节　财务指标分析模板 ……………………………… 90
　　　　第二节　如何让数据产生价值 …………………………… 96
　　　本章关键词 ……………………………………………………… 97
　　　即测即评 ………………………………………………………… 97

第六章　收入洞察 …………………………………………………… 98

　　　　第一节　收入移动平均计算 ……………………………… 99
　　　　第二节　基于多业务维度的收入洞察 …………………… 101
　　　　第三节　可视化输出 ……………………………………… 107
　　　本章关键词 ……………………………………………………… 111
　　　即测即评 ………………………………………………………… 111

第七章　应收账款管理 …………………………………………… 112

　　　　第一节　数据准备工作 …………………………………… 113
　　　　第二节　应收账款度量值的建立 ………………………… 115
　　　　第三节　账龄分析 ………………………………………… 118
　　　　第四节　可视化输出 ……………………………………… 123
　　　本章关键词 ……………………………………………………… 126
　　　即测即评 ………………………………………………………… 126

第八章　费用预算控制 …………………………………… **127**

第一节　数据准备工作 ……………………………………… 128
第二节　累计实际与目标值的对比分析 …………………… 130
第三节　多维度差异分析 …………………………………… 135
第四节　可视化输出 ………………………………………… 139
本章关键词 …………………………………………………… 141
即测即评 ……………………………………………………… 141

第九章　管理利润考核 …………………………………… **142**

第一节　数据准备工作 ……………………………………… 143
第二节　城市费用的分摊 …………………………………… 145
第三节　基于成本中心的综合成本费用分摊 ……………… 149
第四节　可视化输出 ………………………………………… 158
第五节　封面的制作 ………………………………………… 161
本章关键词 …………………………………………………… 165
即测即评 ……………………………………………………… 165

Power BI 操作讲解视频目录

科技为财务带来进步 …… 2
财务转型转向何方 …… 4
财务组织结构变化 …… 7
数据准备及关联 …… 14
创建度量值 …… 20
利用模板打造利润表 …… 26
在模板下建立度量值 …… 31
自定义单位和格式百分比 …… 36
正负方向修改 …… 40
主题颜色的设置 …… 44
可视化图表展示 …… 50
资产负债表的建立 …… 61
创建资产负债表的基础度量值 …… 66
资产负债表的矩阵完善 …… 71
比率指标计算 …… 75
现金流量表的数据准备 …… 80
现金流量表度量值的创建 …… 82
现金流量表的可视化 …… 85
财务指标分析 …… 90
如何让数据产生价值——青鸟小视频 …… 96
如何让数据产生价值——三步法 …… 96
收入洞察 …… 98
多维度洞察 …… 101
收入的可视化输出 …… 107
应收账款管理的数据准备 …… 113
应收账款管理度量值的创建 …… 115

Power BI 操作讲解视频目录

账龄分析 …………………………………………………………… 118
应收账款可视化 …………………………………………………… 123
费用预算的数据准备 ……………………………………………… 128
费用预实分析 ……………………………………………………… 130
费用多维度分析 …………………………………………………… 135
费用可视化输出 …………………………………………………… 141
管理利润的数据准备 ……………………………………………… 143
费用分摊 …………………………………………………………… 145
渠道矩阵分摊 ……………………………………………………… 149
管理利润考核可视化 ……………………………………………… 158
封面制作 …………………………………………………………… 161

第一章

商业智能财务的前景

本章导语　本章我们带领大家深入了解商业智能财务的前景，我们一起来了解一下什么是 Power BI 及其作用，探索一下财务人员在财务数字化时代下应该充当的角色及具备的能力。在介绍基础数据之后，我们将在后面的章节详细讲述系统操作。

第一节　数字时代　财务未来

在本书的开头想跟读者聊聊关于数字财务的故事。也许你会想为什么不直接讲 Power BI 呢？Power BI 是一个好工具，但我们不想只把它当作一个工具来讲。我想本书的读者基本都是财务人员，所以打算先谈一谈在数字化转型的浪潮中，财务人员学 Power BI 到底是为了什么？

随着人工智能等技术的不断发展，我们迎来了财务数字化时代。财务数字化时代跟之前的阶段有什么不同？自己和自己所在的财务部门目前处于哪个变革阶段？面对数字化时代我们理应积极面对，努力转型，但应该转向何方？如果有了方向，又具体可以采取哪些转型措施？掌握了 Power BI 这个工具，就意味着我们具备数字化能力了吗？这些问题，先请各位读者思考一下。

先做一个小测试：在你的企业里，你认为谁应该引领企业的数字化转型？首席执行官（CEO）、首席信息官（CIO）、首席技术官（CTO）、市场总监（CMO）还是首席财务官（CFO）？

我们看一下来自微软的调查结果，如图 1-1 所示。我猜大家把大部分的票投给了 CIO。尤其在中国，大家认为与数字化相关的工作就应该由 IT 人员做。我们看图 1-1，参与调查的 CIO 里有 63% 的人认为应该由他们来引领企业的数字化转型，支持他们的依次是 CEO、CFO、CTO 和 CMO；参与调查的 CEO 里，有 56% 的人认为应该是由他们来引领，支持他们的依次是 CFO、CTO、CIO 和 CMO；参与调查的 CFO 里，有 69% 的人认为应该由他们来引领，而支持他们的依次是 CEO、CIO、CMO 和 CTO。是不是和我们想象的有点不一样？我们再来观察一下，即使是 CEO 和 CIO 认为该由自己引领，他们也都把 CFO 排在了比较靠前的位置。这些说明财务人在数字化转型的大潮中原来是这么的重要!

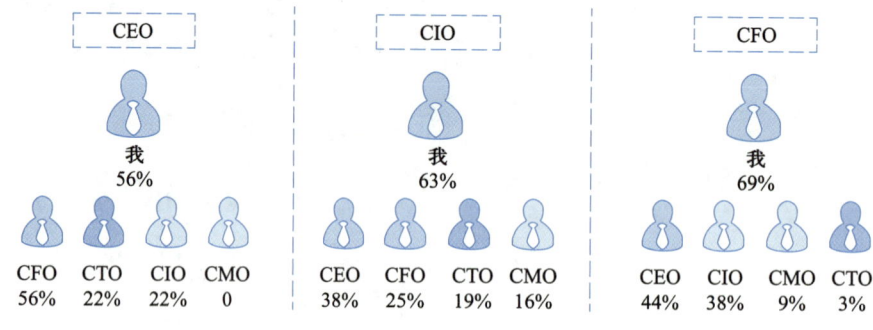

图 1-1　调查结果

来源:微软加速器。

接着我们回顾一下,科技到底曾给财务带来过什么样的进步。

扫码观看:
科技为财务带来进步

最初,老会计师都是用纸质账簿手工记账,传说中的"1 分钱对不上,要找一两天"描述出了当时的不便。后来进入会计电算化时代,纸质账簿转移到了计算机软件里,变成了电子账簿。紧接着是轰轰烈烈的 ERP 时代,而这几年听得更多的是财务共享时代,现如今我们又迎来了财务数字化时代,如图 1-2 所示。如果把 ERP 和财务共享都归为信息化时代的产物的话,简单概括就是从电算化到信息化再到数字化的过程,而从信息化到数字化正是财务人现在所要经历的阶段。

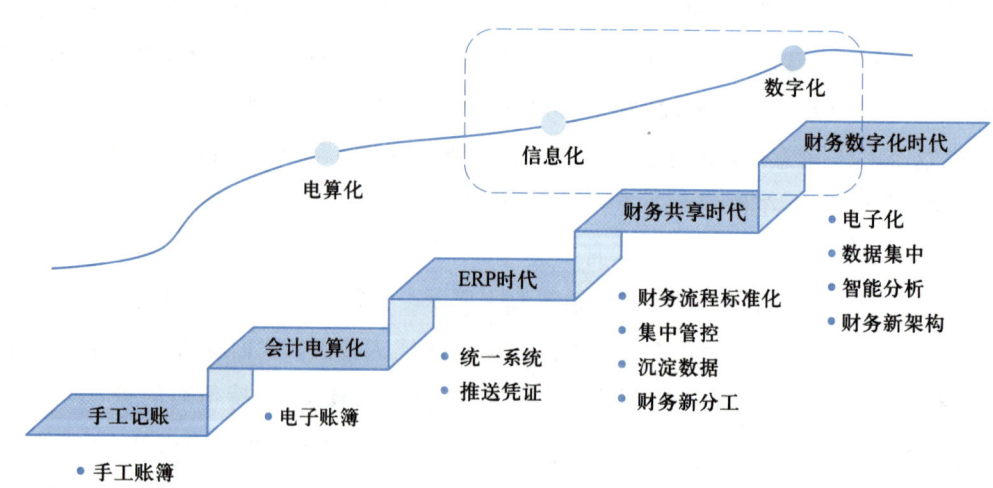

图 1-2　财务信息化发展阶段

那每一个阶段的特征又是什么呢? 手工记账和会计电算化最大的不同就是,一个需

"手工"地把账记在纸质账簿里,而另一个是"手工"地把账记在了电子账簿里。相同的是手工记录,只不过是记在了不同的媒介。在 ERP 时代,大家都希望把企业内部的多个系统统一到一个大的系统里来,统一之后就可以在这个系统内部,向总账模块或应收、应付、固定资产模块推送各项凭证或单据,我们称之为自动化,而财务只是自动化的受益者之一。

ERP 之后,大型集团公司进入了财务共享时代。但是财务共享成功对于不同人却有不同的影响。对于推动者,财务共享可以减少结算和核算人员数量,大幅提升准确率和及时性;但对于原有分散在各地的会计人员,财务共享之后他们则会迅速地被边缘化。在财务共享时代:第一个最明显的特征是财务流程变得更加标准。第二个特征是集中管控,这个特征在全国各地都有子公司的大型集团身上体现得更加明显,尤其是对于业务都很相似的子公司,像零售业、影院业等行业。如果每开一个分店,就增加一对出纳和会计的话,财务这块固定管理成本就会随着集团快速扩张而大幅增加,这并不符合规模效益原则。第三个特征则与 Power BI 相关,财务共享可以大量地沉淀数据。数据不仅包括财务"大数据",还包括重要业务过程的"小数据"。第四个特征是财务人员进行了重新分工,出现了核算财务、业务财务和战略财务等新名称和新职位。

而财务数字化时代的特征,主要有以下三个方面:第一个特征是电子化。第二个特征是数据集中,包括数据仓库、数据湖泊或者数据中台。在财务数字化时代,大家希望把前端不同系统的数据先集中到一起,这样财务人员可以再从中间的数据仓库、数据湖泊或数据中台中,把所需的数据调取出来。第三个特征是智能分析,比如在这门课中所学的 Power BI 就是财务大数据分析的智能分析工具之一。

了解完各个阶段的特征,可能有人想问:"我们公司还有大量凭证是手工录入到总账里的,我们是不是还处在会计电算化和 ERP 的中间,甚至连 ERP 都没有?想要步入财务数字化时代,岂不是还要经过好几个阶段?"在这里可以告诉大家,并不是每个阶段都要完整地经过。无论是巨型的跨国公司,还是中小企业,都是可以实现财务数字化的,不做反而才会被淘汰。像 Power BI 这样的大数据智能分析工具有个特别大的好处:它可以直接帮我们打通数据壁垒,也并不需要企业在前期投入重金,因此 Power BI 如今在企业财务领域的应用有了质的飞跃。

本节思维导图

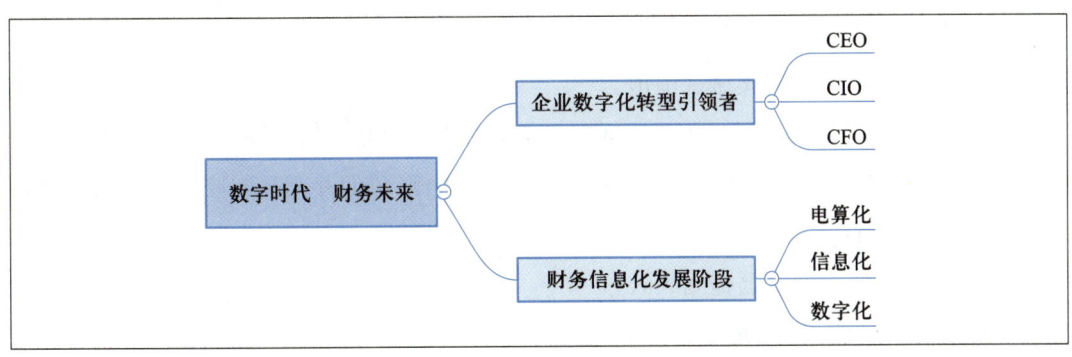

第二节 业财融合 财务转型

 扫码观看：
财务转型转向何方

上一节谈到了科技到底给财务带来了一些什么样的转变。既然转变是大势所趋，我们应该如何顺应转变，又应该转向何方？

大家有没有听说过"黄金思维圈"的思考方法。举个例子，我们可能常在工作中听到领导批评下属，"你不要为了做分析而做分析，为了做报告而做报告"，这里领导其实批评的是员工的底层逻辑。而"黄金思维圈"的思考方法告诉我们看问题的方式可以分为三个层面：第一个层面是"why"；第二个层面是"how"；第三个层面是"what"。我们遇到每一件事，首先要问的是"为什么"，也就是问自己为什么要做，挖掘到最深层次的原因，再以此为基础去思考该"如何"解决发现的问题，最后才是"做什么"。我观察到大量财务人员的工作停留在了阐述原因的层面上，而我们真正要做的是找到根源之后，和相关业务人员沟通，从而形成更好的行动或解决方案。

公司的领导作为决策者，有的时候会遇到一些问题：

决策只能凭经验，公司好坏看表象；

业务报喜不报忧，财务数据不可用。

当从一家公司的财务指标上能看到问题的时候，很可能这家公司在很久以前就出现了问题，所以我们也希望通过数字化转型，获得这样的效果：

业务风险早预警，财务期望做指引；

数据洞察助决策，不怕工资断了顿。

领导想要业绩，就更需要业务部门的努力，但是业务部门也有他们的难处：

战场拼杀苦劳多，过程管理难控制；

财务结果没功劳，年终奖金变泡泡。

市场和销售部门就更是如此，在外拼搏与竞争对手抢地盘。但是哪一个市场活动、哪一个销售行为有相对较高的转化率，或者真正增加了销售额，他们并无从知晓。所以财务可以帮助业务人员做到：

口径维度全统一，数据易懂到人人；

达标过程时时控，及时纠偏预测勤。

让财务跟业务统一口径,并不是说改变财务的核算方法或权责发生制,而是说首先要清楚怎样从业务数据过渡到财务数据。业务使用的更易懂的语言是收付实现制的,所以财务要做的事情是将财务数据翻译成业务人员能听懂的语言。因此借力 Power BI 这个工具,财务部门先把财务结果和根源的问题表达出来,然后再精细化,从而帮助业务部门看到每个人的情况以及各种维度组合的收益效果。这么一想,其实财务人员也挺辛苦:

手工制表耗时力,维度粗放难究因;

EXCEL 转不动,分析方法不统一。

所以我们希望通过工具升级,帮助领导和业务部门解决他们的痛点,自然可以实现业财融合,希望各家公司在转型之后可以做到:

分析模型机器人,报表自动分析深;

业财数据建仓库,细致真实追根本。

本节思维导图

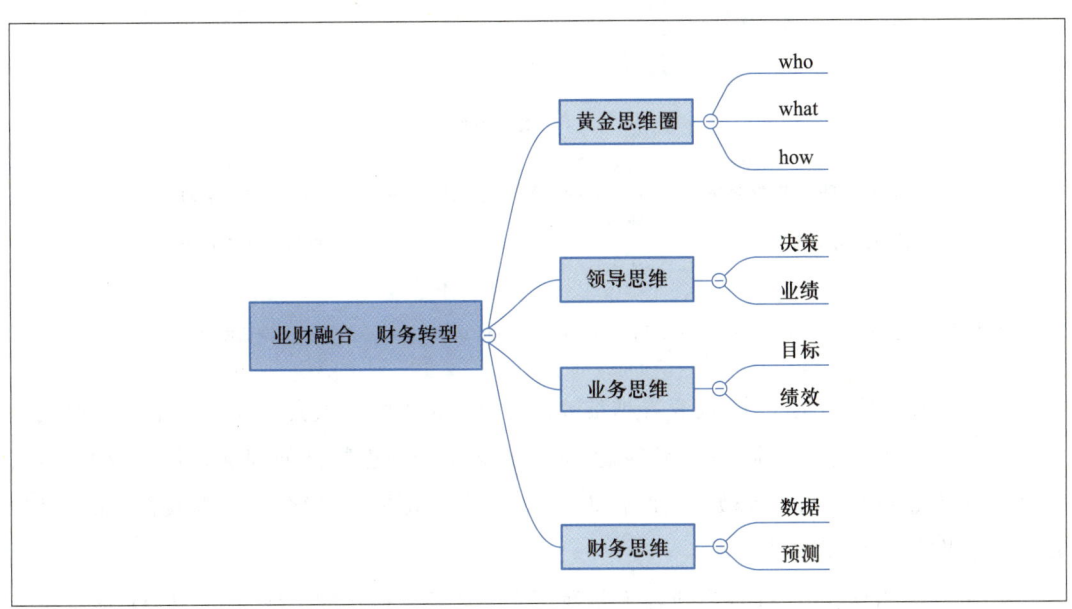

第三节　大势所趋　紧随时代

如图 1-3 所示,财务人员的日常工作可分为五个方面:获取数据、罗列事实、阐述原因、制订方案、支撑决策。

虽然越往右价值越高,但是现状却是我们花费的时间越少。针对这五项工作,麦肯锡公司做过一个调研,结果如图 1-4 所示。

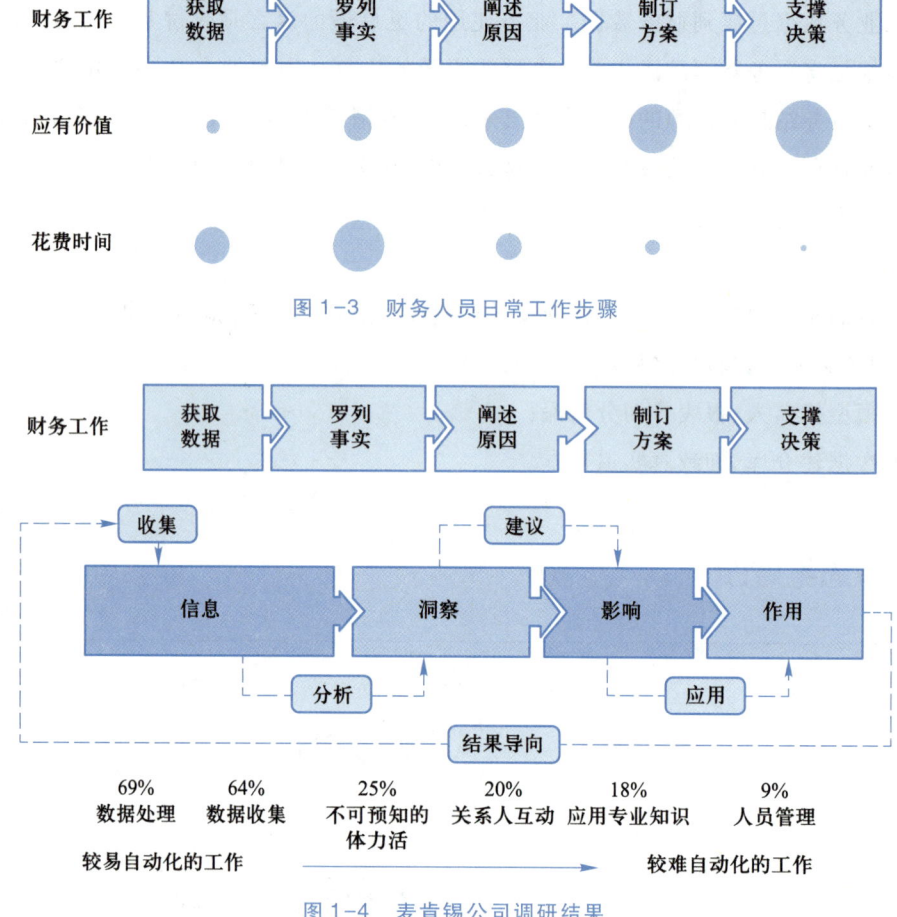

图 1-3　财务人员日常工作步骤

图 1-4　麦肯锡公司调研结果

来源：麦肯锡公司的"Where machines could replace humans and where they can't(yet)"调研报告。

可以看出，越往右的工作，代表着越难被自动化。关于财务人会被人工智能（AI）取代这个问题，除非你坚守着对"金饭碗"的执念，大可不必紧张。连数据处理这种最初级的工作，也仅能被取代 69%。当财务数字化时代来了，每个人都要拓展思维，学习新技能，那么财务人员应该做些什么，学些什么呢？

第一，工具升级。让 AI 或者机器人帮我们完成他们更擅长的工作，同时让 AI、信息系统等工具尽可能地提供一些洞察。像 Power BI 已经推出用人工智能做决策树分析，它可以自动给出使销售额最大化的建议。同时对于数据端，财务人员看不到的部分，北京康思迪数据科技有限公司也专门为财务人员开发了【易分析】业财数据系统，便于财务人员直接处理数据，开展后续在 Power BI 的分析工作。

第二，提升数字能力。从罗列事实到阐述原因方面，在目前企业内外部数据积累和技术应用阶段，需要 AI、信息系统与人的财务数据分析能力结合才能产生真正深入的洞察。

第三，梯队建设。比起信息系统，更难管理的是人，财务团队的结构会在信息化和数字化的挤压下发生一定变化。

 扫码观看：
财务组织结构变化

如图1-5(左)所示，三角形是最传统的阶层型金字塔组织结构。信息化过程推动了金字塔组织结构的上下分离，尤其是当财务共享上线之后，组织结构被拆分了。下层是核算会计，上层是管理会计，或者叫业务财务和战略财务。

之后怎么又变成了图1-5(右)的五边形结构呢？其实，变化发生在了下面的两个三角形上。由于信息化时代实现了很多自动化的工作，所以信息化和数字化把组织架构优化成了一个五边形。相信读者也希望自己能通过新思维学习新技能来适应这个时代的发展。

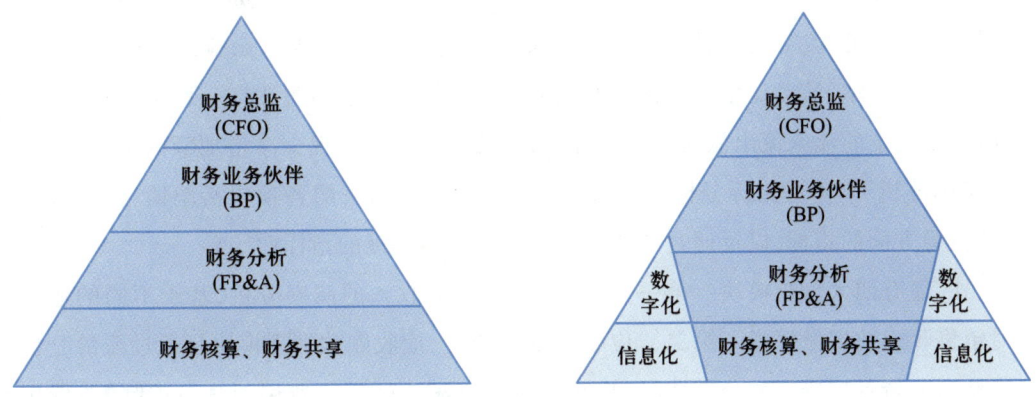

图1-5　财务组织机构层级

讲到这里，大家已经迫不及待地想要开始学习Power BI了吧，下一节将介绍本书的课程设置，然后就步入正式的操作环节。

 本节思维导图

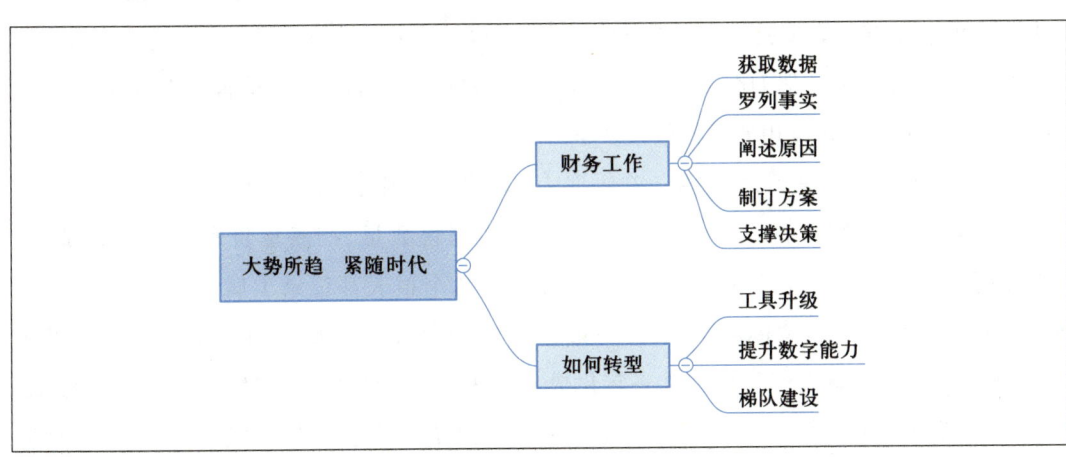

第四节 课程设置

非常荣幸能够给大家带来一套商业智能财务分析领域的解决方案。设计这套方案的初衷是想解放财务人员的双手,通过自动化报表分析功能,摆脱重复烦琐的 Excel 表格工作以及丑陋的报表样式,使数据具有可视化效果。当然最终的目的是想帮助更多的财务人员创造更大的价值。

这套方案共分为八大模块,首先是财务报表中常见的三大报表。第一,"利润表"。利润表模块可以追踪到营业收入在各渠道的变化情况。例如,当期与去年同期的差异比较分析、利润表中各大项目的构成以及对每个项目做对比分析。第二,"资产负债表"。资产负债表模块采用传统一分为二的样式,可以追踪到每个季度期初余额、期末余额的变化情况,以及常见的资产负债率、流动比率等指标的变化情况。第三,"现金流量表"。现金流量表模块对不同时间段现金的流入流出做对比差异分析,以及展示整体的现金净增加额的情况。第四,"财务指标分析"。财务指标分析模块基于三大报表计算出来的各项包括偿债、营运、盈利、增长等主要方面的指标,以及通过杜邦分析模型来拆解关键的指标。

此外,还有四大分析模块。第一,"收入洞察"。对收入的洞察分析,基于不同的业务维度,对销售收入数据做探索。第二,"应收账款管理"。应收账款管理模块是通过账龄分析的方法,动态分析各项资产的分布情况,并预计坏账金额。第三,"费用预算与控制"。费用预算与控制模块是很多 FP&A(Financial Planning and Analysis)和 Finance BP 在工作岗位中的首要任务。这个模块包括如何做年度预算的分摊,以及搭建预算和实际对比的分析模型。第四,"管理利润考核"。经营管理利润的考核,这个模块是商业智能在管理会计中的应用,它将教会大家如何根据成本中心归集成本费用,并做价值的分配,从而精细地计算出每个组织单元的净利润情况和经营业绩。

如图 1-6 所示,本书的案例数据有"0 财务基础数据""2 资产负债表数据"这样的基础数据表,也有"1 利润表模板""2 资产负债表模板"这样事先打造好的课程模板。

本节将要使用的数据如图 1-7 所示,"0 财务基础数据"包含了"销售订单数据表""费用数据表"等财务分析常用的原始数据。

从图 1-7 中可以看到,"销售订单数据表"记录了每个销售订单的基本信息,包括客户、销售渠道、业务发生的城市、购买的产品、产品销售数量、产品单价和产品单件成本。而"费用科目表""客户表""城市表""产品表",这几个报表都记录了属性相关的信息,通常被称作"维度表"或者"lookup 表"。一般情况下都是在此基础上进行数据透视。我们可以把数据透视简单理解为把一维表转化成二维表,而逆透视是把二维表转化成一维表。一维表即每个表中的每一列都是一个独立参数,利于存储更多数据;二维表即每个数据对

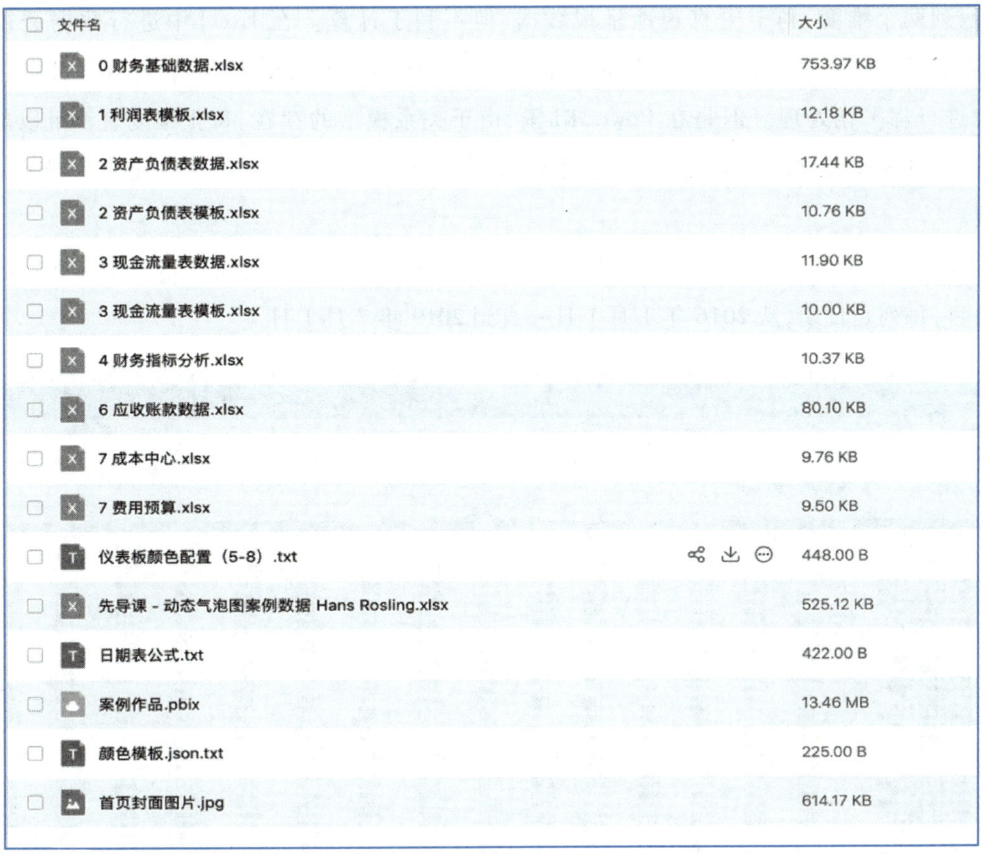

文件名	大小
0 财务基础数据.xlsx	753.97 KB
1 利润表模板.xlsx	12.18 KB
2 资产负债表数据.xlsx	17.44 KB
2 资产负债表模板.xlsx	10.76 KB
3 现金流量表数据.xlsx	11.90 KB
3 现金流量表模板.xlsx	10.00 KB
4 财务指标分析.xlsx	10.37 KB
6 应收账款数据.xlsx	80.10 KB
7 成本中心.xlsx	9.76 KB
7 费用预算.xlsx	9.50 KB
仪表板颜色配置（5-8）.txt	448.00 B
先导课 - 动态气泡图案例数据 Hans Rosling.xlsx	525.12 KB
日期表公式.txt	422.00 B
案例作品.pbix	13.46 MB
颜色模板.json.txt	225.00 B
首页封面图片.jpg	614.17 KB

图 1-6 案例数据表

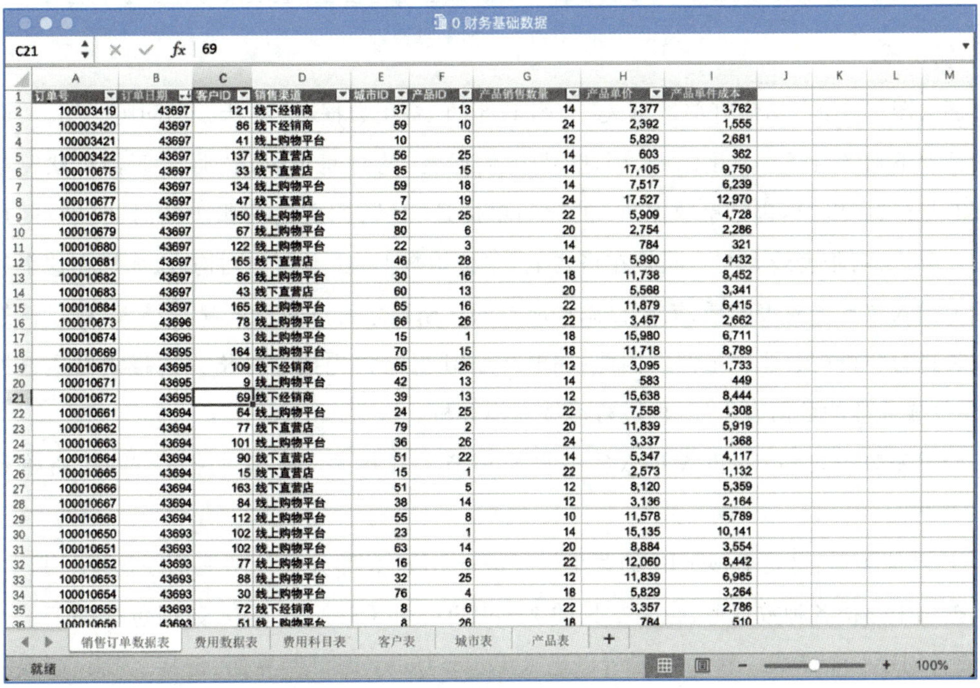

0 财务基础数据

C21 69

订单号	订单日期	客户ID	销售渠道	城市ID	产品ID	产品销售数量	产品单价	产品单件成本
100003419	43697	121	线下经销商	37	13	14	7,377	3,762
100003420	43697	86	线下经销商	59	10	24	2,392	1,555
100003421	43697	41	线上购物平台	10	6	12	5,829	2,681
100003422	43697	137	线下直营店	56	25	14	603	362
100010675	43697	33	线下直营店	85	15	14	17,105	9,750
100010676	43697	134	线上购物平台	59	18	14	7,517	6,239
100010677	43697	47	线下直营店	7	19	24	17,527	12,970
100010678	43697	150	线上购物平台	52	25	22	5,909	4,728
100010679	43697	67	线上购物平台	80	6	20	2,754	2,286
100010680	43697	122	线上购物平台	22	3	14	784	321
100010681	43697	165	线下直营店	46	28	14	5,990	4,432
100010682	43697	86	线上购物平台	30	16	18	11,738	8,452
100010683	43697	43	线下直营店	60	13	20	5,568	3,341
100010684	43697	165	线上购物平台	65	16	22	11,879	6,415
100010673	43696	78	线上购物平台	66	26	22	3,457	2,662
100010674	43696	3	线上购物平台	15	1	18	15,980	6,711
100010669	43695	164	线上购物平台	70	15	18	11,718	8,789
100010670	43695	109	线下经销商	65	26	12	3,095	1,733
100010671	43695	9	线上购物平台	42	13	14	583	449
100010672	43695	69	线下经销商	39	13	12	15,638	8,444
100010661	43694	64	线上购物平台	24	25	22	7,558	4,308
100010662	43694	77	线下直营店	79	2	20	11,839	5,919
100010663	43694	101	线上购物平台	36	26	24	3,337	1,368
100010664	43694	90	线下直营店	51	22	14	5,347	4,117
100010665	43694	15	线下直营店	15	1	22	2,573	1,132
100010666	43694	163	线下直营店	51	5	12	8,120	5,359
100010667	43694	84	线上购物平台	38	14	12	3,136	2,164
100010668	43694	112	线上购物平台	55	8	10	11,578	5,789
100010650	43693	102	线上购物平台	23	1	14	15,135	10,141
100010651	43693	102	线上购物平台	63	14	20	8,884	3,554
100010652	43693	77	线上购物平台	16	6	22	12,060	8,442
100010653	43693	88	线上购物平台	32	25	12	11,839	6,985
100010654	43693	30	线上购物平台	76	4	18	5,829	3,264
100010655	43693	72	线下经销商	8	6	22	3,357	2,786
100010656	43693	51	线上购物平台	8	26	18	784	510

图 1-7 销售订单数据表

应行、列两个维度,利于更直观地呈现数据,但不利于计算。在 Excel 中进行数据透视的时候,需要把表当中的信息,先用 vlookup 的方式,vlookup 到数据表当中,之后才可以将数据表进行扁平化处理。但是在 Power BI 里,由于关系模型的存在,每张维度表都可以单独摆放,通过维度表与数据表之间建立关系的操作,并不需要 vlookup,就可以完成数据模型的搭建。

接下来看图 1-8,图中展示了"费用数据表"的一些信息。每行是成本中心和费用的二级科目,每列是日期,从 2016 年 1 月 1 日一直到 2019 年 7 月 1 日。

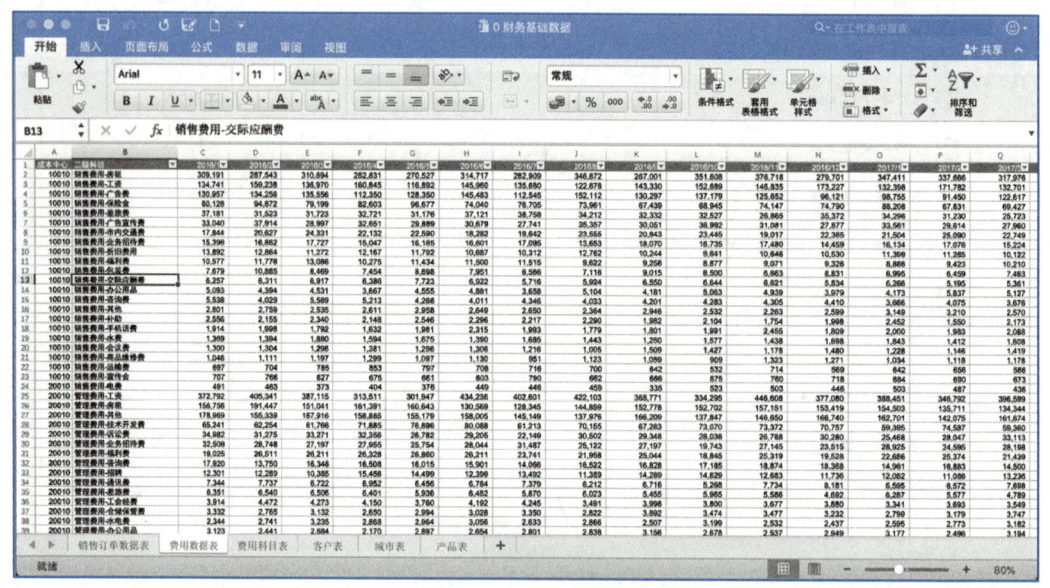

图 1-8　费用数据表

那么图 1-7 的"销售订单数据表"与图 1-8 的"费用数据表"有什么不同呢?第一,由于一般情况下财务会进行月度结账,因此"费用数据表"的时间单位是"月",而销售状况在每天都有记录,所以"销售订单数据表"的时间单位是"日",因此这两张表的时间颗粒度是不同的。第二,两张表最大的不同是在格式上。"费用数据表"由行和列构成,如果在这个表的基础上插入数据透视表的话,需要再添加所有的日期列才可以完整的显示结果,所以再想对这张表进行分析就会非常不便。因此,在 Power BI 里通常先把这种格式的报表做逆透视处理,还原成标准的数据表之后,再进行后续建模分析。

介绍完数据之后,就正式步入实战操作环节。打开 Power BI 的操作界面,初始界面如图 1-9 所示。

① 功能菜单:这是 Power BI 的菜单栏,Power BI 的大部分设计功能都在这里。其中,获取数据用来连接各种数据源,包括常见的 Excel、SQL 和 CSV 等。输入数据包括手工录入数据,或者创建一个新表。转换数据可以进入 Power Query 编辑器界面,链接、编辑、加载的数据源,也可以重新配置数据源;

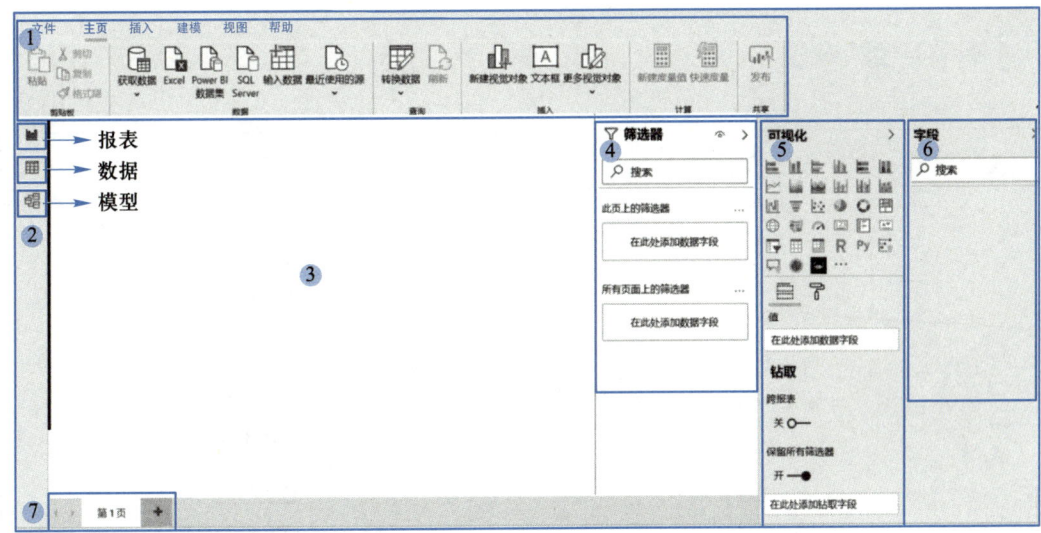

图 1-9 初始界面

② 选择界面:报表界面可以进行可视化操作,也是 Power BI 的主界面。数据界面可以看到导入数据的详细信息。模型界面可以确认各个模型之间的关系;

③ 画布:设计的模板效果都会显示在画布上;

④ 筛选:如果数据项目过多,【筛选器】可以筛选我们需要展示的数据类别;

⑤ 可视化:【可视化】上方可以选择各式各样的可视化对象。下方既是数据字段的载体,也是设置图表类型和图表属性的地方。当我们选择好一个图表样式后,将报表字段拖放到对应的位置,图表样式才会显示带数据标签的图表。格式选项卡下可以调整图表颜色配置,字体大小、背景、标题等详细信息;

⑥ 数据字段:链接数据源后,【字段】可以显示数据列;

⑦ 页面:像我们案例中的利润表、资产负债表等可视化报表,想要分开创建很多个报表,就在这里添加新的一页。

一个模板的设计,我们分四步走:导入数据→数据准备→数据建模→可视化设计。每一章模板的制作都将沿着这个步骤进行。

课程尽可能地使用了所有可视化工具。由于篇幅有限,本书侧重做知识点的讲解,在可视化设计的细节上,我们使用视频课程配合教学,尽量做到精细讲解。

如果您是 power BI 小白,请尝试跟随本书的介绍,并结合视频课程的操作演示一步步进行学习。对于一些比较复杂的操作,我们配备了相应操作视频的二维码,点击即可反复学习。这门课程也将提供 Power BI 的案例演示文件以及所有的源数据和各项细节参数的配置。

话不多说,关于这套商业智能财务分析解决方案,你准备好学习了吗?

本节思维导图

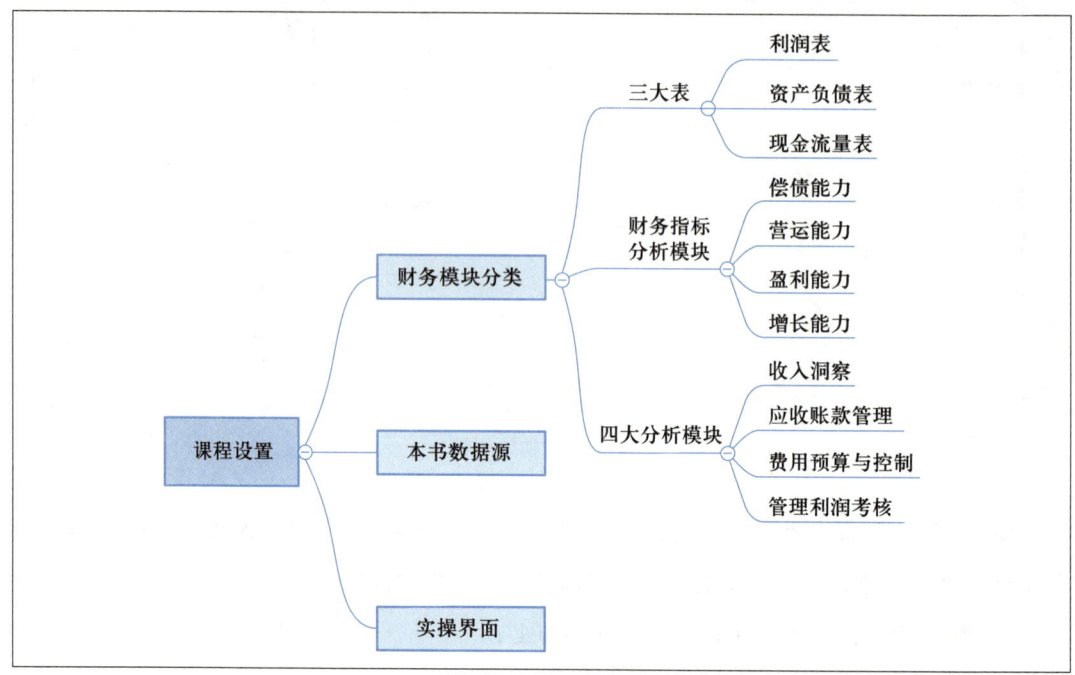

实操作业

1. 扫码关注公众号"Power BI 大师",获得免费教程,加入交流答疑群;
2. 安装 Power BI,在公众号"Power BI 大师"后台回复【下载】,获得安装链接和教程;

3. 扫码下载案例数据:提取码:mkoz;此链接文件里包含本书用到的所有案例数据。

本章关键词

财务数字化时代　　　财务转型　　　Power BI

即测即评

请扫描右侧二维码,进行随堂测试。

第二章

商业智能财务分析在利润表中的应用

本章导语　　利润表是反映和评价企业经营状况最常用的财务报表，我们从这一个任务上手，掌握利润表的基本建模和可视化方法。其他报表的制作方法大同小异。学习本章课程后将掌握利润表可视化操作，利润表目标模板如图2-1所示。

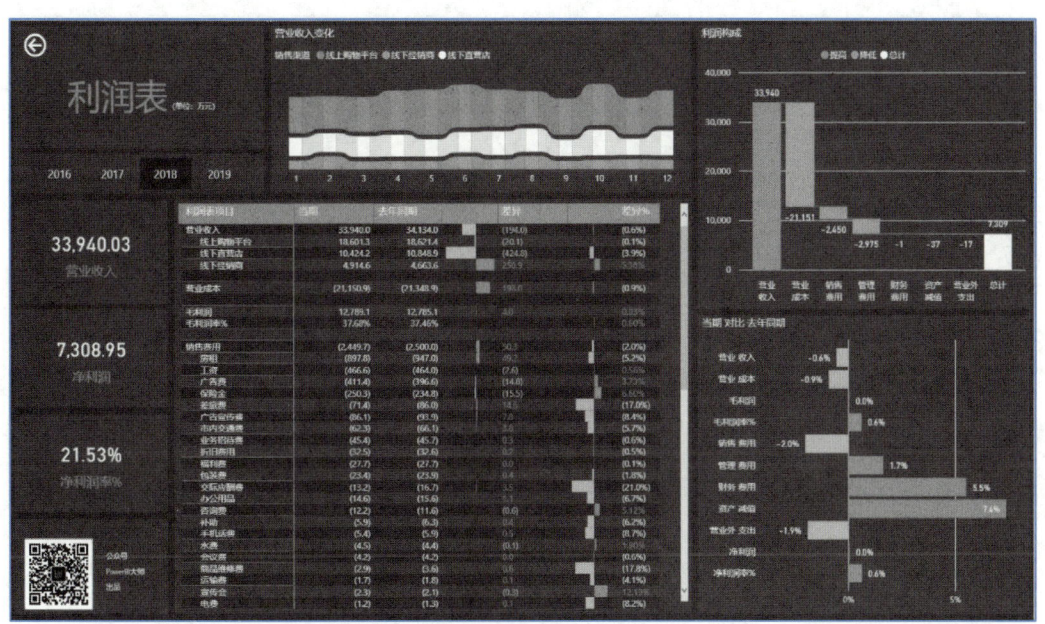

图2-1　利润表目标模板

第一节 数据准备工作

 扫码观看：
数据准备及关联

第一步：导入数据。

我们首先要把源数据导入 Power BI，再确认数据是否正确，并且将数据格式修改成能进行建模工作的格式，操作如图 2-2 所示。

STEP 1：① 点击【获取数据】，选择 Excel 类型的数据；

② 选中"0 财务基础数据"表；

③ 点击【打开】。

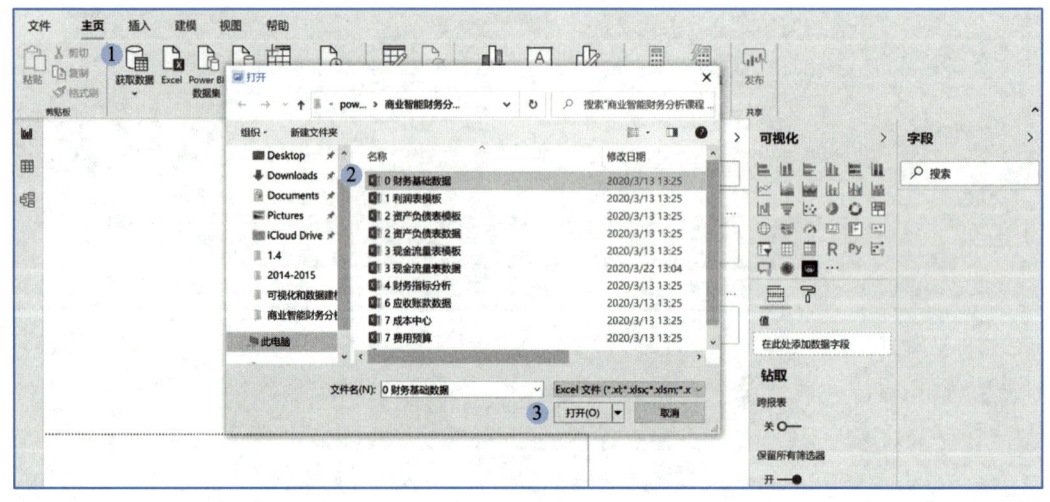

图 2-2　导入数据

STEP 2：如图 2-3 所示，在跳转出的界面中，① 选中所有报表；② 点击【加载】。

STEP 3：如果界面没有自动跳转出【Power Query 编辑器】的页面，则可以在【主页】选项卡下，选择【转换数据】，进入【Power Query 编辑器】，如图 2-4 所示。

STEP 4：整理数据。一般情况下，在编辑器下的工作分为两种：

（1）如果数据过多，为了方便管理，我们可以在编辑器下，通过【新建组】的方式对数据归类整理。

① 右击左侧空白处，选择【新建组】；

② 将组命名为"0 基础数据表",点击【确定】;

③ 点击【费用科目表】等原始报表,将其全部拖拽放入"0 基础数据表",并逐一双击所有数据表名称,将所有数据表重命名,基础数据表全部采用编号"0"。最终效果如图 2-5 所示。

检查每张数据表的格式是否正确,如果数据格式不是常见的数据格式,或者需要逆透视的表,在此进行编辑修改。

(2)如果我们发现"0 费用数据表"的列标题出现在第一行,单击【将第一行用作标题▼】→【将第一行用作标题】,如图 2-6 所示,将第一行设为列标题。

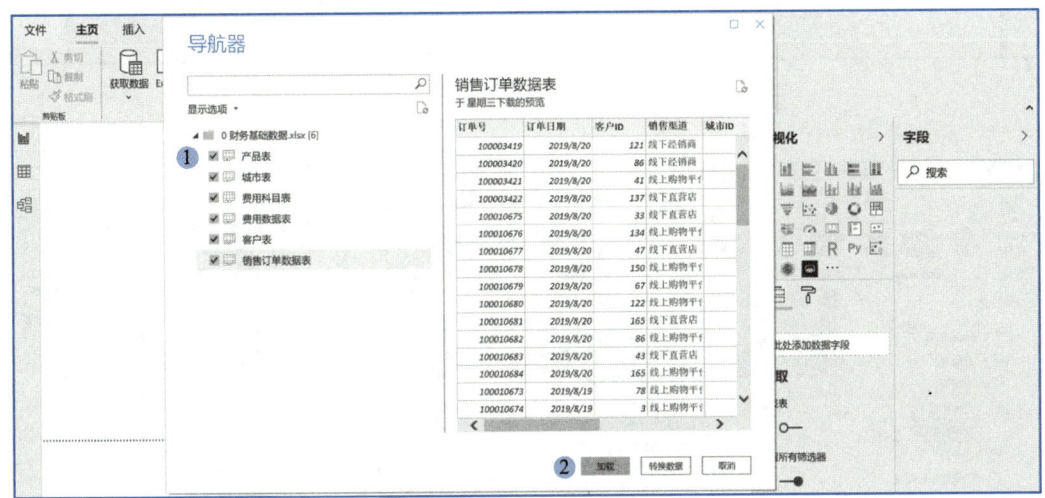

图 2-3　加载数据

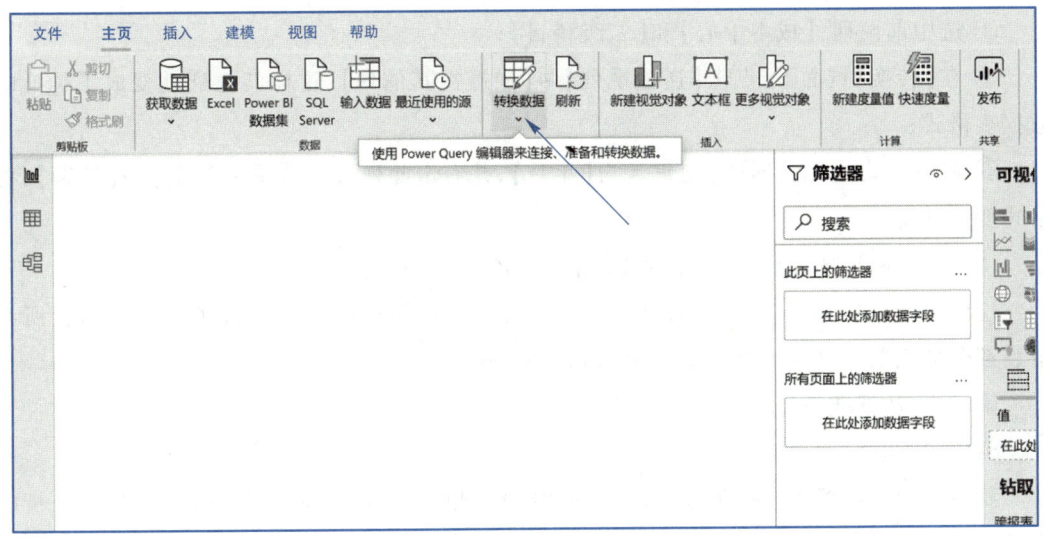

图 2-4　转换数据

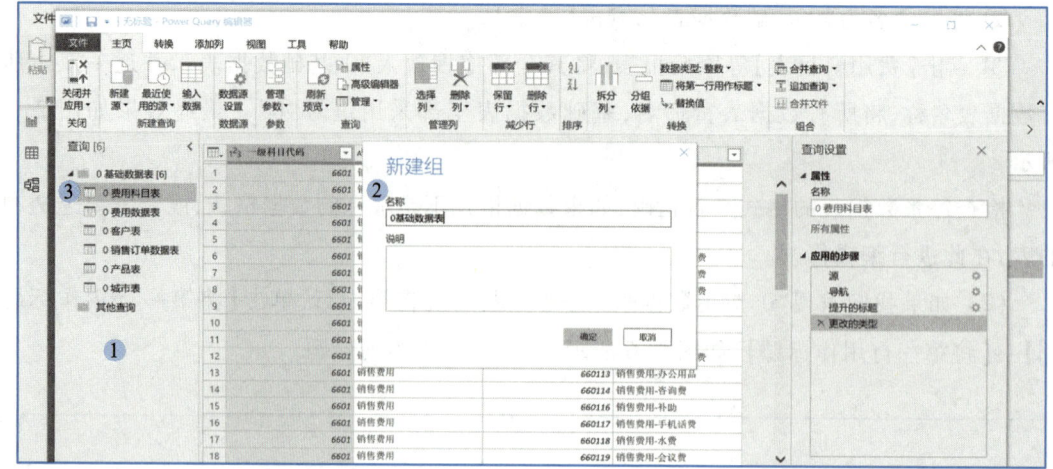

图 2-5　整理数据

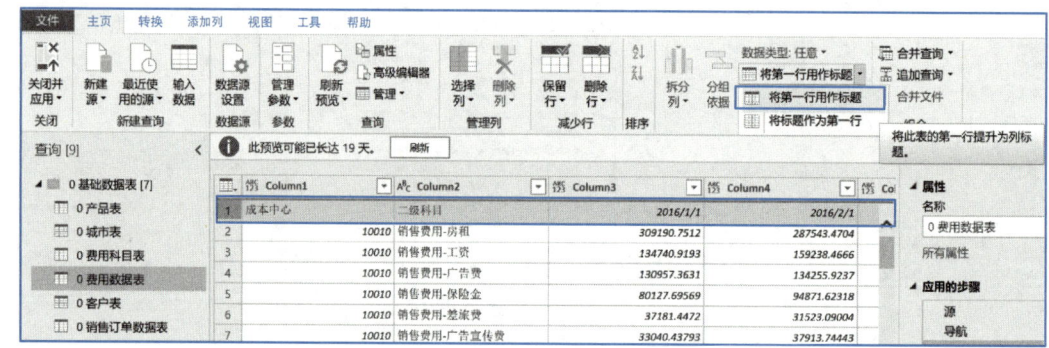

图 2-6　将第一行设为列标题

前文也提到"0 费用数据表"需要进行逆透视处理，如图 2-7 所示。

① 选中前两列，【成本中心】和【二级科目】；

② 在【转换】页面下，点击【逆透视列】→【逆透视其他列】，这样其他列就变成了标准的数据表格式；

③ 修改格式，双击【属性】列重名为【年月】，并右击此列，选择【更改类型】→【日期】，将格式变成日期；

④ 右击【值】，选择【重命名】，将【值】重命名为"费用"。

这样导入数据的操作就全部结束了。最后在【主页】选项卡→点击【关闭并应用】，所有报表都会被抓取到 Power BI 里，我们就可以进入第二步的数据准备。

第二步：数据准备。

STEP 1：建立"日期表"。

我们发现源数据还差一张表，即 Power BI 分析里常用的"日期表"。时间是数据分析中最常用的独立变量。不同行业的分析，维度表有类别之分，数据表有指标计算之别。但当谈到日期时，分类维度基本是一致的。日期表也是我们使用时间智能的前提。它建立的方法有很多，可以先用 Excel 建立再导入，也可以在 Power Query 里直接手动输入生成。在这里，

第一节 数据准备工作

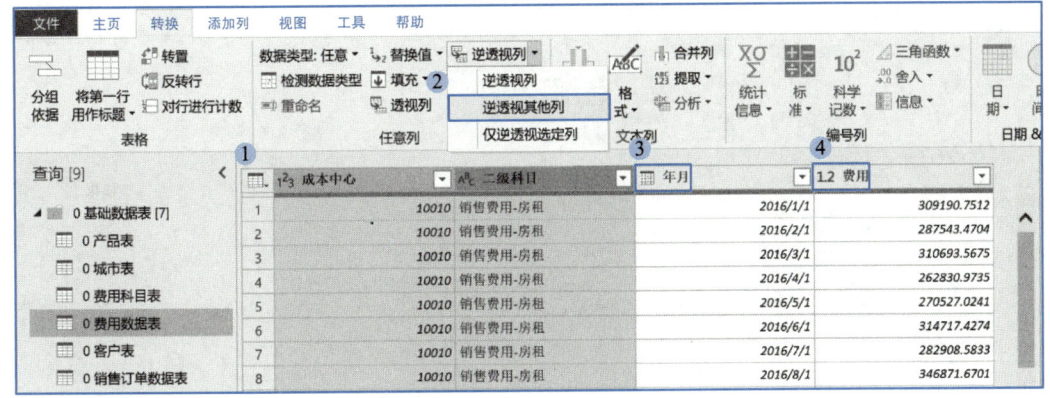

图 2-7 逆透视处理

我们介绍另一种方法,运用 Power Pivot 数据建模里的 DAX 公式。DAX 是 Data Analysis Expression 的缩写,即数据分析表达式,是一门易上手的分析语言。当然在实际工作中,对格式的要求多种多样,可以灵活地使用各种方法生成日期表。

① 点击【主页】选项卡,选择【输入数据】;
② 将表命名为"0 日期表",点击【加载】,如图 2-8 所示。

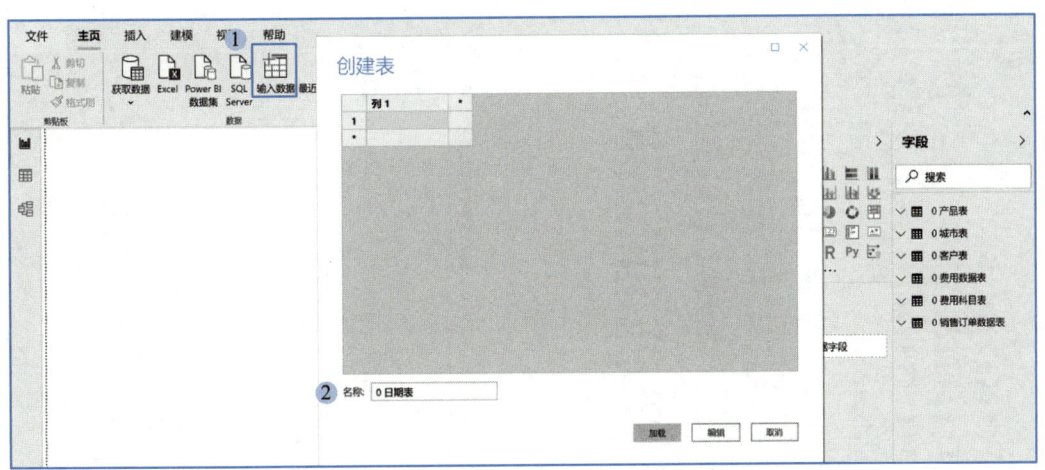

图 2-8 输入数据

为了方便课程进行,在案例数据的文件里已经提前写好了一组公式,如图 2-9 所示,点击右侧【字段】,选择【日期表】,将"日期表公式.txt"的内容直接复制到指令框中,点击【Enter】键,"0 日期表"就建立好了。

"CALENDAR(date(2016,1,1),date(2019,8,31))"的含义是生成一个日期,即从 2016 年 1 月 1 日到 2019 年 8 月 31 日这个时间段内每一天的日期。日期的起止时间可以根据自己的需要任意修改。函数"ADDCOLUMNS()"的含义是增加列,即在日历的基础上计算 YEAR、ROUNDUP、MONTH 来生成"年""季度""月"这样的时间列。同样,"年月"和"年周"也都是通过公式计算完成的。

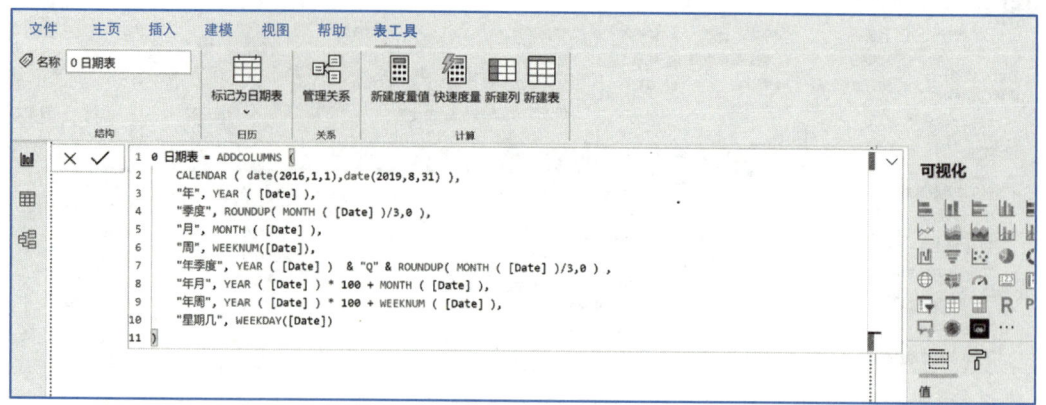

图 2-9　新建 0 日期表

如图 2-10 所示,在左侧边栏点击【数据】,现在的日期表里,"年月""年周"两列都是数字格式而不是文本格式,这样做的好处是,在后续使用日期表做分析时,鼠标右击【年月】可以自动地由小到大或者由大到小进行排序。

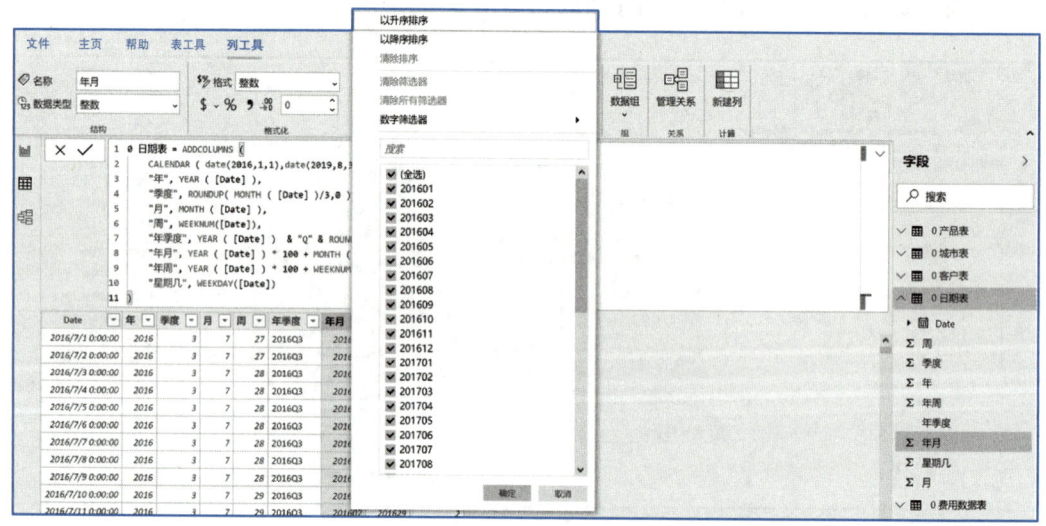

图 2-10　调整日期表格式

如图 2-11 所示,"0 日期表"的"Date"默认格式为时间,需要将其修改为日期格式。至此,"0 日期表"的基础设置就完成了。

STEP 2:确认模型关系。

数据准备工作的最后需要确认各个模块的关系。在左侧边栏点击【模型】。为了使关系模型更加清晰,将维度表放在上方,数据表放在下方。这样数据就好像水流一样顺流而下,由"一"的一端流向"多"的一端,如图 2-12 所示。

"0 产品表""0 客户表""0 城市表""0 日期表""0 费用科目表"属于维度表。"0 销售订单数据表""0 费用数据表"属于数据表。Power BI 通常会默认将部分同样名称的列建立关

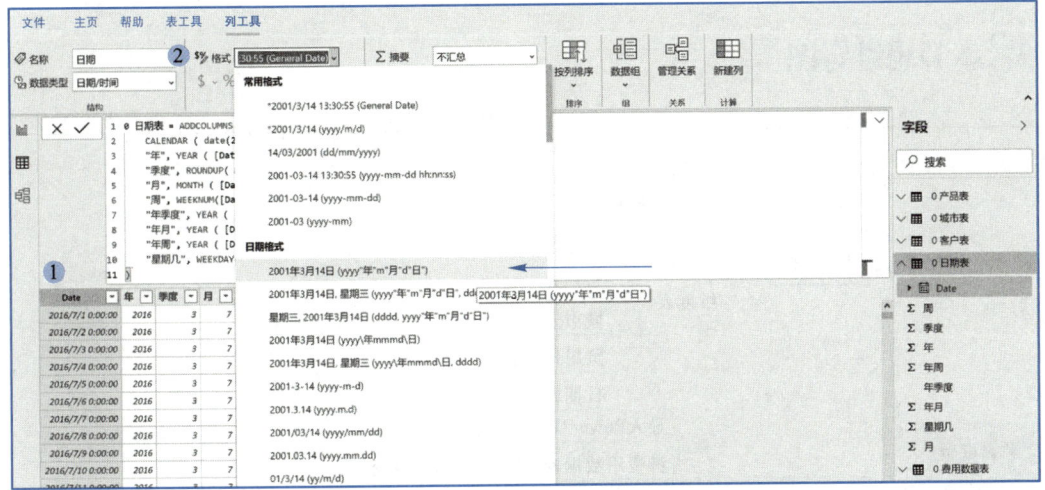

图 2-11 修改 Date 数据格式

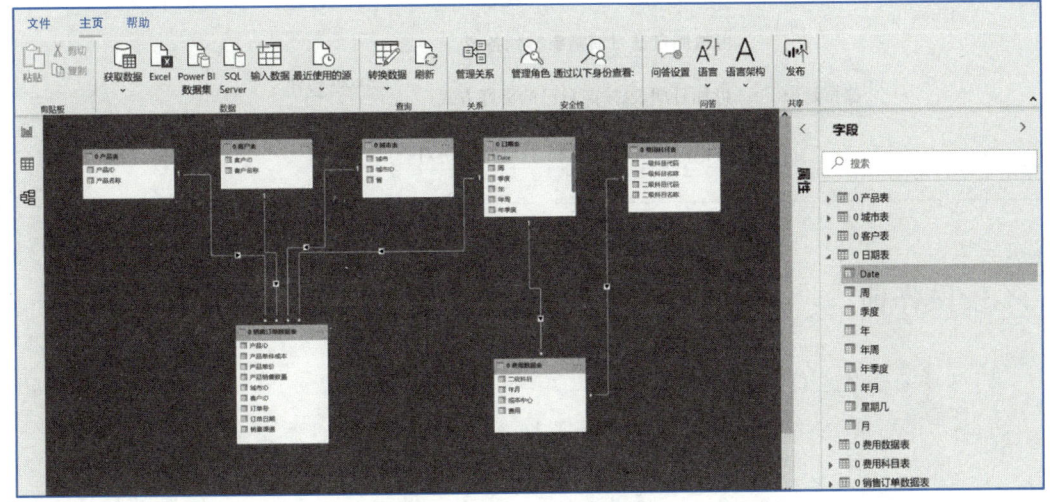

图 2-12 建好的关联关系图

联,我们首先需要确认这些关系是否正确,然后再建立需要的新关系。由于没有默认的不必要的关系,我们就直接建立缺少的关联。"0 费用数据表"的【二级科目】与"0 费用科目表"的【二级科目名称】建立关联。另外还有日期之间的关系,"0 日期表"的【Date】与"0 销售订单数据表"的【订单日期】建立一对多的关系。"0 日期表"的【Date】与"0 费用数据表"的【年月】也建立关系。建立关系最简单的一种方法就是拖拽,将某一项目拖拽到另一个项目上即可。

到此,基础的数据准备工作就搭建完成了。如果字段较多,还可以使用第二种方法:选择【主页】→【管理关系】,即可看到所有表之间的关系,通过【新建】按钮关联字段。下一节,我们将介绍在主界面下开始数据建模。

本节思维导图

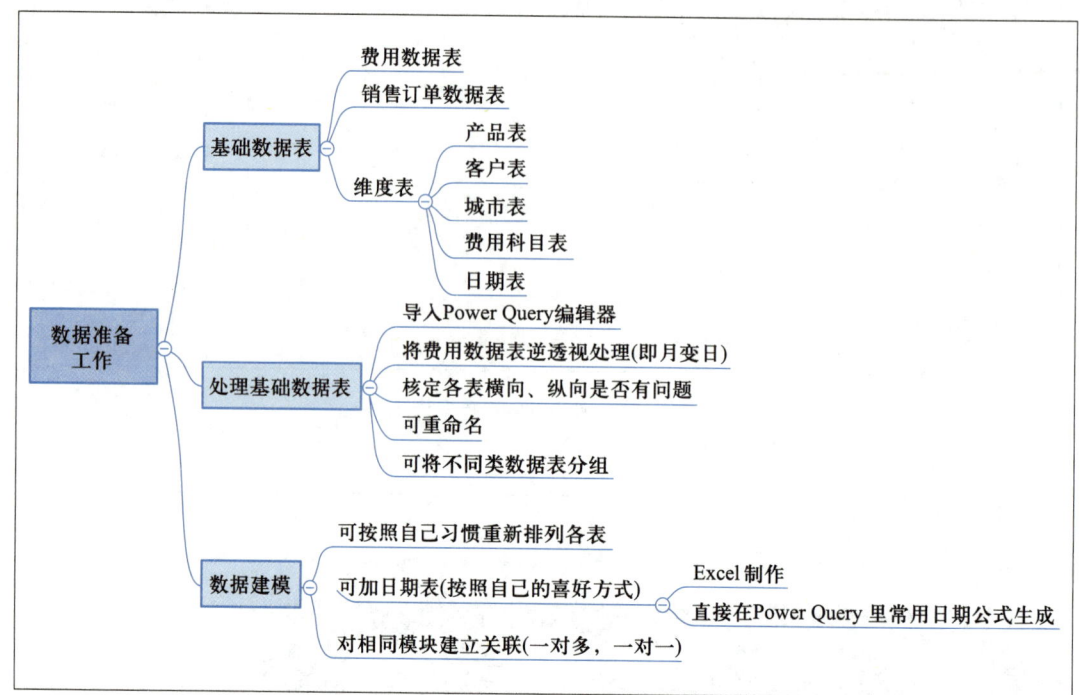

实操作业

1. 用日期表公式建立 2020.01.01—2020.02.29 间的日期表；
2. 将"日期表"中"Date"与"销售订单数据表"中"订单日期"建立关系。

第二节 利润表基础度量值的建立

下面我们进入第三步：数据建模。由于最终目的是打造可视化仪表板，我们需要为此做数据准备。数据分析通常需要进行复杂的计算，在现有的数据下无法直接生成。在 Power BI 中，复杂计算需要通过度量值来实现。

扫码观看：
创建度量值

在开始建立度量值之前,需要先新建表,将接下来建立的所有度量值都放入这个表里,方便后续查找管理,如图 2-13 所示。

① 在【主页】选项卡下,选择【输入数据】;
② 命名为"1 基础度量值",点击【加载】。

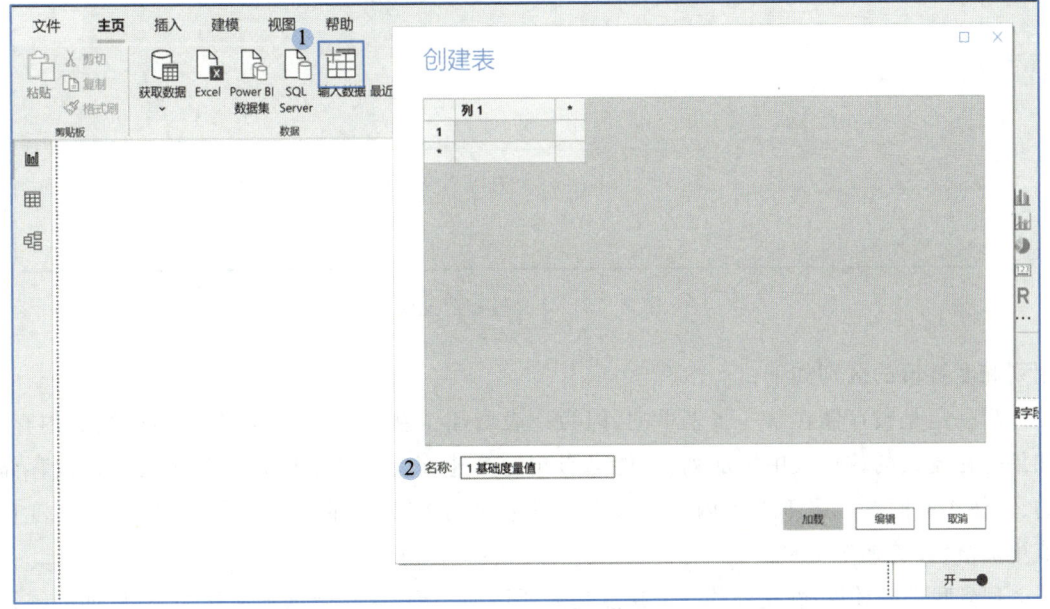

图 2-13　创建新表

选择新建的"1 基础度量值"表,将新建的所有度量值都存储在【1 基础度量值】下,点击【新建度量值】开始建立度量值,如图 2-14 所示。

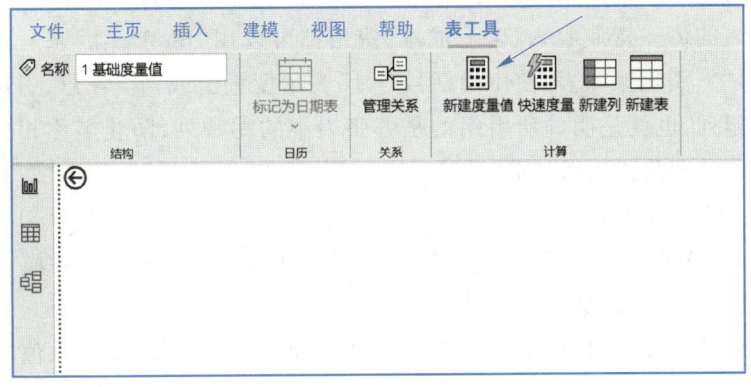

图 2-14　新建度量值

利润表需要的基础度量值包括营业成本、营业收入、费用、销售费用、财务费用、管理费用、资产减值损失、营业外支出、毛利润、毛利润率%、净利润、净利润率%。定义基础度量值的操作方法都相同,如图 2-15 所示。

在"0 销售订单数据表"里,每一笔订单都有数量和单价。如果想要求收入(收入 = 数量×单价),在 Excel 里常用的方法是先用数量×单价生成一列,再对这一列进行求和。使

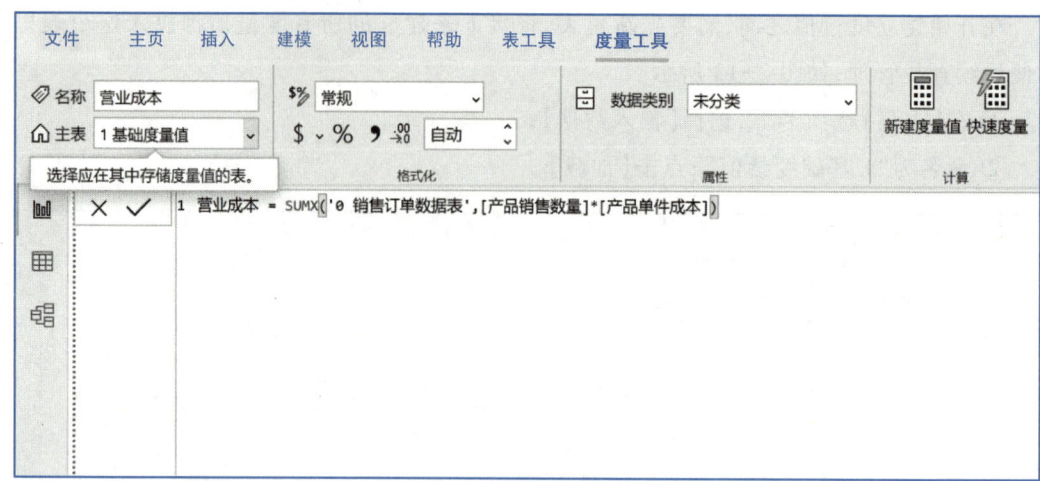

图 2-15　定义基础度量值

用列和度量值的区别如下：

列一定是被存储在某一张表里的，因为该表增加了新的内容，所以会占用电脑的内存。如果是在庞大的数据表中添加列，可能会影响运算速度。而度量值是以公式的形式被存储的，不使用的时候几乎不占用内存。只有把它拖拽到图表里，它才会参与运算。所以，度量值更灵活，计算速度更快。

回到我们的计算：新建列的一个缺点是需要增加一列，这样会增加文件大小，后期的维护成本和数据管理都不是很方便。但是在 Power BI 中，依靠 DAX 公式中的函数"SUMX（ ）"就可以实现。

"SUMX（ ）"是一个迭代函数，它的计算逻辑是先对这个表的每一行进行扫描，求得"产品销售数量×产品单价"，并虚拟地把值存储在"行"上，然后再对每一行的结果进行求和，最终得到营业收入的值。营业收入、营业成本、费用都可以用"SUMX（ ）"来写。在输入公式时，使用单引号"'"引用某张表，使用中括号"[ ]"表示度量值或列。注意，引用表中的某一列时需要用限定列，也就是明确所引用的是哪张表中的哪一列，防止名称相似的列发生混淆。各度量值的计算公式列示如下：

营业收入=SUMX（'0 销售订单数据表',[产品销售数量]*[产品单价]）

营业成本=SUMX（'0 销售订单数据表',[产品销售数量]*[产品单件成本]）

费用=SUM（'0 费用数据表'[费用]）

费用还可以细分求"销售费用""财务费用""管理费用"，以及"资产减值损失"和"营业外支出"。

函数"CALCULATE（…,…,）"第一个参数是计算表达式，可以执行各种聚合运算。从第二个参数开始，是一系列筛选条件，可以为空；如果存在多个筛选条件，用逗号分隔，所有筛选条件的交集形成最终的筛选数据集，再根据筛选出的数据集执行第一个参数的聚合运算并返回运算结果。我们使用这个公式计算细分的费用度量值。

销售费用=CALCULATE（[费用],'0 费用科目表'[一级科目名称]="销售费用"）

财务费用=CALCULATE（[费用],'0 费用科目表'[一级科目名称]="财务费用"）

管理费用=CALCULATE([费用],'0费用科目表'[一级科目名称]="管理费用")

资产减值损失=CALCULATE([费用],'0费用科目表'[一级科目名称]="资产减值损失")

营业外支出=CALCULATE([费用],'0费用科目表'[一级科目名称]="营业外支出")

这里有一个小提示,使用 Power BI 的一个好处是新建度量值之后,这些度量值都可以重复使用,所以对于公式比较相似的度量值,可以复制再修改。有了这些基础度量值,我们接下来求毛利润和净利润。

毛利润=[营业收入]-[营业成本]

净利润=[毛利润]-[销售费用]-[管理费用]-[财务费用]-[资产减值损失]-[营业外支出]

另外还有两个衡量业务成果的指标:毛利润率和净利润率。我们采用"DIVIDE( )"安全除法公式。相比于普通除法"/",它的好处是可以在分母为 0 时防止报错,不会出现无穷大而是返回空值,也可以自定义返回值。因为率通常用百分比的形式展现,所以在等号"="前面添加了百分比符号。

毛利润率%=DIVIDE([毛利润],[营业收入])

净利润率%=DIVIDE([净利润],[营业收入])

接下来我们就可以基于已搭建好的度量值,生成可视化的视觉对象了,如图 2-16 所示。

① 新建【矩阵】;

②【行】是【年月】;

③【值】是【产品销售数量】【营业收入】【营业成本】【管理费用】【财务费用】,分别拖拽字段名称放入【值】中。

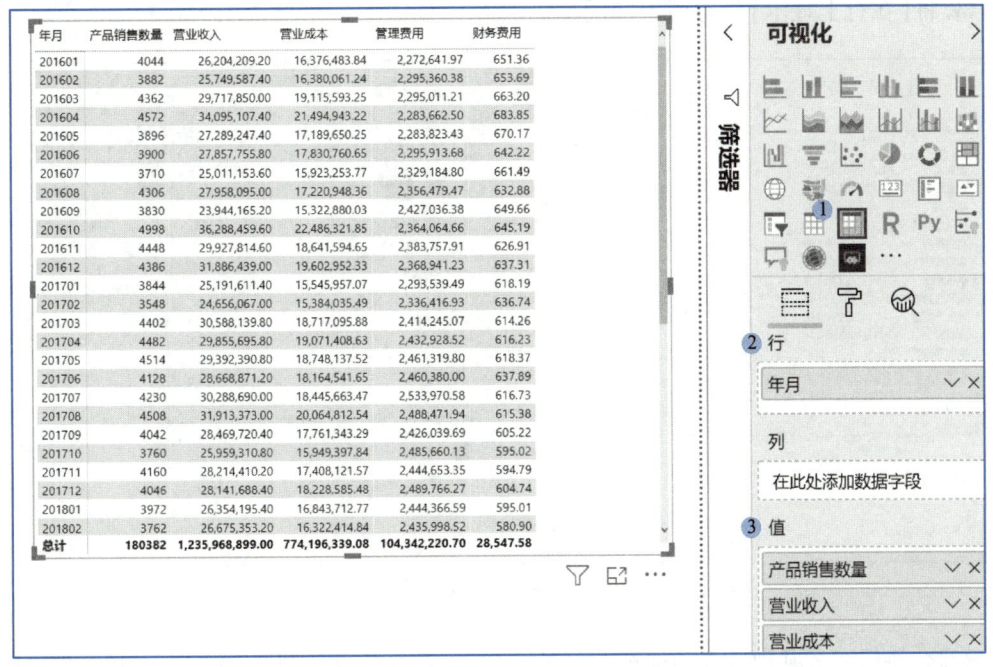

图 2-16 搭建好度量值的表

如果我们想看到每个类别的总额怎么操作呢？如图 2-17 所示。

① 添加【矩阵】；

②【值】为【营业收入】【营业成本】【毛利润】【毛利润率%】【销售费用】【管理费用】【财务费用】【资产减值损失】【营业外支出】【净利润】【净利润率%】。

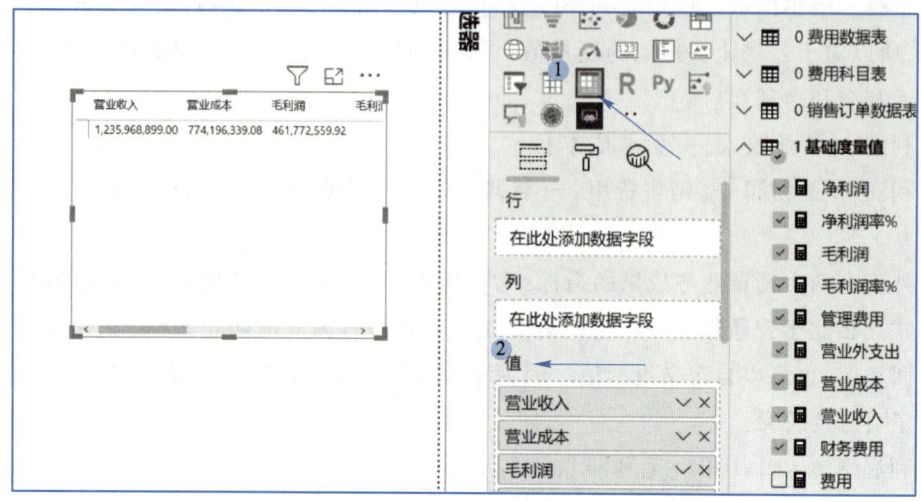

图 2-17　添加矩阵

这时候我们看，图 2-17 所有科目和数值都是并排显示的，需要非常大的版面来展示数据，因此可以采用行和列互换的方式，让数据更加清晰地呈现出来，如图 2-18 所示。

① 点击【格式】选项卡；

② 找到【值】按钮；

③ 将【在行上显示】状态调为【开】。

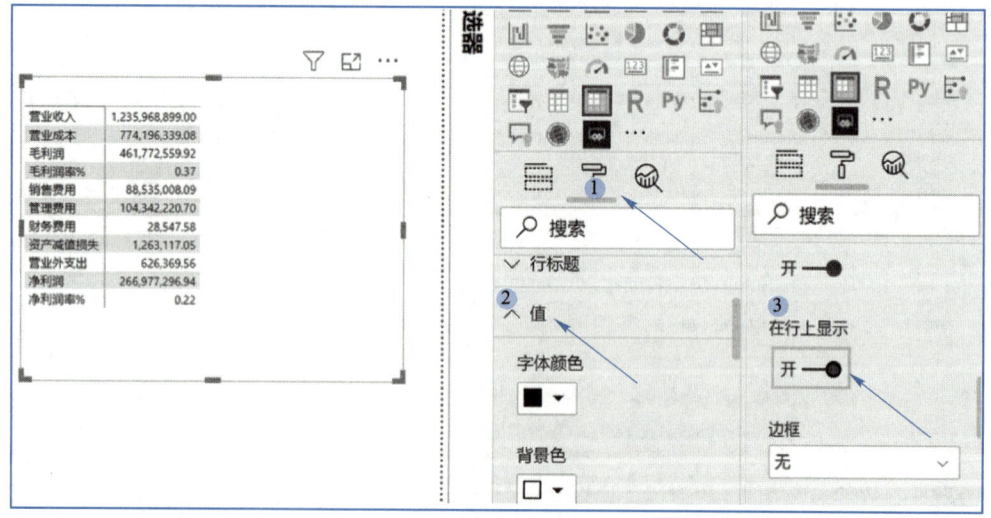

图 2-18　行和列互换

至此，使用财务基础数据的建模工作就完成了，最终效果如图 2-19 所示，本小节的目的

第二节 利润表基础度量值的建立　25

是让大家熟悉 Power BI 的基本建模模式。

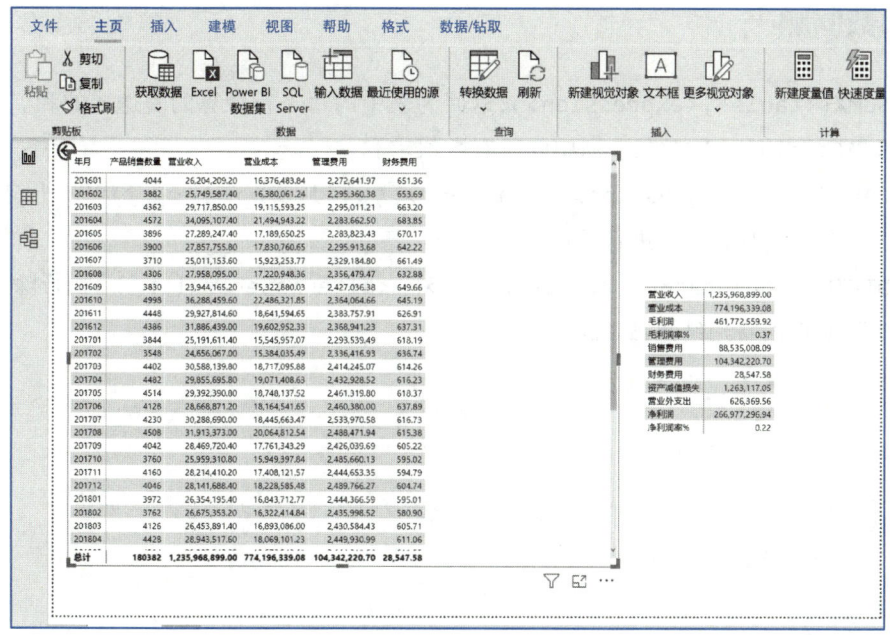

图 2-19　财务基础数据建模最终效果

本节思维导图

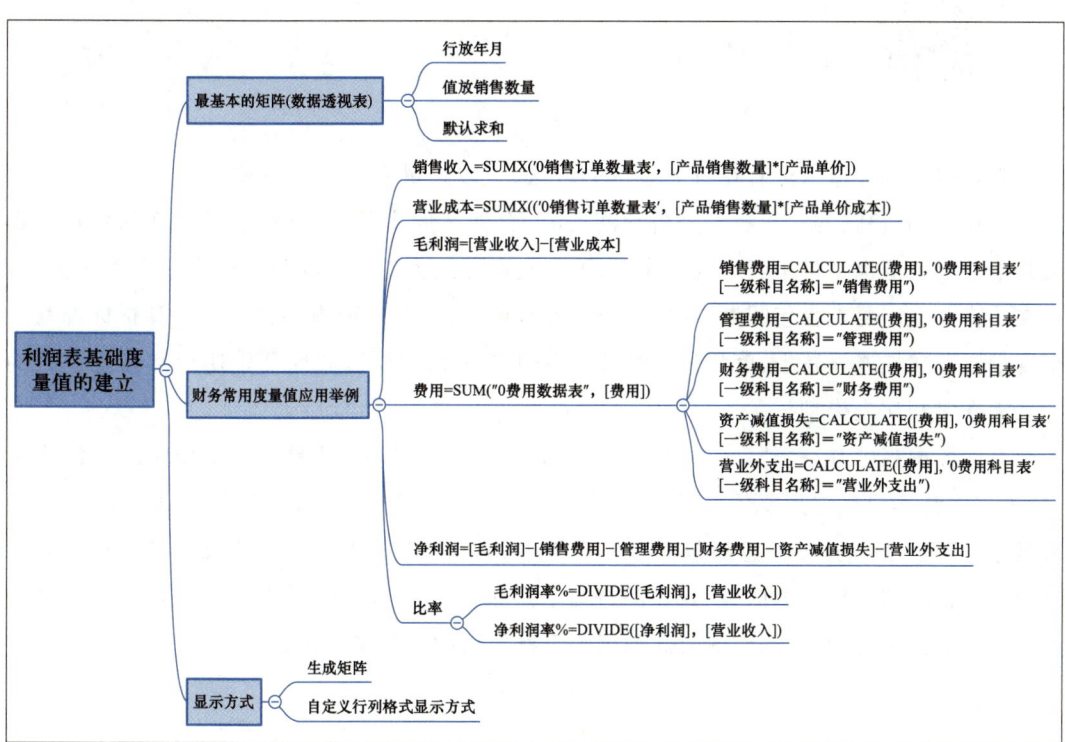

 **函数回顾**①

1. SUMX(<table>,<expression>),返回为表中的每一行计算的表达式的和。
2. SUM(<column>),对某个列中的所有数值求和。
3. CALCULATE(<expression>[,<filter1>[,<filter2>[,…]]]),在指定筛选器所修改的上下文中对表达式进行求值。
4. DIVIDE(<numerator>,<denominator>[,<alternateresult>]),执行除法运算,并在被 0 除时返回备用结果或 BLANK( )。

实操作业

1. 自行建立新的度量值:财务费用和毛利率;
2. 将按行显示的矩阵调整为按列显示。

第三节 利润表模板应用

 扫码观看:
利用模板打造利润表

矩阵中的度量值虽然有在行上显示的方法,可以帮助我们完成一些基本的利润表分析工作,但它是有缺陷的。当我们分析利润表时,会涉及像房租、水电费这样更细的项目。定义几十个度量值也会带来巨大的工作量,因此我们无法为每一个项目都建立一个度量值,另外在计算上也需要求去年同期、环比增长率等数值,会涉及是否需要将每个计算指标都写一个度量值。在格式设置上,度量值设置也不是非常灵活。所以我们开始使用利润表模板的方法来搭建利润表模型。

案例数据当中有一个"1 利润表模板"的 Excel 文件。"序号"是为方便排序,"利润表项目"的样式是客户最终想要的格式,以及利润表各项目对应的"二级科目""一级科目""一级科目序号""分类",这些信息都包含在了模板中。在这里需要提醒大家,如图 2-20 我们在打造这一款利润表模板的时候,用了缩进显示层级。虽然 Excel 有【缩进】的按钮,但这个按钮实际是形式上的缩进,制作的时候利用了空格留白的方式来突出显示。

---

① 所有函数的语法、用处都可以在微软官网上查询。

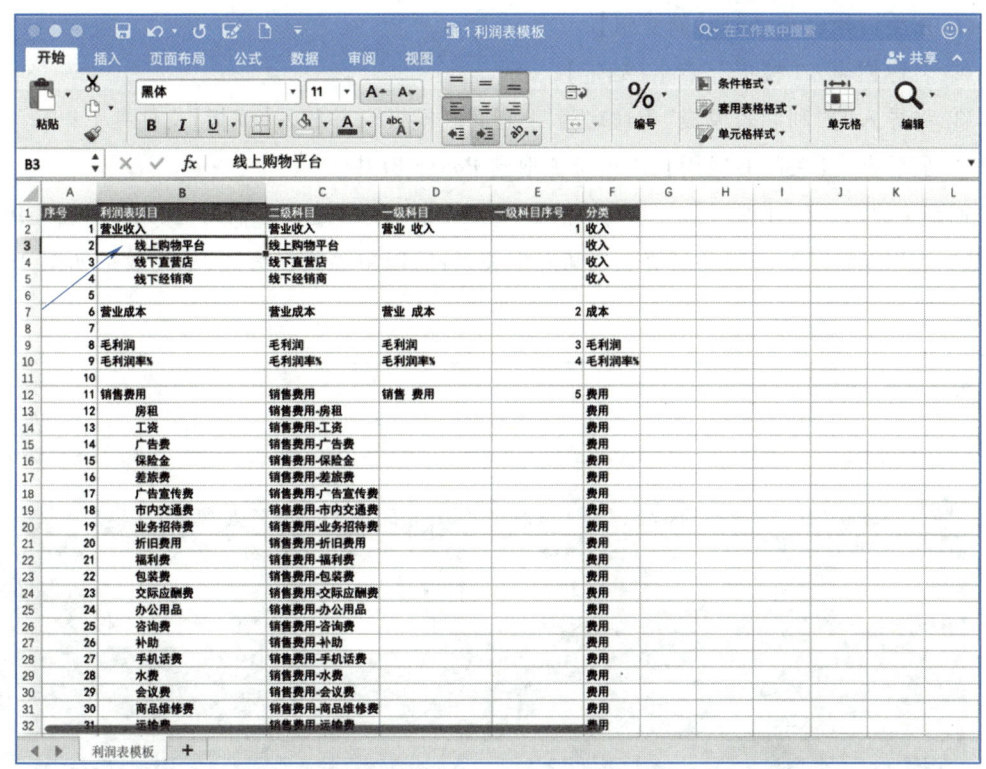

图 2-20　利润表模板

我们具体该如何使用模板化的方式搭建度量值呢？

STEP 1：获取利润表模板（步骤参照图 2-2）。

STEP 2：进入【Power Query 编辑器】界面（步骤参照图 2-4）。

因为后续还会添加很多模板，为了方便管理，我们依旧在【Power Query 编辑器】界面下介绍，如图 2-21 所示。

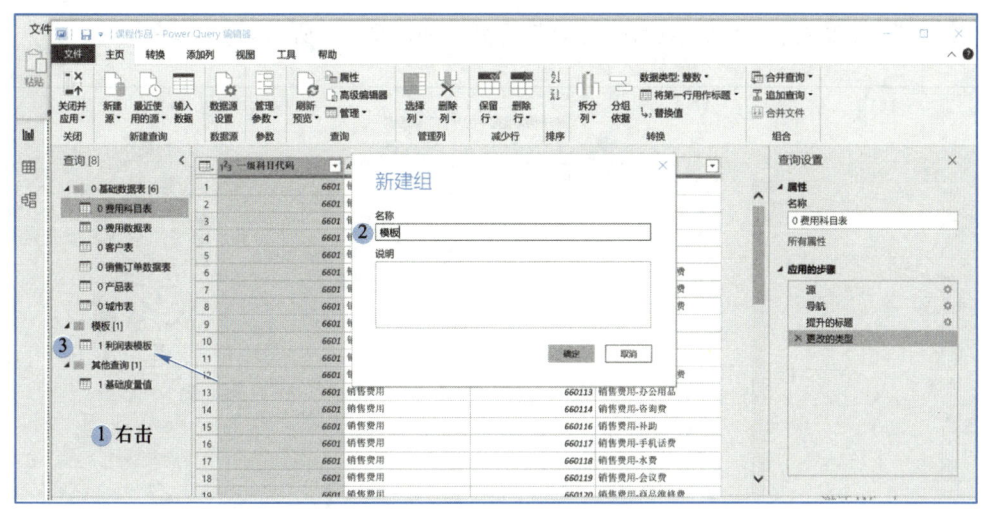

图 2-21　导入利润表模板

① 在空白处右击,选择【新建组】;
② 名称栏输入"模板",点击【确定】;
③ 将导入的"利润表模板"重命名为"1 利润表模板",并放入【模板】文件夹下;
④ 最后点击【关闭并应用】,将模板抓取到 Power BI 中。

回到主界面,点击【模型】视图,确认模型关系。由于模板是一个辅助型的表,不会与维度表、数据表以及新建的基础度量值表之间发生关系,所以单独放在旁边,最终效果如图 2-22 所示。

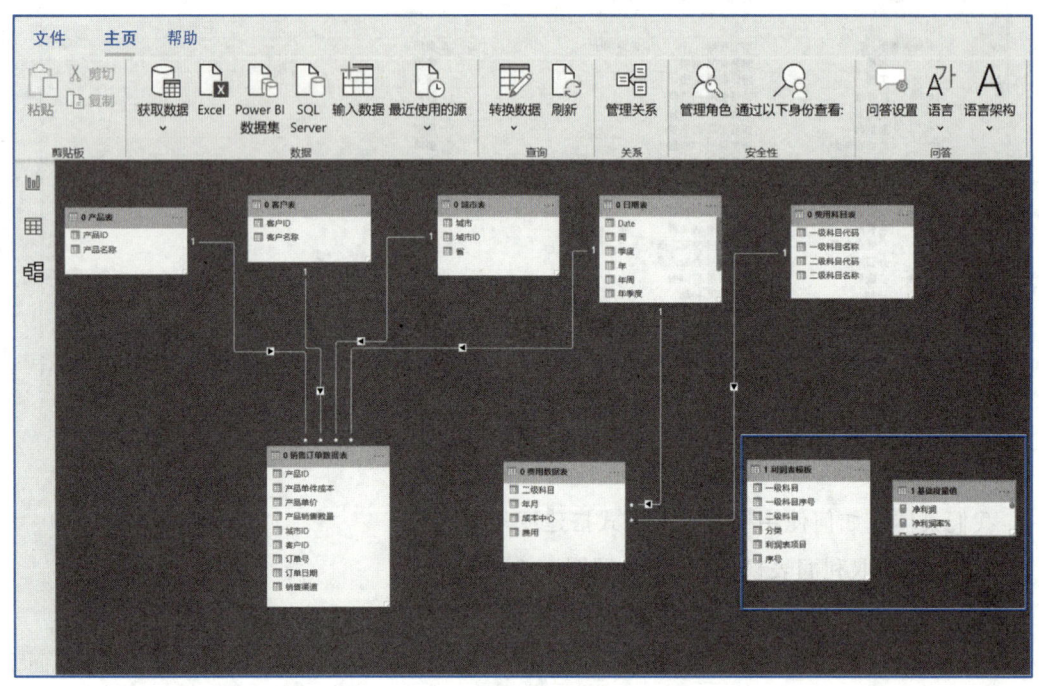

图 2-22 显示模型关系

接着清空【报表】的画布,重新打造矩阵模型。如图 2-23 所示。

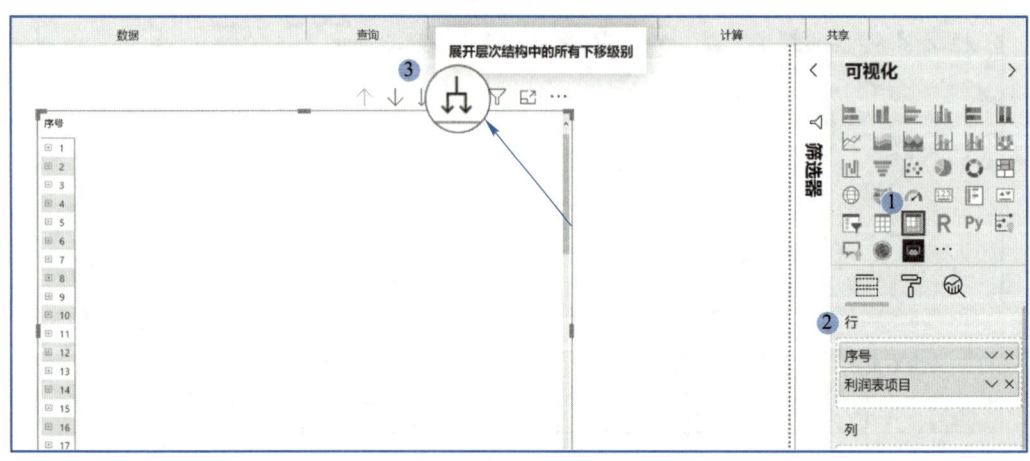

图 2-23 展开层次结构中的所有下移级别

① 选择【矩阵】；

② 【行】为【序号】和【利润表项目】；

③ 这里默认只显示序号,所以点击【展开层次结构中的所有下移级别】,把所有的项目都显示出来。这种方式默认为渐变式的,但我们需要让它们并列显示,操作步骤如图 2-24 所示。

① 选择【格式】选项卡的【行标题】,将【渐变布局】关闭；

② 为了美观,可以直接将【序号】的列宽拖拽缩至最小,将其隐藏。

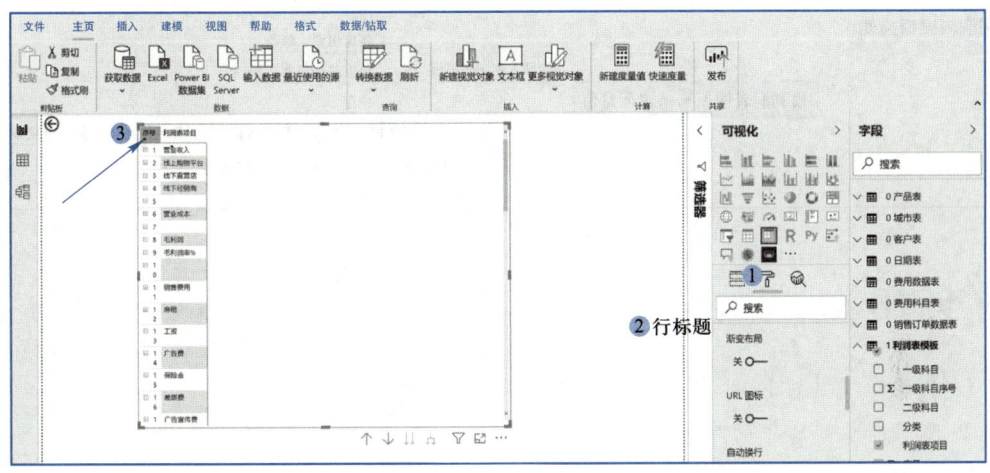

图 2-24　并列显示序号

我们发现缩小表格宽度的时候,【行】发生了一些错位,这是因为数据显示有了【自动换行】的调整,所以我们把它关掉,操作步骤如图 2-25 所示。

① 点击【格式】选项卡；

② 【行标题】栏,【自动换行】调为【关】；

③ 【列标题】栏,【自动换行】调为【关】。

至此,"1 利润表模板"的基础模型搭建完毕。

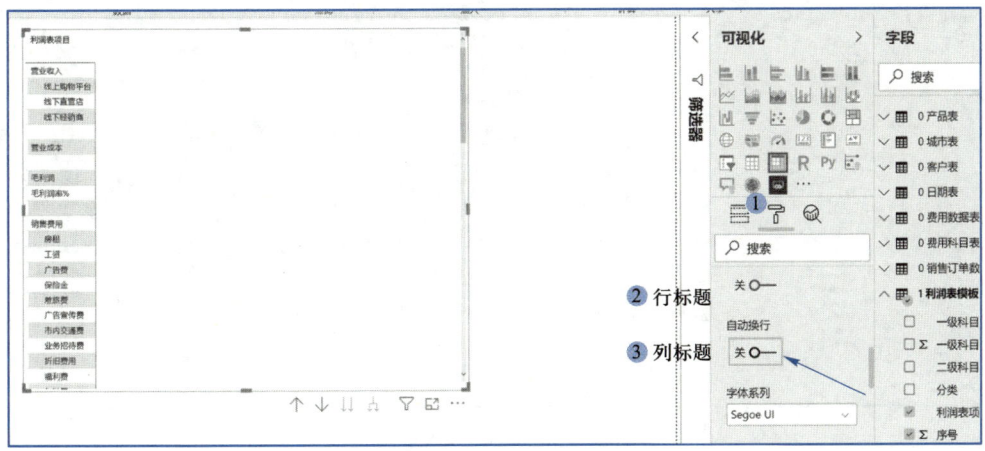

图 2-25　关闭自动换行

本节思维导图

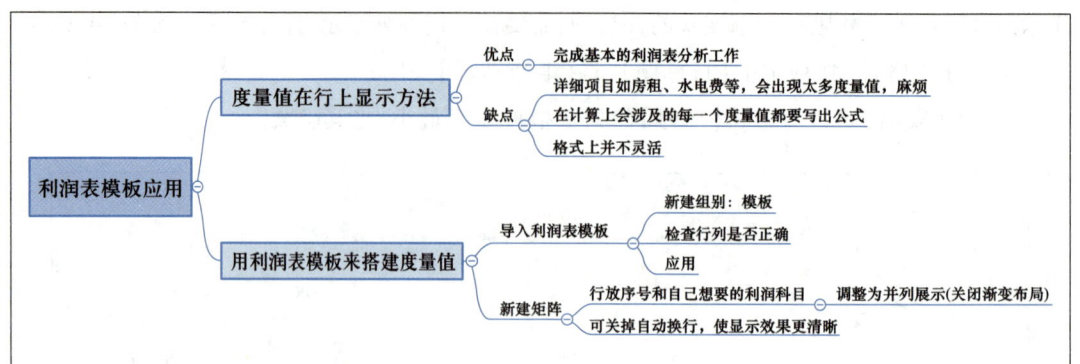

实操作业

1. 新建矩阵,【行】为利润表模板中的二级科目和序号;
2. 隐藏新建矩阵中的序号。

第四节 利润表项目度量值的计算

我们要写多个利润表相关的度量值,分别是当期计算、去年同期计算、差异计算。首先,我们创建"1 利润表度量值"表来存储相关的度量值,如图 2-26 所示。

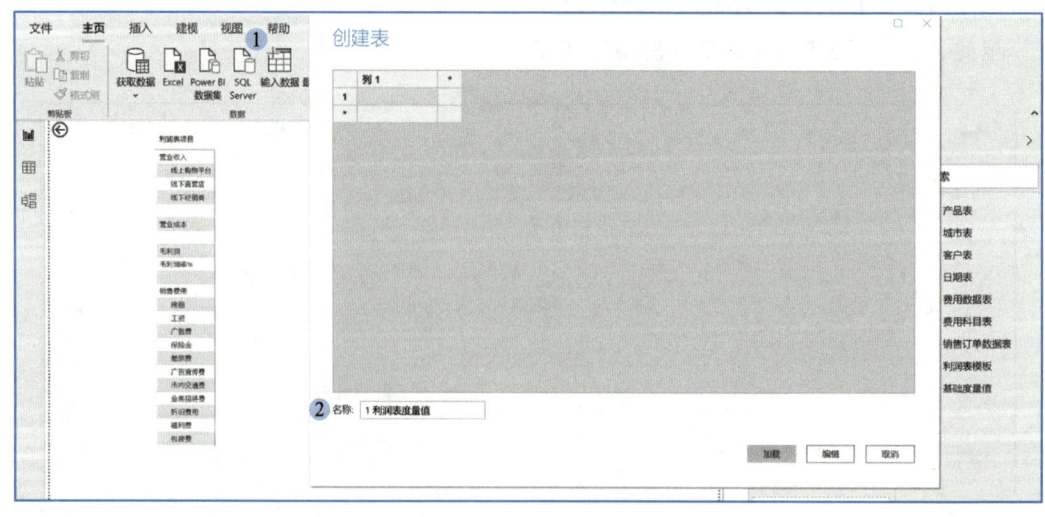

图 2-26 加载一个新表

那么我们怎样能够套用模板来求得模板中对应项目的每项数据呢？答案是用 var 语句定义变量，SELECTEDVALUE 和 SWITCH(true…) 多条件的判断组合来达到目的。

扫码观看：
在模板下建立度量值

创建度量值的方法如图 2-27 所示。

选中位置，由于本节的度量值都要存储在已建立的"1 利润表度量值"下，因此在【字段】栏，① 点击【1 利润表度量值】，② 点击【新建度量值】。

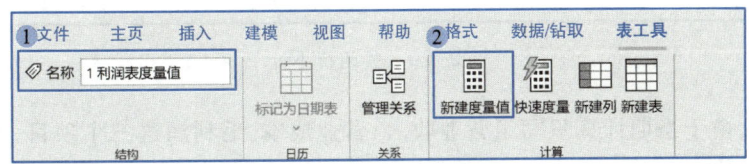

图 2-27　新建度量值

当期计算公式如图 2-28 所示。

```
1 当期计算 =
2 var x=SELECTEDVALUE('1 利润表模板'[二级科目])
3
4 return
5 SWITCH(true,
6 x="营业收入",[营业收入],
7 x="营业成本",[营业成本],
8 x="毛利润",[毛利润])
```

图 2-28　当期计算公式

首先，我们用 var 语句定义模板中利润表的项目是什么。其中，SELECTEDVALUE (<columnName>[,<alternateResult>]) 函数的两个参数分别是指定列和替代结果，作用是在指定列中只有一个值时返回该值，否则返回替代结果。var 被比作录音机，即录制好某一段落再使用，而且可以重复多次地播放。如图 2-28 所示，var 即录制，return 即播放前面录制的内容。在模板中，二级科目是最基础的科目，如收入、费用。SWITCH 的作用和 IF 类似，根据表达式的值返回不同结果，可以省略多个 IF 的步骤。也就是说，当科目等于营业收入时，套用我们已经写好的度量值营业收入、营业成本、毛利润。

我们可以先写一半公式来做个实验，如果没有问题再将公式补全。回到矩阵看一下效果，操作步骤如图 2-29 所示。

① 选择【矩阵】；

②【行】为【序号】和【利润表项目】；

③【值】为【当期计算】；

④【格式】选项卡,选择【小计】栏,将【行小计】关闭。

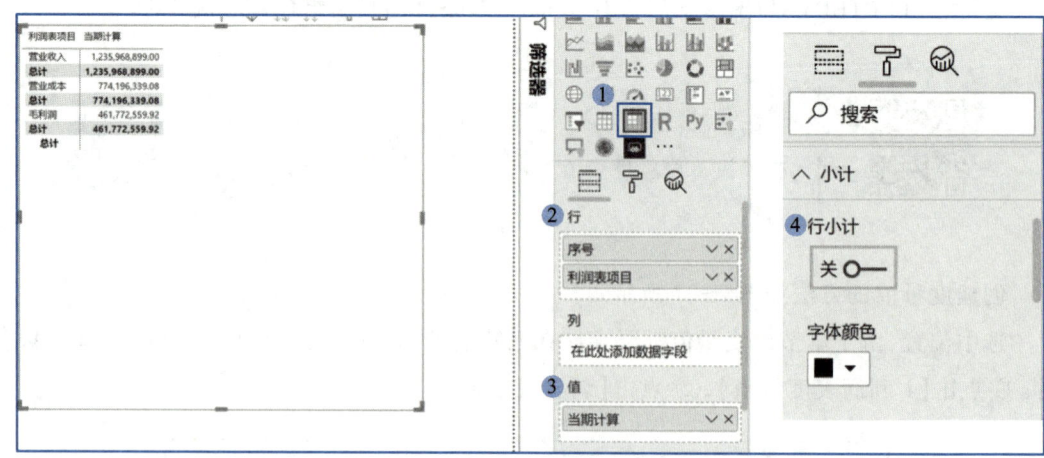

图 2-29 关闭行小计

可以发现,由于当期计算只写了营业收入、营业成本、毛利润这三个项目,原本模板里还有许多项目都没能显示出来,但是我们又想看到所有的项目名称,该怎么办?如图 2-30 所示,点击【利润表项目】的下拉箭头,选择【显示无数据的项目】,就可以看到完整的模板,并且当期计算公式包含的部分数据也已经显示在矩阵中了。

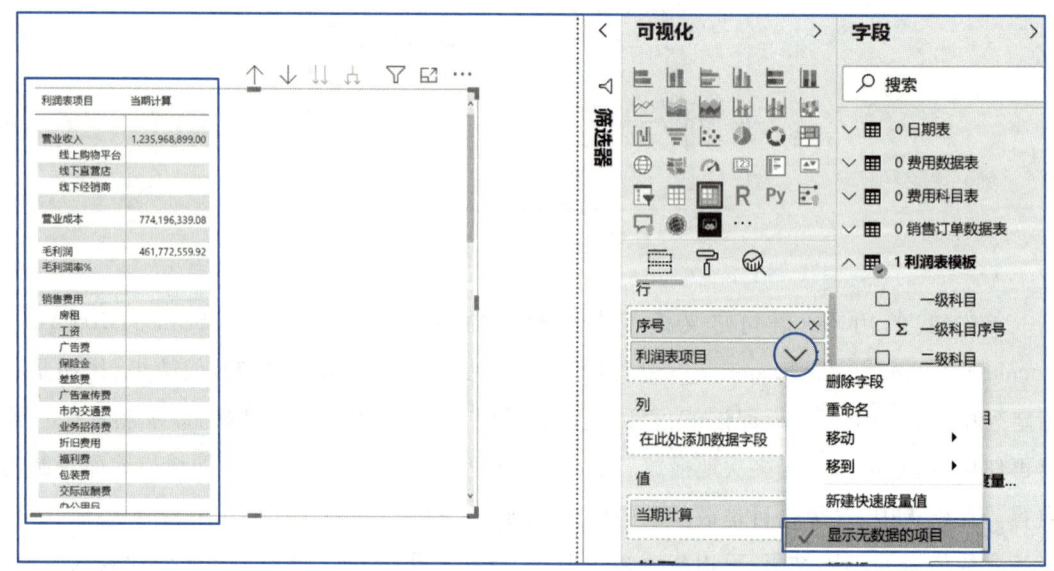

图 2-30 显示无数据的项目

做完实验,看到数据显示都没有问题,继续将当期计算的公式写完整,如图 2-31 所示。

在公式中,对于"营业收入""销售费用"这样的一级科目,都对应我们之前建立好的度量值;没有建立过度量值的,也就是二级科目,则用最后三行营业收入加费用的形式来计算。因为营业收入和费用不会同时出现在同一个科目里,所以当满足费用时营业收入为空,满足营业收入时费用为空。

```
1  当期计算 =
2  Var x=SELECTEDVALUE('1 利润表模板'[二级科目])
3
4  return
5      SWITCH(true,
6          x="营业收入",[营业收入],
7          x="营业成本",[营业成本],
8          x="毛利润",[毛利润],
9          x="毛利润率%",[毛利润率%],
10         x="销售费用",[销售费用],
11         x="管理费用",[管理费用],
12         x="财务费用",[财务费用],
13         x="资产减值损失",[资产减值损失],
14         x="营业外支出",[营业外支出],
15         x="净利润",[净利润],
16         x="净利润率%",[净利润率%],
17             CALCULATE([营业收入],'0 销售订单数据表'[销售渠道]=x)
18             +
19             CALCULATE([费用],'0 费用数据表'[二级科目]=X))
20
```

图 2-31　当期计算完整公式

去年同期计算可以用"DATEADD()"或"SAMEPERIODLASTYEAR()"函数来写,同时求得差异计算。DATEADD(<dates>,<number_of_intervals>,<interval>):返回一个表,此表包含一列日期,日期从当前上下文中的日期开始按指定的间隔数向未来推移或者向过去推移。在去年同期计算的公式中,"-1,year"就表示往过去退一年。更简单的方法是使用SAMEPERIODLASTYEAR(<dates>)函数:返回一个表,其中包含指定 Date 列中的日期在当前上下文中上一年的日期列,公式如 2-32 所示。

```
1  去年同期计算 =
2  CALCULATE([当期计算],DATEADD('0 日期表'[Date],-1,year))

1  去年同期计算 =
2  CALCULATE([当期计算],SAMEPERIODLASTYEAR('0 日期表'[Date]))

1  差异计算 = [当期计算]-[去年同期计算]
```

图 2-32　去年同期计算及差异计算公式

建立完度量值之后,将度量值加入表,【值】为【当期计算】【去年同期计算】【差异计算】,如图 2-33 所示。

最后调整矩阵的可视化效果。如果想突出显示【差异计算】的效果,可以采用【数据条】,能直接看到正负值的效果。如图 2-34 所示,点击【差异计算】→【条件格式】→【数据条】。

在跳转出的【数据条-差异计算】页面下,如图 2-35 所示,将【正值】调为【绿色】,颜色代码#01B8AA;【负值】调为【红色】,颜色代码#FD625E。

然后我们再添加一个关于时间的切片器以方便我们查看任意年度的数据,操作步骤如图 2-36 所示。

① 点击【切片器】;

②【字段】中放入【年】;

③ 在切片器的视图框下,点击右上角的下拉箭头,选择【列表】形式显示。

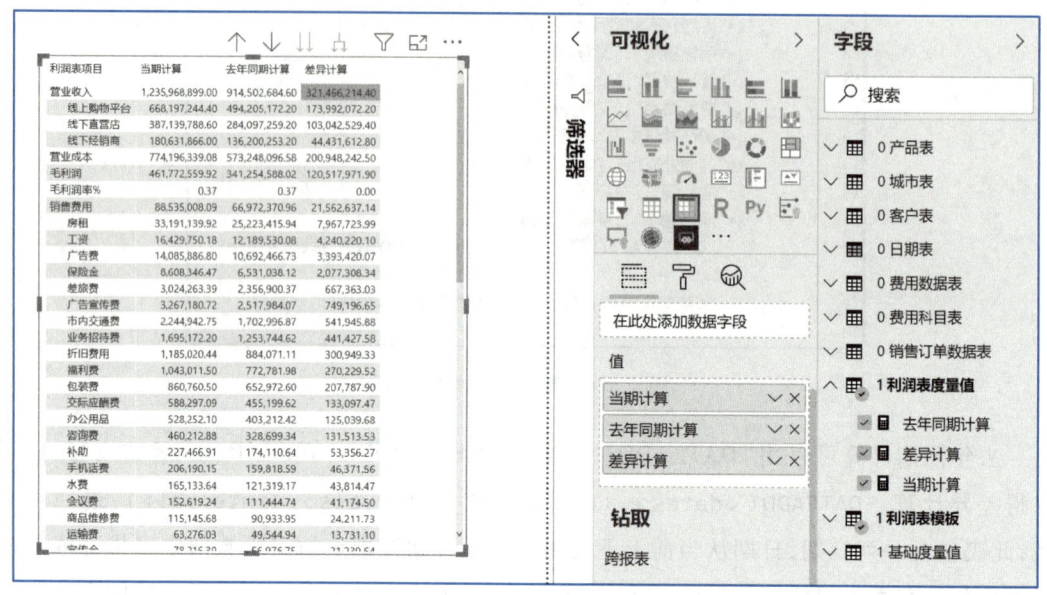

图 2-33　将度量值加入表

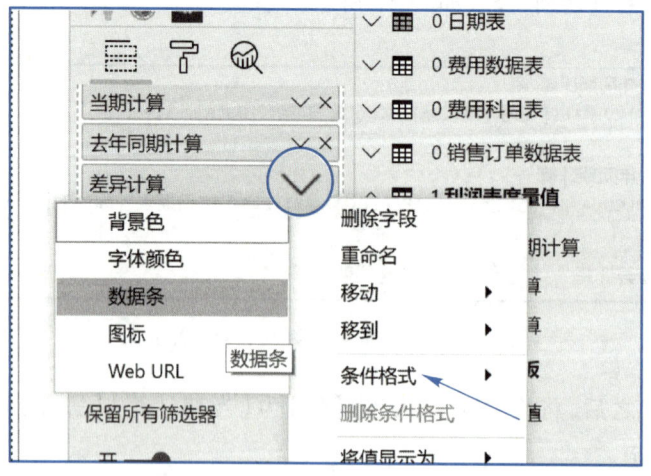

图 2-34　设置【条件格式】

到此为止所完成的计算,已经可以满足一些分析的需求,像当期、去年同期差异的筛选等。但是我们用 Power BI 打造仪表板的目的往往是希望读者阅读时更加顺畅,也能更符合他们的习惯,所以以下一节我们将要介绍一些格式化技巧,对报表显示格式进行优化。

第四节　利润表项目度量值的计算　　35

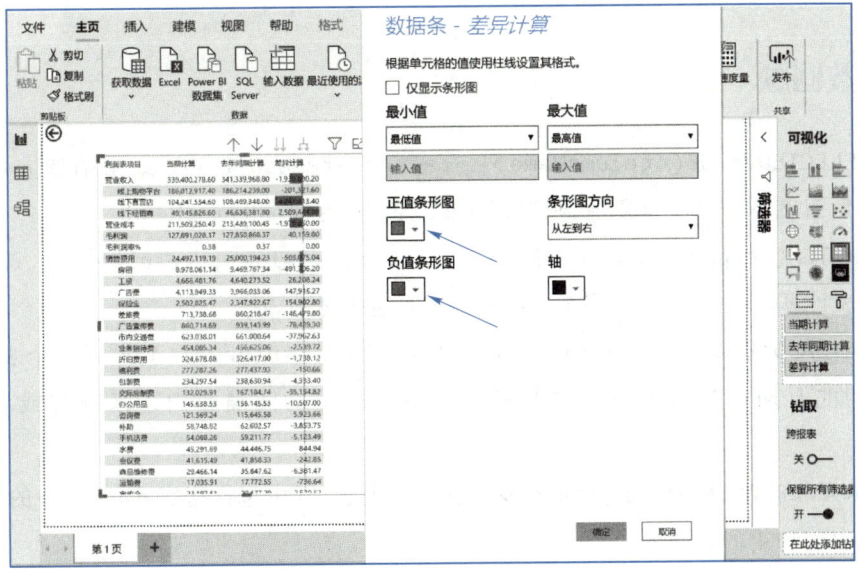

图 2-35　调节差异计算的颜色

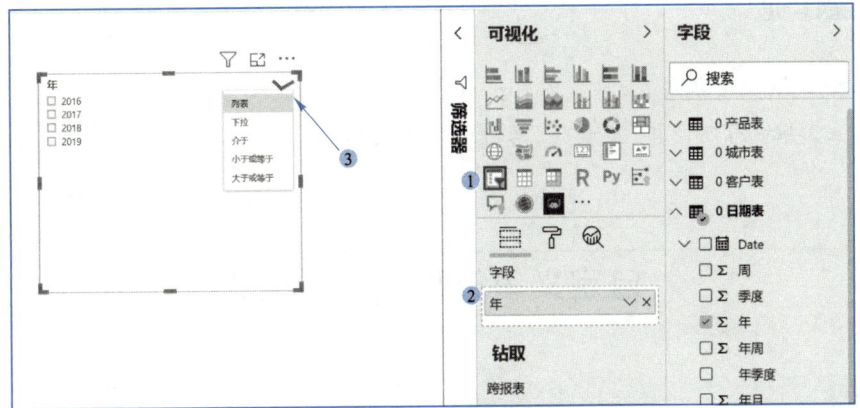

图 2-36　设置列表

本节思维导图

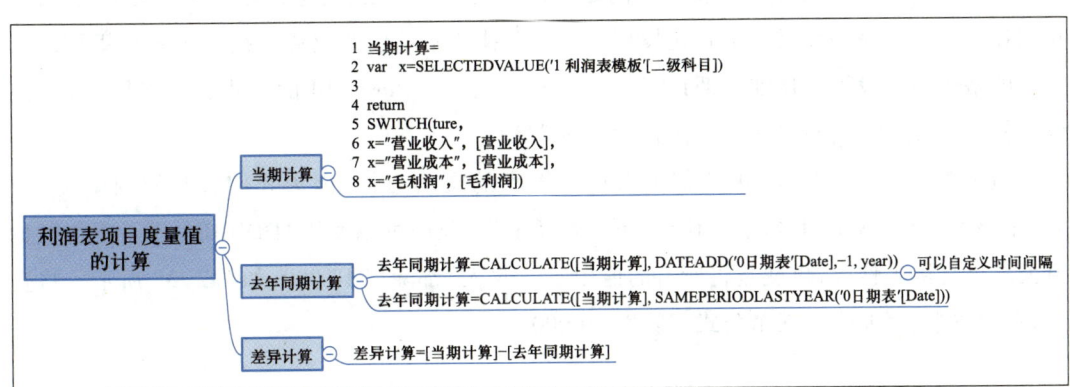

 **函数回顾**

1. SELECTEDVALUE(<columnName>[,<alternateResult>]),如果筛选 columnName 的上下文后仅剩下一个非重复值,则返回该值。否则,返回 alternateResult。

2. SWITCH(<expression>,<value>,<result>,[<value>,<result>]…[,<else>]),针对值列表计算表达式,并返回多个可能的结果表达式之一。

3. DATEADD(<dates>,<number_of_intervals>,<interval>),返回一个表,此表包含一列日期,日期从当前上下文中的日期开始按指定的间隔数向未来推移或者向过去推移。

4. SAMEPERIODLASTYEAR(<dates>),返回一个表,其中包含指定 dates 列中的日期在当前上下文中前一年的日期列。

实操作业

1. 根据日期表建立列表,单位为月;
2. 建立"去年同期计算"度量值,两种方法都列出。

第五节　自定义单位和百分比格式

 扫码观看:
自定义单位和格式百分比

我们用 Power BI 打造仪表板的目的是给读者提供更顺畅、更符合习惯的报表格式,为此我们在本节介绍一些高级的格式化技巧。第一个技巧是单位的设置。在 Power BI 里可以对字段的格式进行设置。比如当期计算,如图 2-37 所示。Power BI 的格式选项卡【字段格式设置】可以显示的单位有"万元、千元、百万元"等。

但是图 2-37 中的这些单位都不太符合大家的阅读习惯,因为我们日常使用单位"万元"来显示,而 Power BI 本身并不支持单位"万元"。我们可以使用"DIVIDE( )"函数在度量值公式里直接去修改,也就是将所有的值(成本、收入)都除以 10 000,如图 2-38 所示。将费用、营业成本、营业收入三个公式都除以 10 000。

第五节 自定义单位和百分比格式

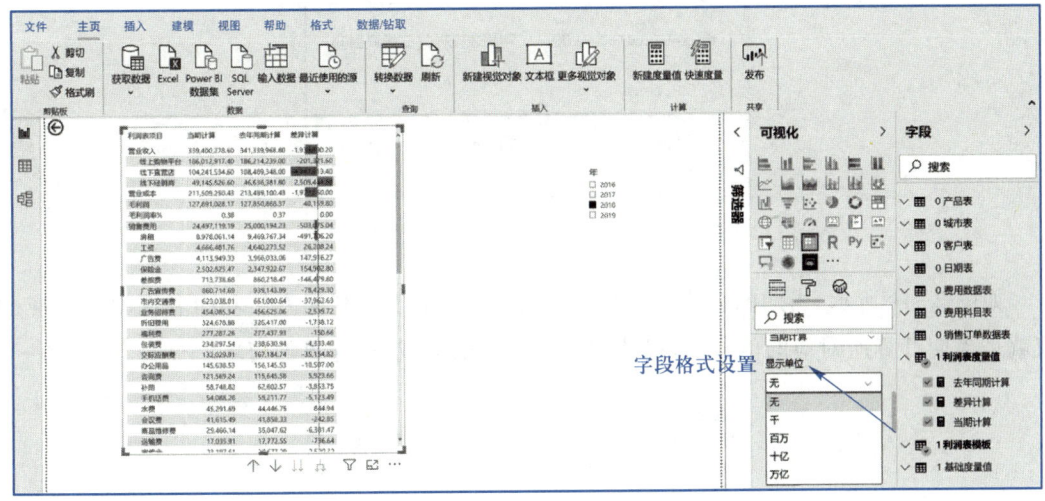

图 2-37 字段格式设置

```
1 费用 = DIVIDE(SUM('0 费用数据表'[费用]),10000)
1 营业成本 = DIVIDE(SUMX('0 销售订单数据表',[产品销售数量]*[产品单件成本]),10000)
1 营业收入 = DIVIDE(SUMX('0 销售订单数据表',[产品销售数量]*[产品单价]),10000)
```

图 2-38 以单位"万元"显示

由于其他的度量值是基于这几个基础度量值来打造的,所以当我们修改了这些度量值后,其他的度量值都会自动相应更改。

第二个技巧是修改比率,如毛利润率%及净利润率%。

现在矩阵中比率的值都是以小数的形式来显示的,但平常我们习惯用百分比的形式。Power BI 里对每一个度量值都有一些基础的格式设定,如图 2-39 所示。比如,可以将值的显示改为千分位,也可以调整小数点后的位数等。这里有很多功能,但唯独不能对数字和百分比同时进行格式设置。

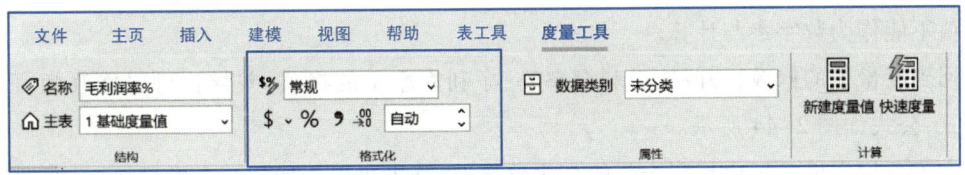

图 2-39 调整小数位

如果我们想把比率都改成百分比的样式,该如何实现?可以用 DAX 公式新建度量值来完成。

如图 2-40 所示,当期的公式可以修改为:

其中,"FORMAT( )"函数的含义是格式,可以对毛利润率%和净利润率%度量值进行限制,将其变为"percent"格式。

```
1  当期 =
2  var x=SELECTEDVALUE('1 利润表模板'[二级科目])
3  return
4  SWITCH(true,
5  x="毛利润率%",FORMAT([毛利润率%],"percent"),
6  x="净利润率%",FORMAT([净利润率%],"percent"),
7  [当期计算])
```

图 2-40　用 FORMAT 函数设置当期公式

如图 2-41 所示，当期的公式也有另外一种写法，由于毛利润率% 和净利润率% 对应的值就是当期计算所对应的值，也可以使用一个度量值完成，这样更加简单。

```
1  当期 =
2  var x=SELECTEDVALUE('1 利润表模板'[二级科目])
3  return
4  SWITCH(true,
5  x="毛利润率%",FORMAT([当期计算],"percent"),
6  x="净利润率%",FORMAT([当期计算],"percent"),
7  [当期计算])
```

图 2-41　当期公式的另外一种写法

如图 2-42 所示，去年同期也采用同样的方法进行修改。

```
1  去年同期 =
2  var x=SELECTEDVALUE('1 利润表模板'[二级科目])
3  return
4  SWITCH(true,
5  x="毛利润率%",FORMAT([去年同期计算],"percent"),
6  x="净利润率%",FORMAT([去年同期计算],"percent"),
7  [去年同期计算])
```

图 2-42　去年同期公式

这样，毛利润率%、净利润率% 都通过函数 FORMAT 将数值更改成文本格式，相当于固化了格式的显示方式。这样的好处是可以分别用不同的方式来展现自定义效果，但是也有一个坏处是文本格式后期无法参与任何计算。如图 2-43 所示，我们做一个实验，写一个度量值：差异计算 2=[当期]-[去年同期]，将差异计算 2 放入矩阵后系统报错，原因是 Text 类型的值不能作为数字参与计算。

回到度量值的修改，修改完毛利润率%、净利润率% 的格式，差异也可以修改为百分比的格式，公式如图 2-44 所示。

为了更加突出显示去年到今年的变化效果，矩阵中可以再增加一个度量值"差异百分比计算"，公式如图 2-45 所示。

之后回到矩阵，完善可视化报表。如图 2-46 所示，将【当期】【当期计算】【差异】【差异百分比计算】也放入矩阵的【值】，就可以看到完整的矩阵了。

最后补充 FORMAT 函数的知识点。FORMAT 函数是比较灵活的，不仅只有 precent 这一种显示方式。如果需要其他的显示方式，可以在 Microsoft 的 DAX 网站去寻找 FORMAT 的函数各种预定义数字格式。其中还有很多显示方法，如 general number、currency、fixed percent

等。如果还想有更多自定义的方式,也可以选择自定义数字格式,比如说对货币单位进行赋值的时候,用括号还是使用其他的方式,都可以通过自定义来完成。

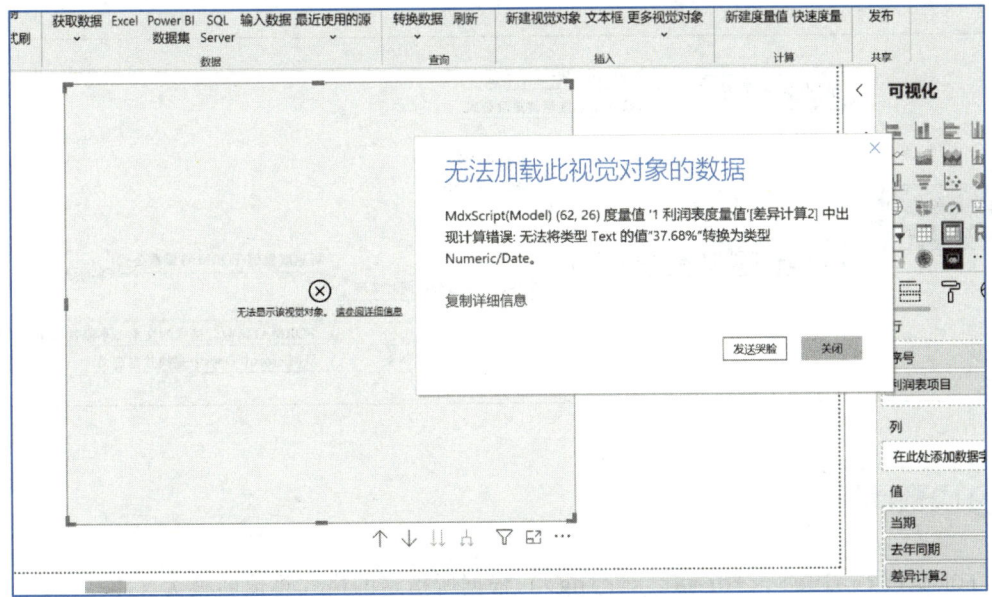

图 2-43　文本格式计算无法加载的显示

```
1  差异 =
2  var x=SELECTEDVALUE('1 利润表模板'[二级科目])
3  return
4  SWITCH(true,
5  x="毛利润率%",BLANK(),
6  x="净利润率%",BLANK(),
7  [差异计算])
```

```
1  差异百分比计算 =
2  DIVIDE([差异计算],[去年同期计算])
```

图 2-44　差异公式　　　　　　　　图 2-45　差异百分比公式

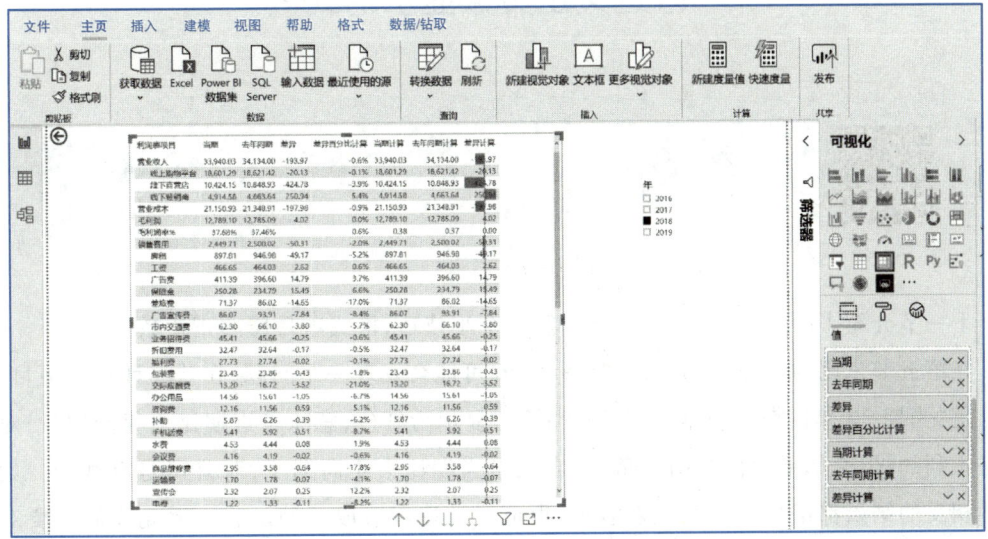

图 2-46　完整矩阵

本节思维导图

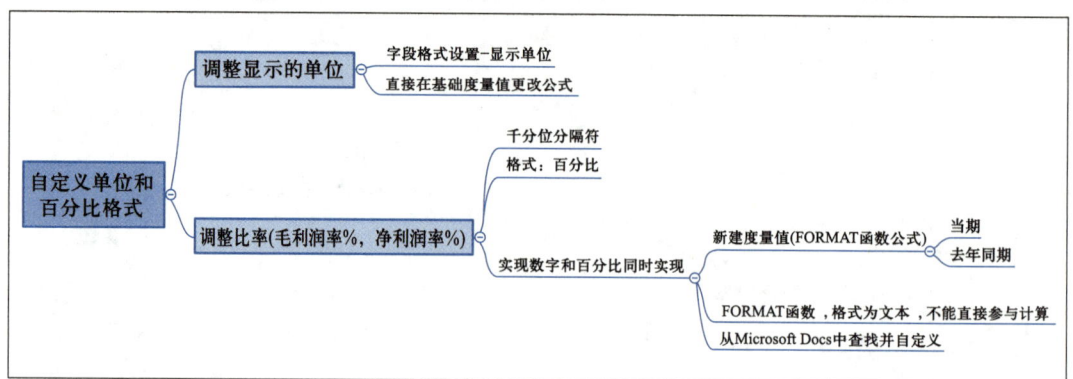

函数回顾

FORMAT(<value>,<format_string>)，根据所指定的格式将值转换为文本。

实操作业

1. 将毛利润率数值保留一位小数；
2. 将净利润率、毛利润率用百分比形式展现，其他保持原始数值。

第六节　自定义正负数显示格式

扫码观看：
正负方向修改

上一节介绍了两个小技巧，本节介绍第三个小技巧，格式项目修改正负数。

在第五节末尾的矩阵中，大家观察图 2-46 可能会发现一个问题，在差异计算的项目里，差异是"当期-去年同期"，营业收入"-193.97"显示为红色，意味着当期比去年同期少，对公司是不利的；但是如果销售费用是负数，含义是当期比去年同期少，对公司是有利的。如果两种相反的结果都用同一个方式来显示，很可能对读者造成一种困惑。因此我们需要对格式进行处理，常用的方法是把费用变为负数，收入变为正数，该怎么操作呢？我们可以直接在费用、营业成本度量值前面直接加一个负号。

公式修改如图 2-47 所示。

```
1 费用 = -DIVIDE(SUM('0 费用数据表'[费用]),10000)

1 营业成本 = -DIVIDE(SUMX('0 销售订单数据表',[产品销售数量]*[产品单件成本]),10000)
```

图 2-47　显示负号的公式

相应地,我们也需要修改毛利润和净利润中的符号:

毛利润=[营业收入]+[营业成本]

净利润=[毛利润]+[销售费用]+[管理费用]+[财务费用]+[资产减值损失]+[营业外支出]

我们再看矩阵,如图 2-48 所示,利润表模板中差异计算的费用和营业收入的方向已经发生了变化。

利润表项目	当期	去年同期	差异	差异百分比计算	当期计算	去年同期计算	差异计算
营业收入	33,940.03	34,134.00	-193.97	-0.6%	33,940.03	34,134.00	-193.97
线上购物平台	18,601.29	18,621.42	-20.13	-0.1%	18,601.29	18,621.42	-20.13
线下直营店	10,424.15	10,848.93	-424.78	-3.9%	10,424.15	10,848.93	-424.78
线下经销商	4,914.58	4,663.64	250.94	5.4%	4,914.58	4,663.64	250.94
营业成本	-21,150.93	-21,348.91	197.98	-0.9%	-21,150.93	-21,348.91	197.98
毛利润	12,789.10	12,785.09	4.02	0.0%	12,789.10	12,785.09	4.02
毛利润率%	37.68%	37.46%		0.6%	0.38	0.37	0.00
销售费用	-2,449.71	-2,500.02	50.31	-2.0%	-2,449.71	-2,500.02	50.31
房租	-897.81	-946.98	49.17	-5.2%	-897.81	-946.98	49.17
工资	-466.65	-464.03	-2.62	0.6%	-466.65	-464.03	-2.62
广告费	-411.39	-396.60	-14.79	3.7%	-411.39	-396.60	-14.79
保险金	-250.28	-234.79	-15.49	6.6%	-250.28	-234.79	-15.49
差旅费	-71.37	-86.02	14.65	-17.0%	-71.37	-86.02	14.65
广告宣传费	-86.07	-93.91	7.84	-8.4%	-86.07	-93.91	7.84
市内交通费	-62.30	-66.10	3.80	-5.7%	-62.30	-66.10	3.80
业务招待费	-45.41	-45.66	0.25	-0.6%	-45.41	-45.66	0.25
折旧费用	-32.47	-32.64	0.17	-0.5%	-32.47	-32.64	0.17
福利费	-27.73	-27.74	0.02	-0.1%	-27.73	-27.74	0.02
包装费	-23.43	-23.86	0.43	-1.8%	-23.43	-23.86	0.43
交际应酬费	-13.20	-16.72	3.52	-21.0%	-13.20	-16.72	3.52
办公用品	-14.56	-15.61	1.05	-6.7%	-14.56	-15.61	1.05
咨询费	-12.16	-11.56	-0.59	5.1%	-12.16	-11.56	-0.59
补助	-5.87	-6.26	0.39	-6.2%	-5.87	-6.26	0.39
手机话费	-5.41	-5.92	0.51	-8.7%	-5.41	-5.92	0.51
水费	-4.53	-4.44	-0.08	1.9%	-4.53	-4.44	-0.08
会议费	-4.16	-4.19	0.02	-0.6%	-4.16	-4.19	0.02
商品维修费	-2.95	-3.58	0.64	-17.8%	-2.95	-3.58	0.64
运输费	-1.70	-1.78	0.07	-4.1%	-1.70	-1.78	0.07
宣传会	-2.32	-2.07	-0.25	12.2%	-2.32	-2.07	-0.25
电费	-1.22	-1.33	0.11	-8.2%	-1.22	-1.33	0.11

年
- ☐ 2016
- ☐ 2017
- ■ 2018
- ☐ 2019

图 2-48　正确的正负方向

现在可以看到图 2-48 中的当期、去年同期的营业收入是正数,销售费用为负数,但实际上我们并不想看到负号。在 Power BI 里,如图 2-49 所示,可以直接设定货币单位,其中可以选择你想要的国家的货币符号。

比如选择【$英语(美国)】这一项,软件会自动把数字负数变为括号的形式来显示,并且在前面加上了美元的货币单位,负号会消失。但是如果选择中国的货币,负数依然会呈现。怎样才能不显示货币符号呢?这个方法就用到我们之前说的 Microsoft 官网上的 FORMAT 函数来自定义格式。大家进入到网页,找到 FORMAT 自定义公式列,会看到图 2-50 所示的公式,复制【＄#,##0.00;(＄#,##0.00)】,现在样式"0.00"的含义是保留两位小数,想要保留一位小数时可以将公式改为"0.0"。如果需要用百分比来展示,在公式末尾加上"％"。

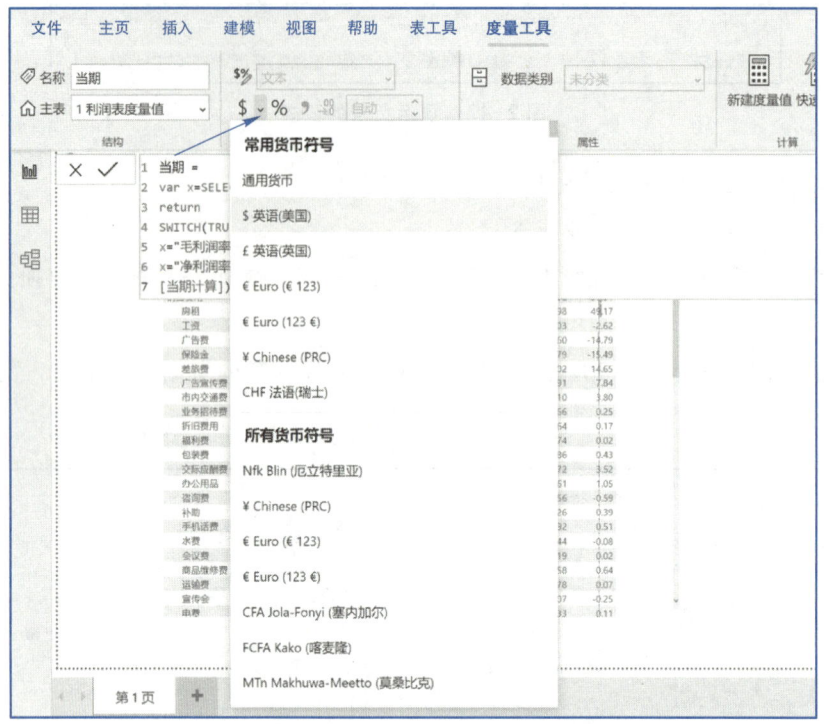

图 2-49　设置货币符号

Format（样式）	"5"格式化为	"-5"格式化为	"0.5"格式化为	"0"格式化为
零长度字符串（""）	5	-5	0.5	0
0	5	-5	1	0
0.00	5.00	-5.00	0.50	0.00
#,##0	5	-5	1	0
$#,##0;($#,##0)	$5	($5)	$1	$0
$#,##0.00;($#,##0.00)	$5.00	($5.00)	$0.50	$0.00
0%	500%	-500%	50%	0%
0.00%	500.00%	-500.00%	50.00%	0.00%
0.00E+00	5.00E+00	-5.00E+00	5.00E-01	0.00E+00
0.00E-00	5.00E00	-5.00E00	5.00E-01	0.00E00
"$#,##0;;\Z\e\r\o"	$5	$-5	$1	0

图 2-50　数字格式表达式

第六节 自定义正负数显示格式

接下来就用自定义函数来修改"当期"（图2-51）、"去年同期"（图2-52）、"差异"（图2-53）的公式。

```
1  当期 =
2  var x=SELECTEDVALUE('1 利润表模板'[二级科目])
3  return
4  SWITCH(true,
5  x="毛利润率%",FORMAT([当期计算],"percent"),
6  x="净利润率%",FORMAT([当期计算],"percent"),
7  [当期计算]>=0,[当期计算],
8  FORMAT([当期计算],"#,##0.00;(#,##0.00)"))
```

图2-51 当期公式

```
1  去年同期 =
2  var x=SELECTEDVALUE('1 利润表模板'[二级科目])
3  return
4  SWITCH(true,
5  x="毛利润率%",FORMAT([去年同期计算],"percent"),
6  x="净利润率%",FORMAT([去年同期计算],"percent"),
7  [去年同期计算]>=0,[去年同期计算],
8  FORMAT([去年同期计算],"#,##0.00;(#,##0.00)") )
```

图2-52 去年同期公式

```
1  差异 =
2  var x=SELECTEDVALUE('1 利润表模板'[二级科目])
3  return
4  SWITCH(true,
5  x="毛利润率%",BLANK(),
6  x="净利润率%",BLANK(),
7  [差异计算]>=0,[差异计算],
8  FORMAT([差异计算],"#,##0.00;(#,##0.00)"))
```

图2-53 差异公式

由于修改了基础公式，差异百分比也需要重新定义，公式如图2-54所示。

```
1  差异百分比 = IF([差异百分比计算]>=0,[差异百分比计算],
2  FORMAT([差异百分比计算],"#,##0.0%;(#,##0.0%)"))
```

图2-54 差异百分比公式

调整完所有度量值的格式设置，将矩阵的【值】改为"当期""去年同期""差异""差异百分比"，矩阵的模型搭建就完成了，最终效果如图2-55所示。

到此为止介绍了对数字格式化的三个高级技巧。第一个是自定义数字的单位；第二个是给比率添加百分号；第三个是对正负数以及差异方向的调整。

到此为止，第三步矩阵的数据建模就完成了。在下一节，我们将要进入第四步——可视化设计，即对报表的格式、布局做调整，让报表更加美观，读者也看得更加舒服。

第二章 商业智能财务分析在利润表中的应用

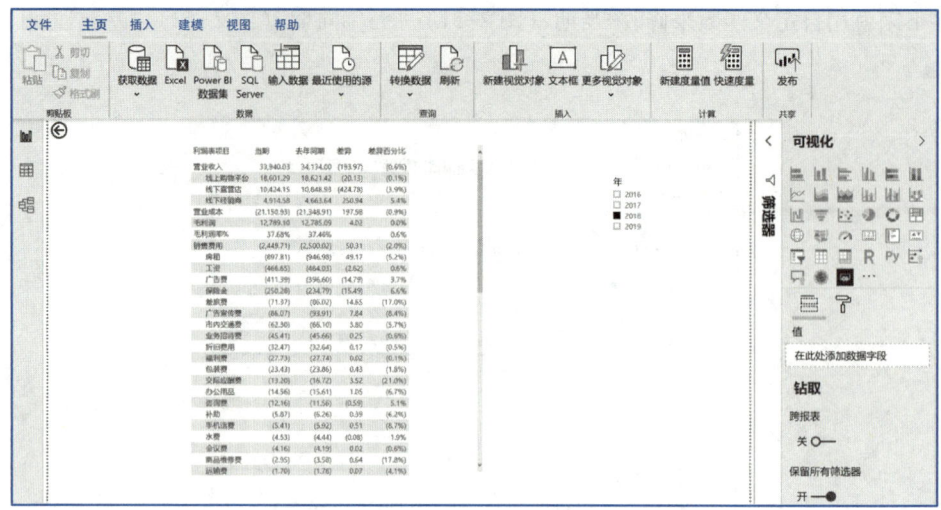

图 2-55 增加差异百分比的完整矩阵

本节思维导图

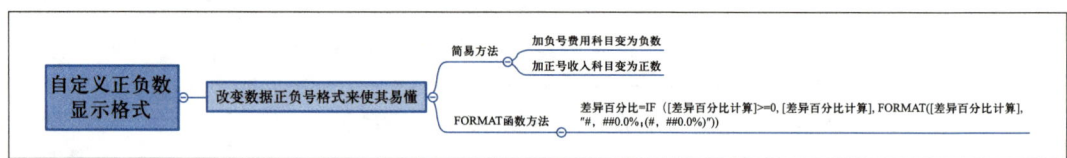

实操作业

1. 将费用改为负数显示；
2. 将差异百分比度量值中的正数保留一位小数。

第七节　利润表矩阵可视化设计

扫码观看：
主题颜色的设置

本节我们进入到第四步——可视化设计。

这一节我们会以之前搭建好的数据模型和写好的度量值为基础，开展可视化分析工作。

第七节　利润表矩阵可视化设计

我们将已经设计好的利润表矩阵作为样本目标来进行讲解。可视化设计完全可以自己随心所欲地设定。本节没有对具体的字体大小、字体颜色、背景颜色做详细介绍，大家可以在美观协调的基础上，自行调整。主题导入、特殊颜色设置方法以及其他的小技巧将会是我们介绍的重点。

首先讲一讲 Power BI 怎样设置主题颜色。

第一种方法：每一个条形如果想更换颜色都可以在数据颜色里去设定，软件有一些默认的颜色选项。如果大家能够记住某一个自己喜欢颜色的 6 位数字，即 HEX16 进制的颜色代码，就可以自定义颜色，如图 2-56 所示。

第二种方法：选择主题颜色。如图 2-57 所示，在 Power BI 的视图栏里有一些主题，如城市公园、色盲友好、黄昏等，可以任意选择。

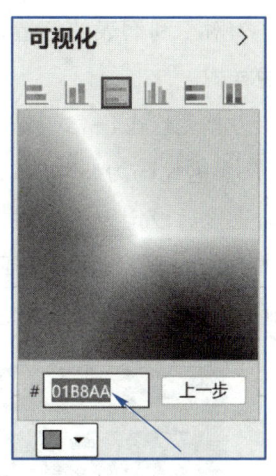

图 2-56　自定义主题颜色

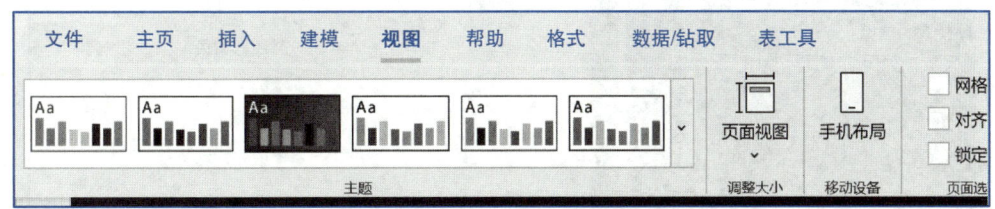

图 2-57　视图中的主题色选项

第三种方法：导入主题。我们在案例数据的文件当中有一个写好的"颜色模板.json.txt"文件，里面展示了在财务报表的可视化工作中常用的一些颜色。这是一个记事本格式的文件，可以直接用记事本打开编辑想要的颜色。如图 2-58 所示。

① 点击【视图】栏颜色模板末尾的下拉箭头；
② 点击【浏览主题】；
③ 选择【所有文件(*.*)】，找到【颜色模板.json】。

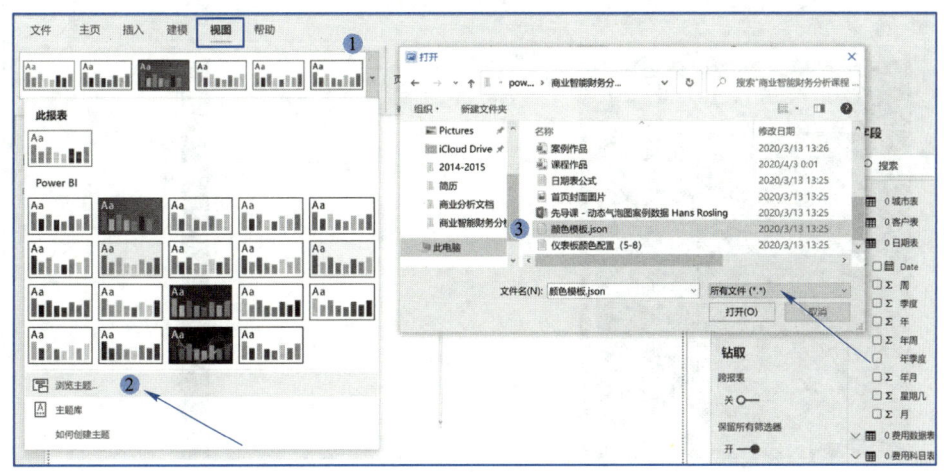

图 2-58　导入颜色模板

对于利润表的打造,我们打算将其设为深色的背景色,浅色的数据色,并以绿色为主题的样式。

首先点击【格式】选项卡,设定页面背景,在【页面背景】下,点击【颜色】,选择【主题颜色6】,颜色代码为#373F51,透明度设为0。

之后设定矩阵的格式。如图2-59所示,在【值】设定里有两类颜色可以选择,一类是字体颜色(颜色代码#FFFFFF)、背景色(颜色代码#373F51),还有一类叫替代背景色(颜色代码#454D5F),其实就是通过交替行用不同的颜色来显示,便于视觉对比。

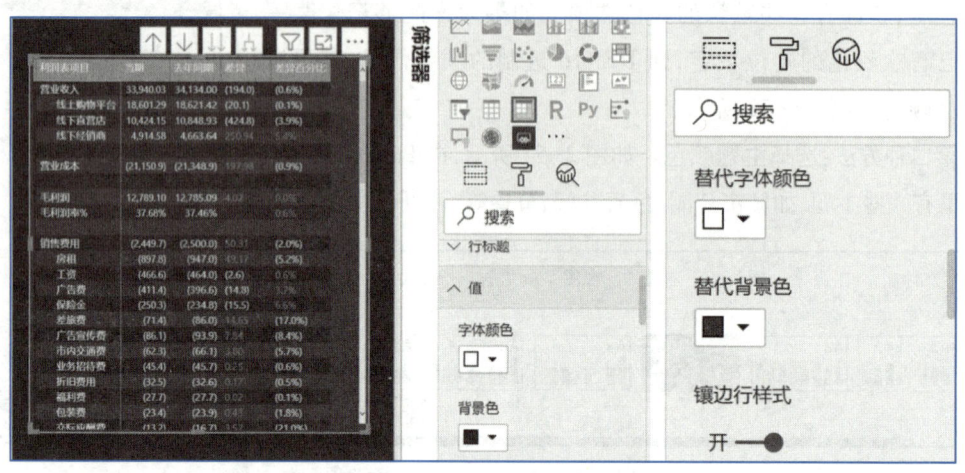

图2-59　值设定中的颜色设置

最后对数据显示的细节部分进行调整。对于差异和差异百分比,如果我们既想看到具体的数值,又想使用数据条来显示正负差异,该怎么办？在这里介绍一个小技巧。由于差异和差异百分比都使用了公式SWITCH(true…)对一些项目做了文本格式的调整,想直接用数据条来显示是无法实现的。如图2-60所示。

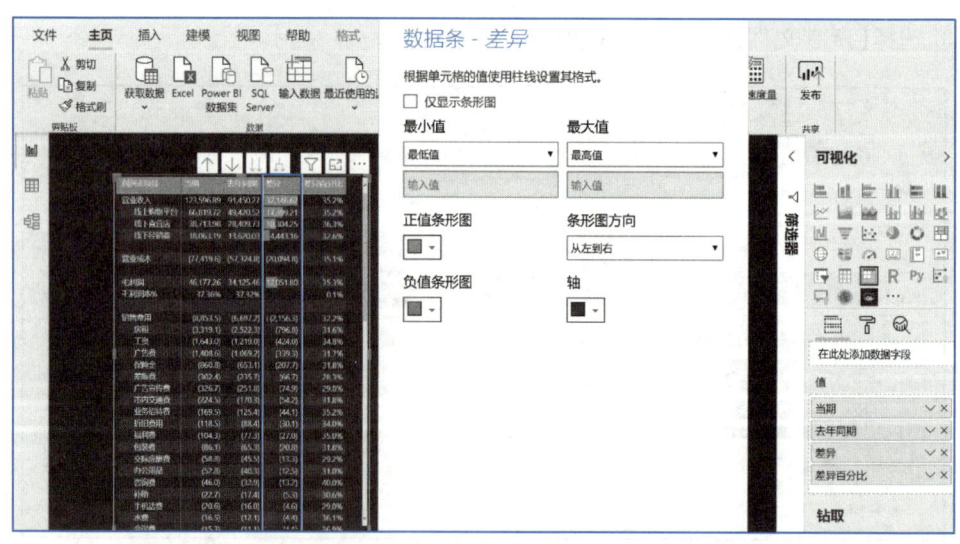

图2-60　数据条显示无法实现

因此差异只能通过调整字体颜色，自定义规则来达到目的。操作如图 2-61 所示，点击【差异】→【条件格式】→【字体颜色】。

图 2-61　设置字体颜色

在跳转出的【字体颜色-差异】界面下，开始设定规则，如图 2-62 所示。

① 格式模式为【规则】；

② 大于或等于【0】，【数字】；

③ 小于【最大值】，【数字】，则为【绿色】（颜色代码#01B8AA）。

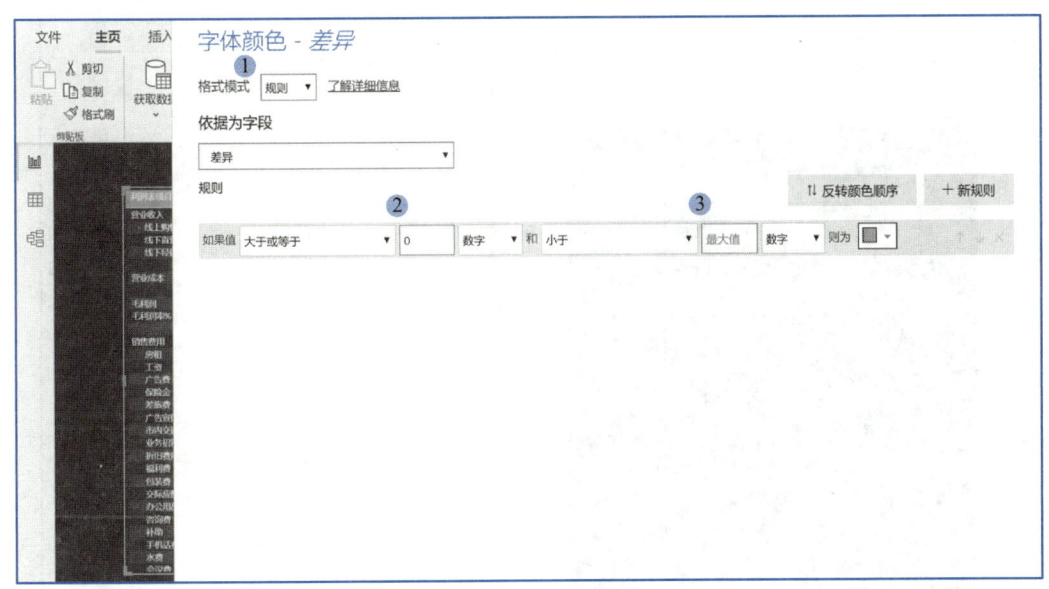

图 2-62　设置差异的字体颜色

差异百分比同理，进入【字体颜色-差异百分比】界面，操作与前文类似，如图 2-63 所示。

字体的最终显示效果可以在图 2-64 中看到。并且【数据条】与【数值】是重复的，我们可以让【差异计算】这一项仅显示条形图，操作步骤如图 2-64 所示。

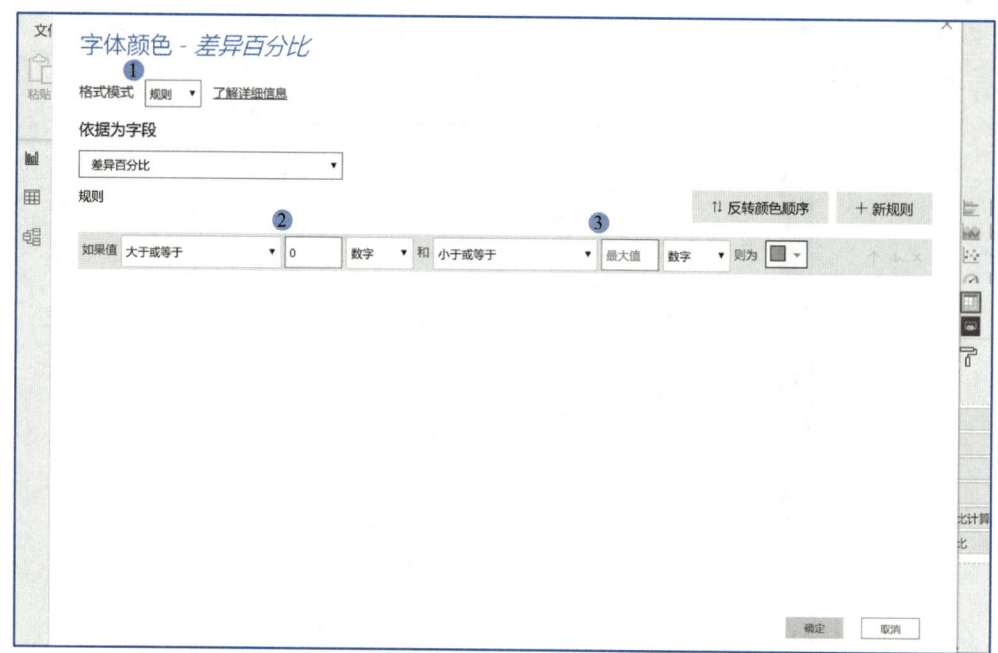

图 2-63 设置差异百分比字体颜色

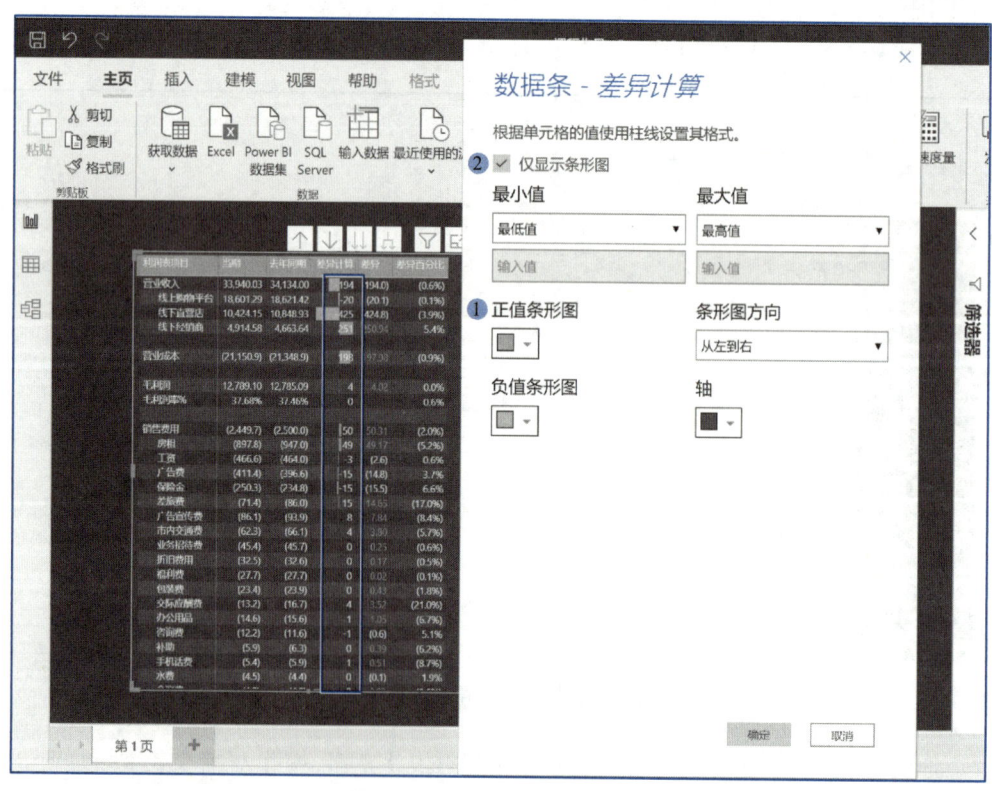

图 2-64 勾选仅显示条形图

① 点击【差异计算】→【条件格式】→【数据条】,进入【数据条-差异计算】设置界面,将正值设为绿色(颜色代码#01B8AA),负值为灰色(颜色代码#CCCCCC);

② 勾选【仅显示条形图】前面的方框,就可以达到只看条形图的目的。

与差异百分比同理,将之前写好的度量值差异百分比计算放入矩阵,将其用数据条的形式显示。操作与差异计算相同,如图 2-65 所示。

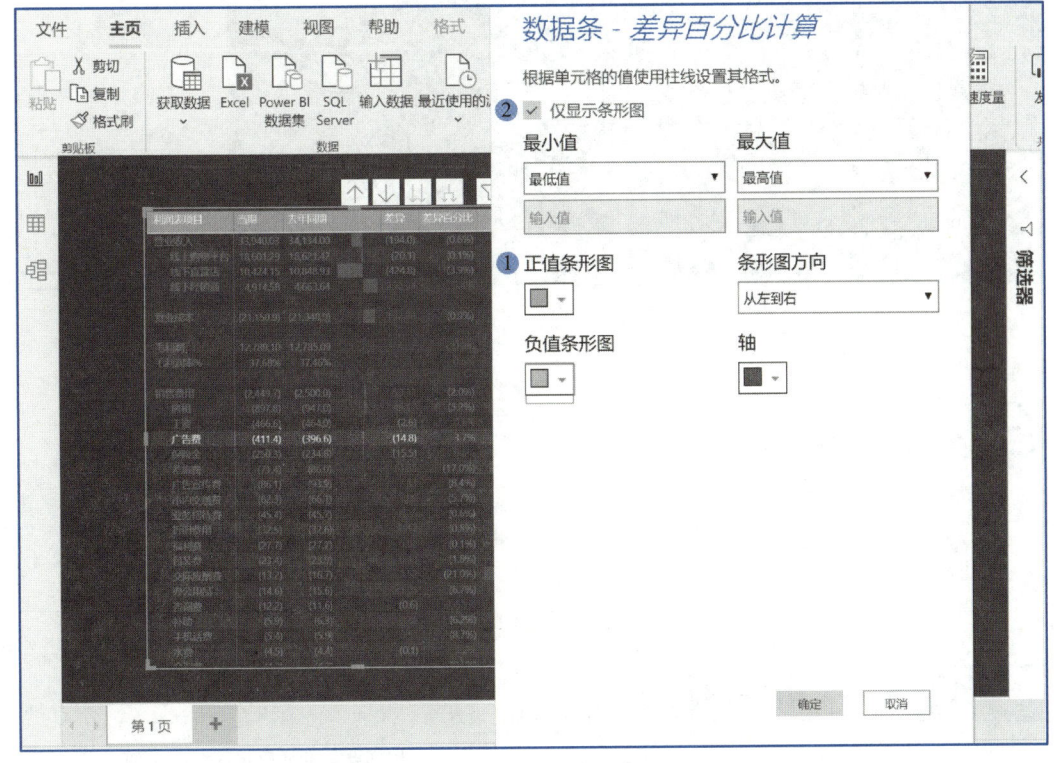

图 2-65 设置差异百分比仅显示数据条

最后,如图 2-66 所示,点击【格式】选项卡,在【差异计算】和【差异百分比计算】的【字段格式设置】里,将【字体颜色】设为与列标题相同的颜色(颜色代码#01B8AA),并设置【应用到标题】为【开】。这样标题就不会重复显示,矩阵效果也更加美观。

调整以后,差异的值和对应的条形图之间的距离有点宽,读者容易感到困惑,不知到底条形图是对应差异还是对应差异百分比。对此可以稍微调整一下列宽和显示方式,如图 2-67 所示。

① 点击【格式】选项卡。
② 选择【字段格式设置】。
③ 差异的对齐方式为【左】。
④ 差异百分比的对齐方式为【左】。

在这里只是给大家演示了基本操作。为了熟悉选项卡位置和一些小技巧,大家也可以根据自己的喜好以及实际需要做出调整。

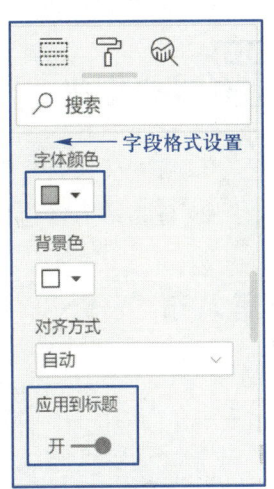

图 2-66 设置字段格式

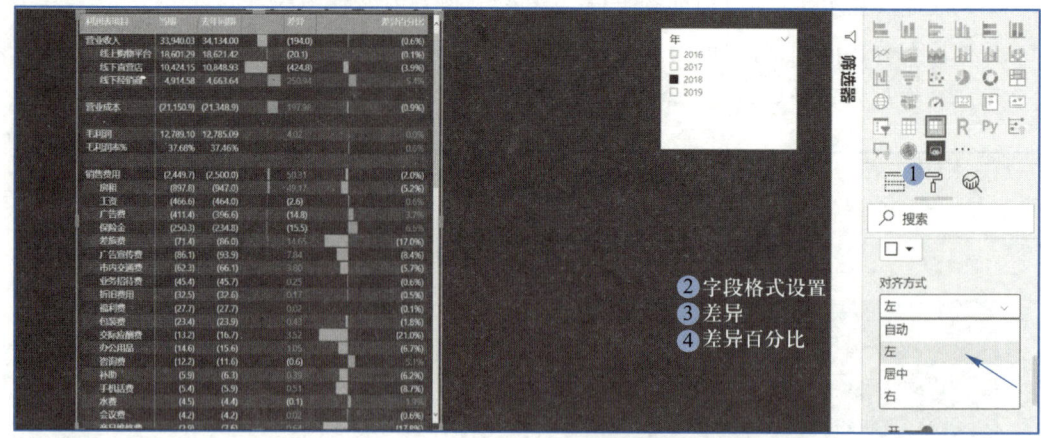

图 2-67　对齐方式设置

 本节思维导图

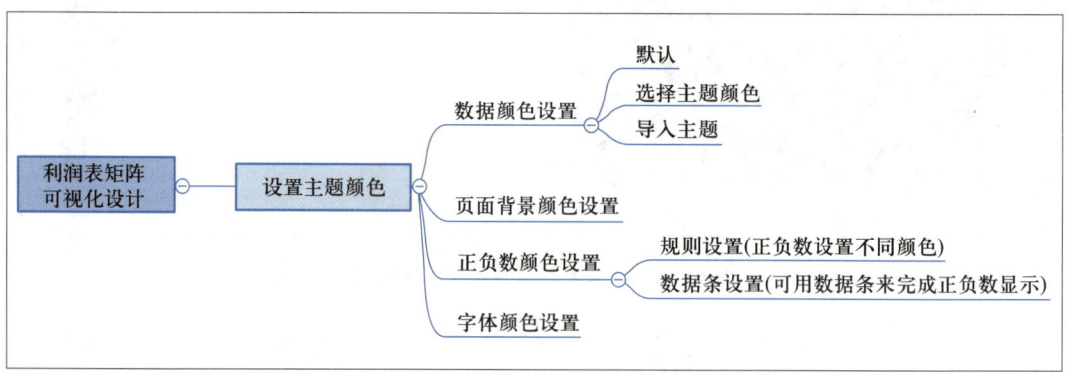

 实操作业

1. 将差异改为数据条显示；
2. 将已给的颜色代码输入到表中。

第八节

可视化图表输出

扫码观看：
可视化图表展示

上一节我们完成了矩阵的可视化设计,在本节我们将开始图表的可视化设计。可视化图表输出包括瀑布图、条形图或柱形图、功能区图表、卡片图等。

1. 瀑布图

瀑布图显示随 Power BI 加上或减去值而不断变化的总计。此类图可用于了解一系列正更改和负更改如何影响初始值(如净收入)。柱形使用颜色编码,这样就可以快速区分增加和减少。初始值列和最终值列通常从水平轴开始,而中间值为浮动列。因此,瀑布图亦称为桥图。

我们使用瀑布图打造"利润构成"的可视化显示,操作步骤如图 2-68 所示。

① 点击【瀑布图】;

② 【类别】为"1 利润表模板"里的【利润表项目】,【Y 轴】为【当期计算】,【工具提示】为【一级科目】;

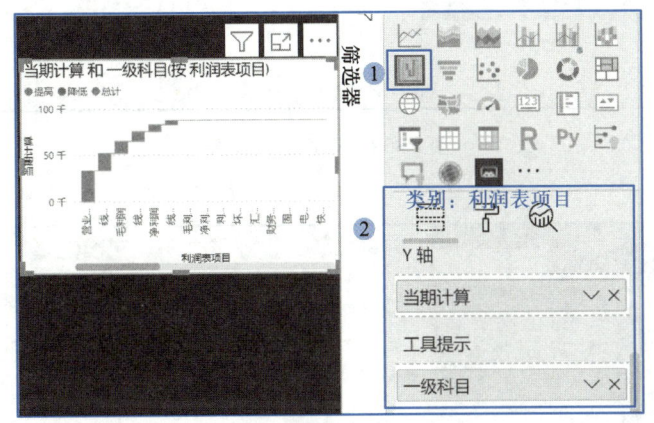

图 2-68 制作瀑布图

由于空间有限,所以实际上只显示利润表的一级科目,因此我们特意设定了一级科目为想要展示的大类,并且模板中营业收入、销售费用这样的项目中间添加了空格,是因为我们既想减少类别的距离,又想能够横向显示。现在项目有很多,若要显示完整需大量篇幅,因此在筛选器里对一级科目进行筛选,仅展示我们需要的科目,如图 2-69 所示。

③ 在【筛选器】下,找到【一级科目】菜单,选择【基本筛选】,选中【销售费用】【营业成本】【营业收入】【营业外支出】【财务费用】【管理费用】这些只想展示的大类。

接下来,调整颜色格式。如图 2-70 所示,【X 轴】【Y 轴】的【图例颜色】为白色(颜色代码#FFFFFF)。【情绪颜色】菜单下也调整【提高】(绿色-颜色代码#01B8AA)、【降低】(灰色-颜色代码#CCCCCC)、【总计】(白色-颜色代码#FFFFFF)的颜色显示。

如图 2-71 所示,如果想清楚地知道各个项目的具体数值,可以将【数据标签】的状态调为【开】,颜色为白色(颜色代码#FFFFFF)。

调整完格式再来看一下【利润构成】的瀑布图,发现数据有大有小,排列很不规整,如果想要按数据大小排序怎么办?在 Excel 模板里设置了【一级科目序号】这一项,定义了这些

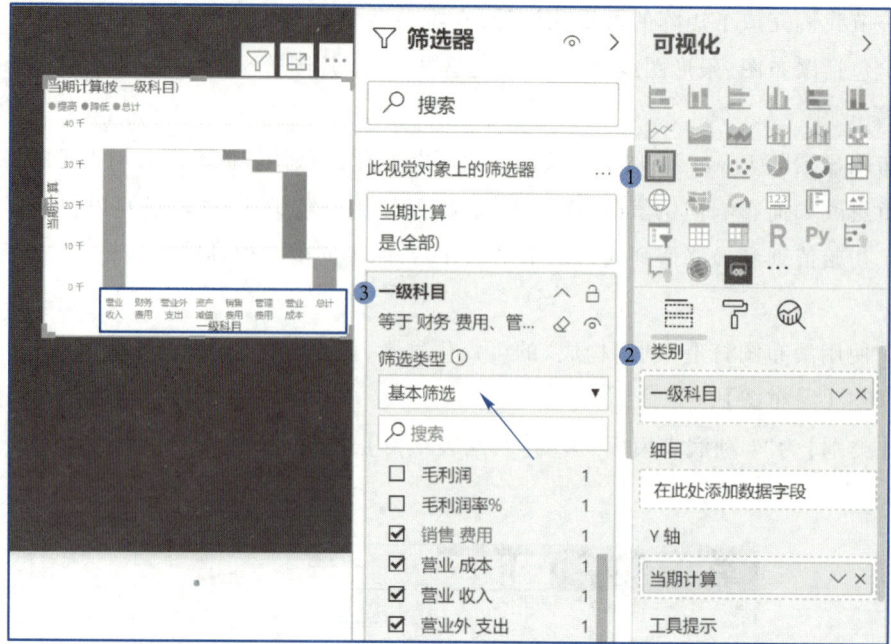

图 2-69 设置基本筛选

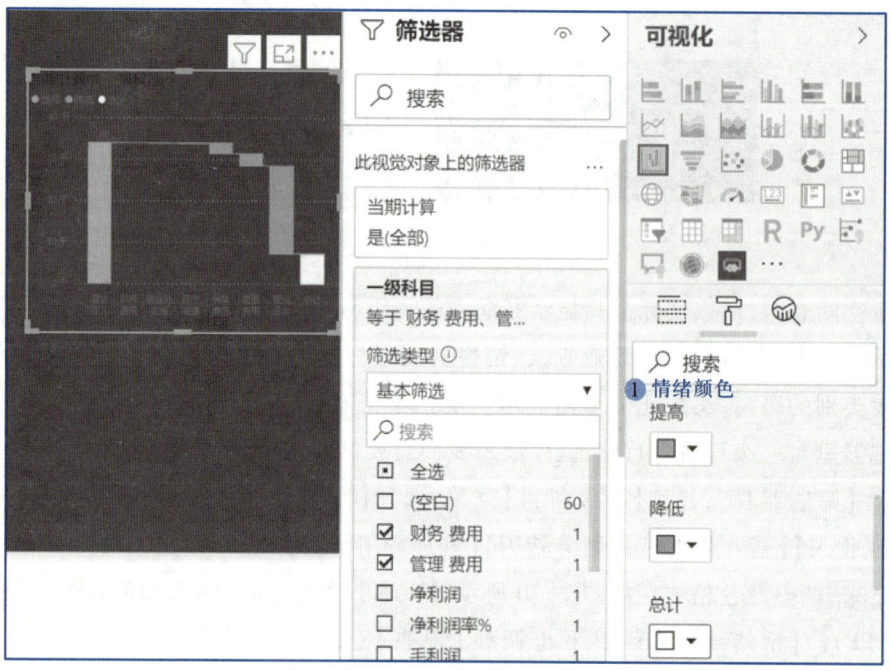

图 2-70 设置情绪颜色

项目大类可以怎样排序,所以如图 2-72 所示。

① 把【一级科目序号】放到【工具提示】里;

② 在排序方式里选【一级科目序号】,并回到瀑布图视图,在右上角选择【升序】,就可实现按大小排序。

第八节 可视化图表输出　53

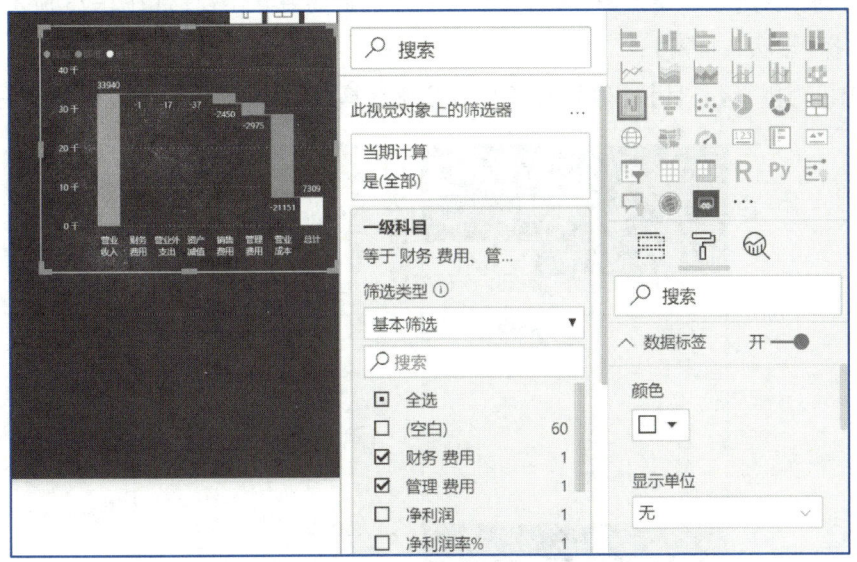

图 2-71　设置数据标签

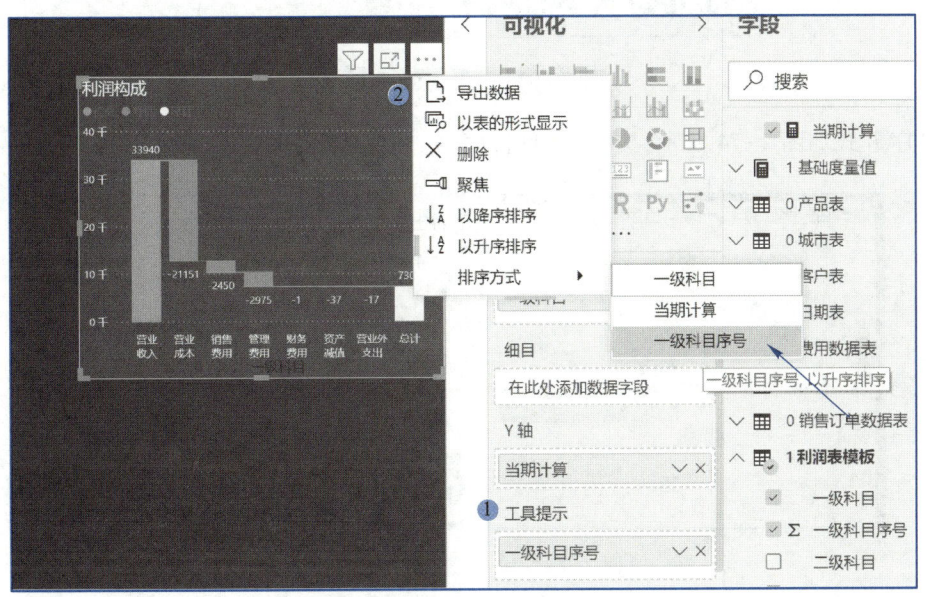

图 2-72　按一级科目序号排序

最后做细节上的调整。在【X 轴】【Y 轴】的菜单栏下,将【标题】都关闭;【标题】菜单里将标题重命名为"利润构成";【背景颜色】可以和矩阵颜色保持一致,如果想突出显示图表,也可以选择比背景色浅一个色号的颜色(颜色代码#454D5F)。

2. 条形图或柱形图

柱形图,是一种以长方形的长度为变量的统计图表,可以表示不同类别数据的大小。柱形图横着时称为条形图,或者说把柱形图顺时针转动 90°就成了条形图,使用方法与作图方式类似。柱形图包含了堆积柱形图、簇状柱形图、百分比堆积柱形图等。

因此我们选择【簇状条形图】来看当期与去年同期的差异比较,如图 2-73 所示。

① 选择【簇状条形图】;

②【轴】为【一级科目】;【值】为【差异百分比计算】;【工具提示】为【一级科目序号】。

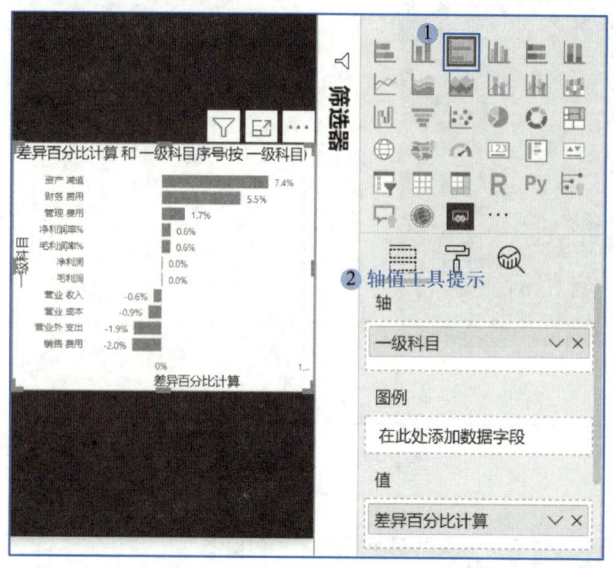

图 2-73 设置簇状条形图

排序方式如图 2-74 所示,按"一级科目序号"升序显示。

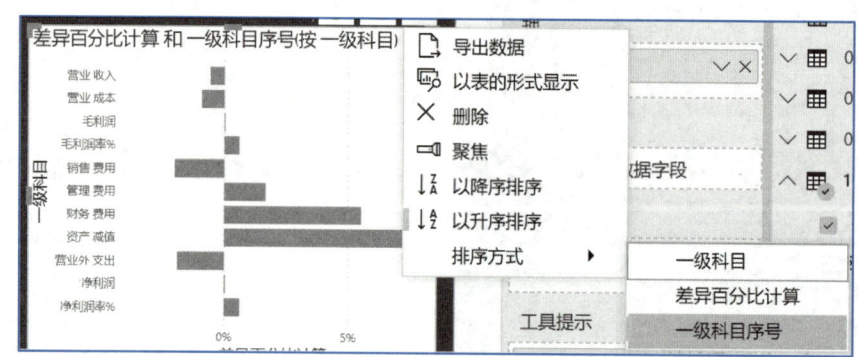

图 2-74 按一级科目序号升序

接着如图 2-75 所示,调整颜色格式,【X 轴】【Y 轴】【图例颜色】为白色,数据颜色由于数据使用了度量值的条件格式,因此颜色调整需要在【默认颜色】的右上,选择【条件格式】。

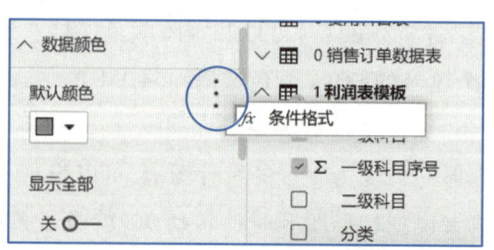

图 2-75 选择条件格式

在跳转的页面,如图2-76所示。

①【格式模式】是【规则】,【依据为字段】是【差异百分比计算】;

②【规则】为如果值【大于或等于】【0】和【小于】【最大值】,则为【绿色】(颜色代码#01B8AA);

③添加【规则】,如果值【大于或等于】【最小值】和【小于】【0】,则为【灰色】(颜色代码#CCCCCC)。

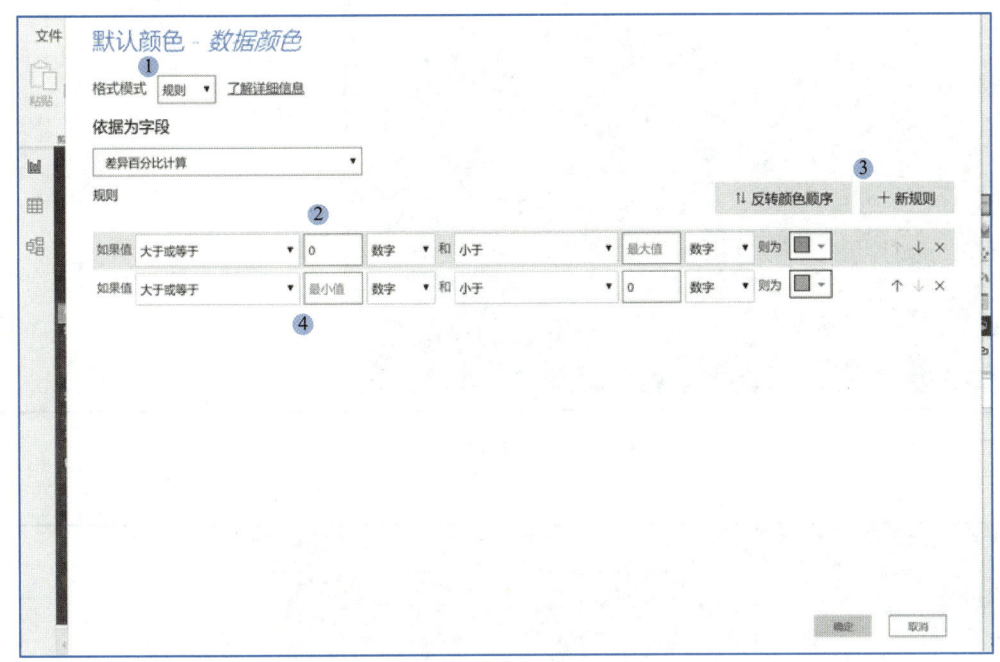

图2-76　设置条件格式

最后调整细节。在【X轴】【Y轴】的菜单栏下,将【标题】都关闭,标题文本重命名为"当期对比去年同期",【背景】与瀑布图保持一致(颜色代码#454D5F)。

3. 功能区图表

功能区图表一般用来直观地显示一组数据的排名情况。通过功能区图表,我们可以快速发现哪个数据类别具有最高排名(最大值)。同时,由于Power BI拥有强大的交互性,功能区图表能够高效地显示排名变化,并且会在每个时间段内始终将最高排名(最大值)显示在最顶部。

因此我们用功能区图表,比较不同销售渠道的趋势变化情况,如图2-77所示。

① 选择【功能区图表】;

②【轴】为【月】,【图例】为【销售渠道】,【值】为【营业收入】。

按照日期表的趋势,就实现了从1月份到12月份不同渠道间营业收入的比较。由于线上购物平台一直是案例中最大的销售渠道,所以没有交叉显示的效果,如果渠道之间的排名在不同月份存在变化的话,功能区图表就可以展现出交叉显示的效果。如图2-78所示。

调整格式和颜色。【数据颜色】中【线上购物平台】为【绿色】(颜色代码#01B8AA)、【线

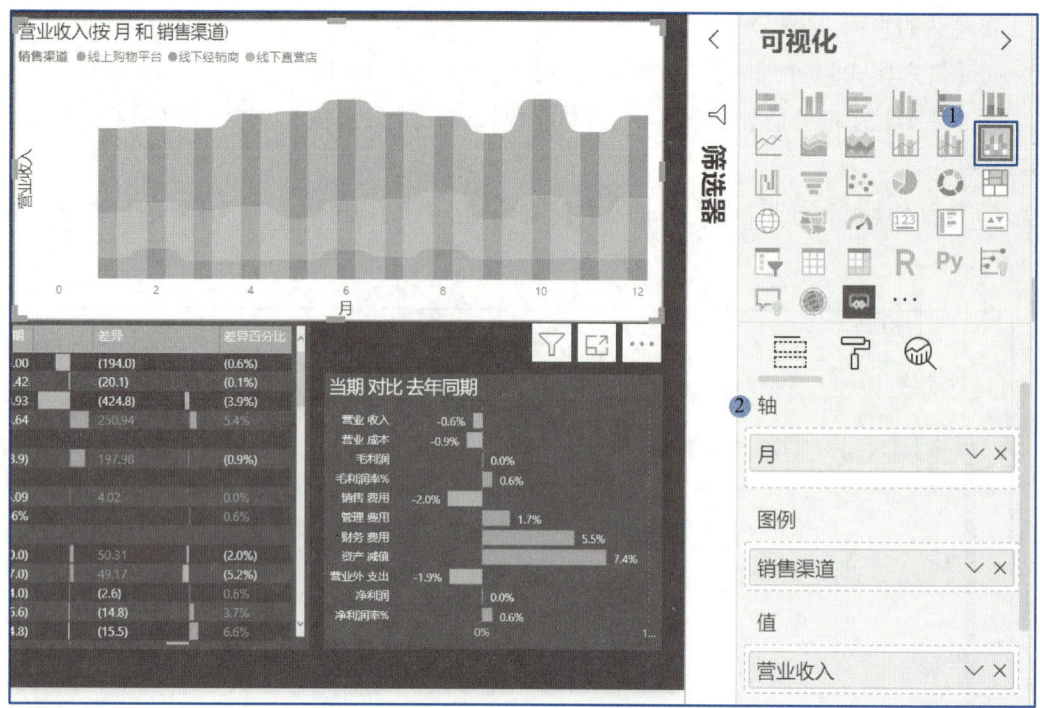

图 2-77 设置功能区图表

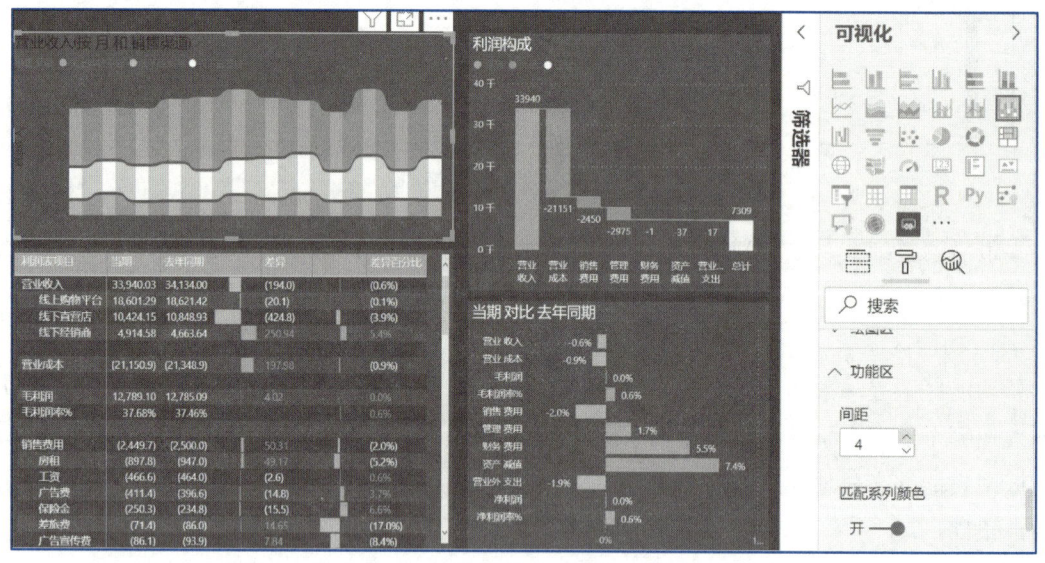

图 2-78 调整后的功能区图表

下经销商】为【灰色】（颜色代码#CCCCCC）、【线下直营店】为【白色】（颜色代码#FFFFFF）。【功能区】图表选项，也可以对细节进行设置，如图柱之间的【间距】【透明度】等可以自行调整。关闭【轴】的小标题，【标题文本】为"营业收入变化"。

接着调整一下切片器。切片器有水平、垂直两种，我们选择【水平】的形式，实现按钮的显示效果。如图 2-79 所示。

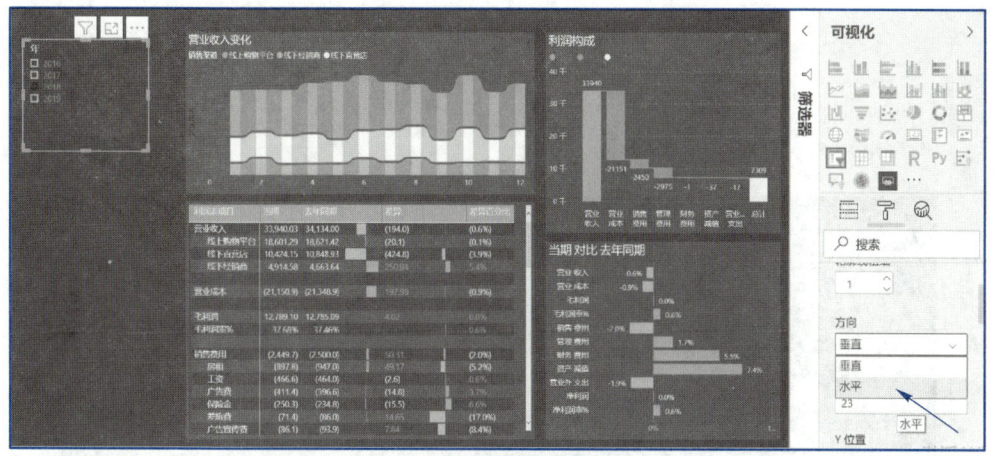

图 2-79　调整后的切片器

4. 卡片图——KPI

关键绩效指标（KPI）是一个视觉提示，用于传达针对可度量目标已完成的进度。在 Power BI 中，仪表、卡片图、多行卡、KPI 都可以实现绩效的展示。

本节我们选择【卡片图】显示关键的指标：营业收入、净利润、净利润率。操作很简单，如图 2-80 所示，最后背景颜色与数据颜色与前文保持一致即可。

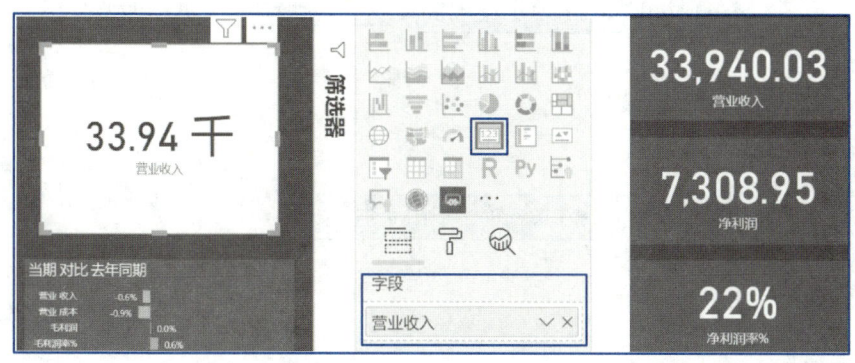

图 2-80　设置卡片图

在 Power BI 中也可以通过添加文本框的方式，设置标题以及其他文字性的提示，大家可以灵活运用。

在本章可视化设计的最后，添加标题，如图 2-81 所示。

① 在左上角用【文本框】插入名称；

② 命名为【利润表】，标注单位为"万元"；

③ 颜色为绿色（颜色代码#01B8AA），自行调整字体大小，舒适协调即可。

最后，我们对利润表整体的可视化进行排版，【视图】下可以显示网格线、对齐网格、锁定对象，方便我们操作。

这样一张利润表就完成了，最终效果如图 2-1 所示。现在可以体验一下整体的作品，对不同年份数据的查询以及每一项可视化对象之间的交互式功能等。

第二章 商业智能财务分析在利润表中的应用

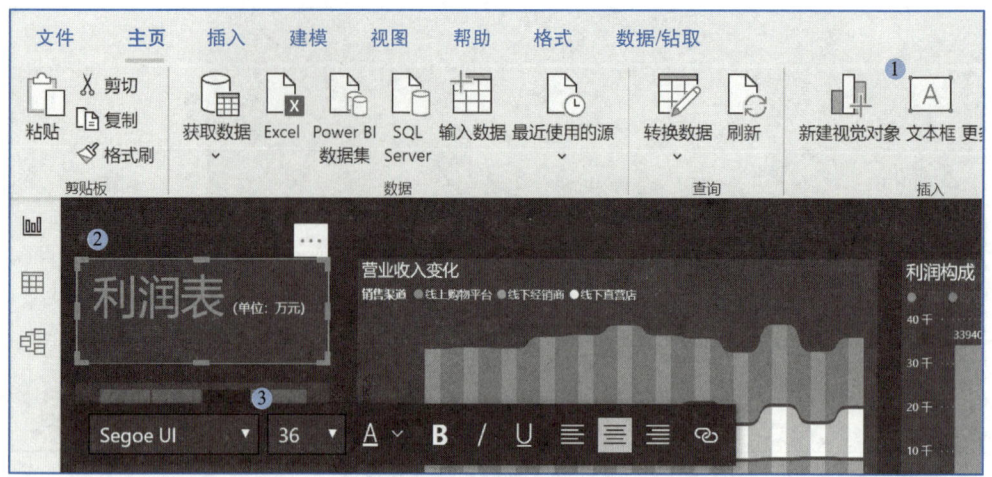

图 2-81 利润表表头

本节思维导图

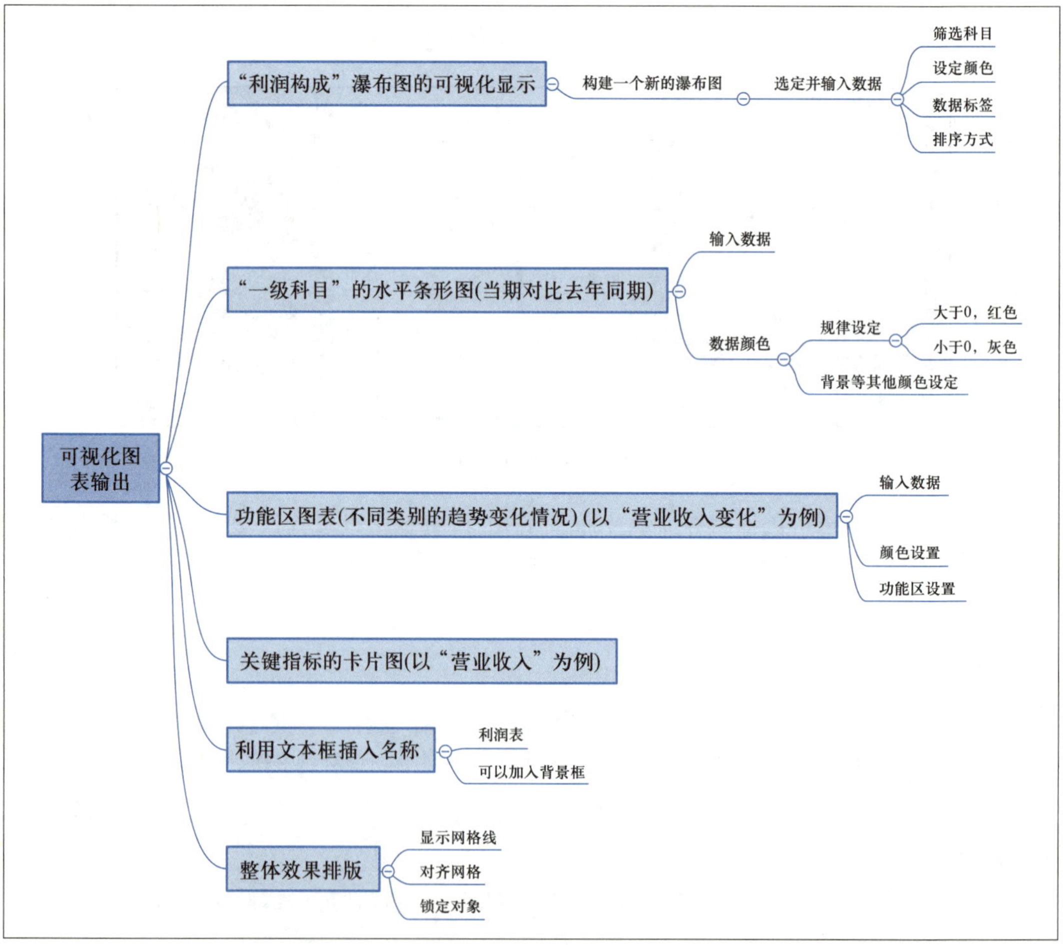

实操作业

1. 用瀑布图建成利润构成图；
2. 按照个人喜好排版整张利润表。

本章关键词

利润表	维度表/lookup 表	数据表	一维表
二维表	透视	逆透视	扁平化
建模	PowerQuery 日期表	时间智能函数	度量值
DAX 公式	矩阵	格式	可视化
瀑布图	筛选器	切片器	功能区图表

即测即评

请扫描右侧二维码，进行随堂测试。

第三章

商业智能财务分析在资产负债表中的应用

本章导语　　有了第二章利润表相关知识点和可视化方法的铺垫,我们接下来将要完成的资产负债表、现金流量表也会采用基本相同的方法,只在一些细节、技巧方面有少许差异,因此相同的步骤就不会再做过多的叙述,可参照第二章的说明。

　　本章我们就来制作"资产负债表",最终目标模板如图 3-1 所示。

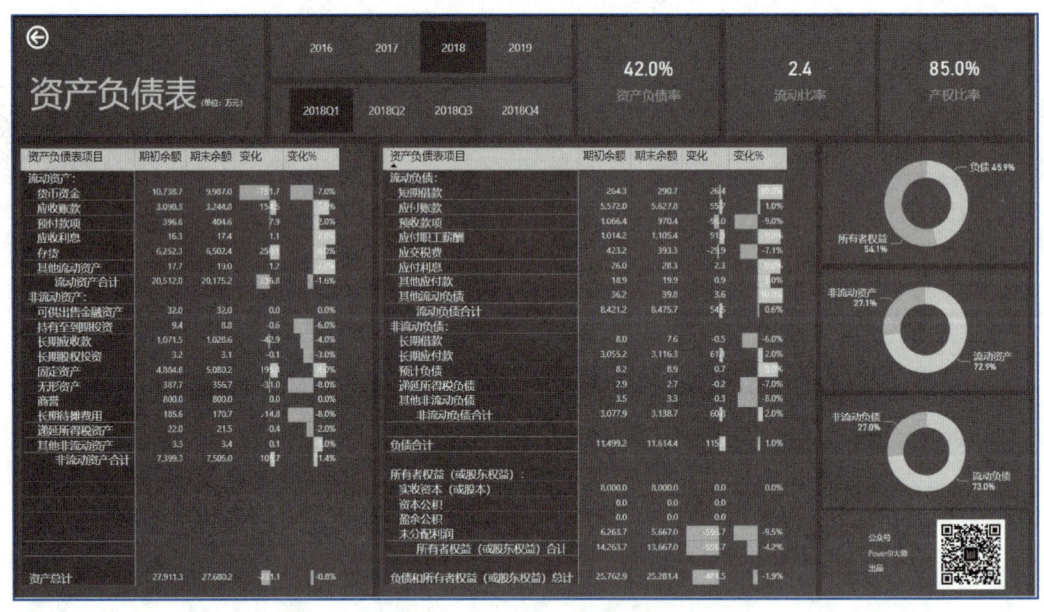

图 3-1　资产负债表目标模板

第一节 数据准备工作

扫码观看：
资产负债表的建立

我们即将使用的数据为"1 资产负债表数据"，如图 3-2 所示，项目大类是"流动资产""非流动资产""流动负债""非流动负债""所有者权益（或股东权益）"。资产负债表的时间颗粒度一般为年或季度。资产、负债是时间点的概念，通常每个季度末都会对各项目进行余额汇总。

项目大类	项目名称	2015Q1	2015Q2	2015Q3	2015Q4	2016Q1	2016Q2	2016Q3	2016Q4	2017Q1	2017Q2
流动资产	货币资金	10,343	10,549	10,655	10,548	11,075.69	#######	#######	#######	#######	#######
流动资产	应收账款	3,276	3,112	3,268	3,529	3,529.27	3,317.52	3,018.94	2,928.37	2,752.67	2,972.88
流动资产	预付款项	505	525	556	601	546.80	596.01	596.01	560.25	532.24	479.02
流动资产	应收利息	21	23	22	22	19.60	19.99	18.99	17.85	16.06	17.19
流动资产	存货	5,933	5,873	6,343	6,279	6,153.61	5,538.25	5,593.63	5,817.38	5,410.16	5,518.37
流动资产	其他流动资产	12	12	12	12	11.09	11.98	13.18	14.10	14.10	15.51
非流动资产	可供出售金融资产	23	24	23	25	25.66	25.15	24.14	25.59	27.12	29.84
非流动资产	持有至到期投资	10	10	9	8	7.76	8.07	8.23	8.98	9.16	9.25
非流动资产	长期应收款	1,023	1,125	1,171	1,287	1,171.59	1,101.30	1,068.26	961.43	980.66	1,010.08
非流动资产	长期股权投资	3	4	3	3	3.16	2.84	3.13	2.97	2.91	
非流动资产	固定资产	5,322	4,896	4,896	5,336	5,069.29	4,663.75	4,803.66	4,611.52	4,565.40	4,839.32
非流动资产	无形资产	390	351	376	354	346.48	325.69	319.18	290.45	307.88	332.51
非流动资产	商誉	800	800	800	800	800.00	800.00	800.00	800.00	800.00	800.00
非流动资产	长期待摊费用	214	198	210	207	206.54	200.34	202.35	190.21	199.72	185.74
非流动资产	递延所得税资产	21	24	25	25	27.19	25.56	25.56	23.26	20.93	18.84
非流动资产	其他非流动资产	3	4	3	3	3.05	3.20	3.04	3.28	3.54	3.44
流动负债	短期借款	321	289	307	304	294.97	300.87	291.84	280.17	305.38	302.33
流动负债	应付账款	8,932	8,040	7,718	8,027	7,464.77	6,718.29	6,046.46	5,925.54	5,451.49	5,669.55
流动负债	预收款项	1,021	1,032	1,124	1,181	1,086.70	1,130.17	1,186.68	1,091.75	1,091.75	1,037.16
流动负债	应付职工薪酬	1,024	983	913	886	868.62	894.68	939.42	927.90	901.84	946.93
流动负债	应交税费	401	375	407	433	408.73	482.35	372.05	595.08	432.60	457.05
流动负债	应付利息	28	29	28	26	28.20	31.02	32.57	29.32	26.68	26.68
流动负债	其他应付款	23	24	24	25	23.15	23.61	24.08	22.15	21.05	18.94
流动负债	其他流动负债	33	33	36	39	36.38	33.47	31.13	34.24	36.64	37.37
非流动负债	长期借款	10	10	10	10	10.14	9.43	8.67	7.98	7.18	7.83
非流动负债	长期应付款	3,218	3,154	3,249	3,508	3,824.24	3,480.06	3,201.65	2,913.50	3,030.04	2,999.74
非流动负债	预计负债	11	10	10	10	10.24	9.53	9.81	9.71	8.84	8.66
非流动负债	递延所得税负债	3	2	3	2	2.50	2.60	2.37	2.53	2.68	2.87
非流动负债	其他非流动负债	4	5	4	3	3.51	3.61	3.75	3.94	3.63	3.52
所有者权益（或股东权益）	实收资本（或股本）	8,000	8,000	8,000	8,000	8,000.00	8,000.00	8,000.00	8,000.00	8,000.00	8,000.00
所有者权益（或股东权益）	资本公积	0	0	0	0	0	0	0	0	0	0
所有者权益（或股东权益）	盈余公积	0	0	0	0	0	0	0	0	0	0
所有者权益（或股东权益）	未分配利润	1,956	2,865	3,301	2,367	3,979	3,654	5,323	6,423	6,021	7,107

图 3-2　1 资产负债表数据

这里也有一张"1 资产负债表模板"，如图 3-3 所示，这份模板的样式也是常见的资产负债表样式，包含了每个"资产表负债项目"和它对应的"项目名称"和"项目大类"。

然后，我们回到 Power BI 界面。

第一步：获取数据。

获取"1 资产负债表模板"和"1 资产负债表数据"。操作步骤参照图 1-9 至图 2-4 所示。但是由于我们现在要连着导入两个文件，获取第二个文件的时候，一定要在 Power Query 编辑器界面下导入文件，否则文件可能会导入失败。

在 Power Query 编辑器，将"资产负债表模板"重命名为"2 资产负债表模板"，"资产负债

	A	B	C	D	E	F	G
1	序号	资产负债表项目	项目名称	项目大类			
2	1	流动资产：		资产			
3	2	货币资金	货币资金	资产			
4	3	应收账款	应收账款	资产			
5	4	预付款项	预付款项	资产			
6	5	应收利息	应收利息	资产			
7	6	存货	存货	资产			
8	7	其他流动资产	其他流动资产	资产			
9	8	流动资产合计	流动资产合计	资产			
10	9	非流动资产：		资产			
11	10	可供出售金融资产	可供出售金融资产	资产			
12	11	持有至到期投资	持有至到期投资	资产			
13	12	长期应收款	长期应收款	资产			
14	13	长期股权投资	长期股权投资	资产			
15	14	固定资产	固定资产	资产			
16	15	无形资产	无形资产	资产			
17	16	商誉	商誉	资产			
18	17	长期待摊费用	长期待摊费用	资产			
19	18	递延所得税资产	递延所得税资产	资产			
20	19	其他非流动资产	其他非流动资产	资产			
21	20	非流动资产合计	非流动资产合计	资产			
22	21			资产			
23	22			资产			
24	23			资产			
25	24			资产			
26	25			资产			
27	26			资产			
28	27			资产			
29	28	资产总计	资产总计	资产			
30	29						
31	30	流动负债：		负债			
32	31	短期借款	短期借款	负债			
33	32	应付账款	应付账款	负债			
34	33	预收款项	预收款项	负债			
35	34	应付职工薪酬	应付职工薪酬	负债			
36	35	应交税费	应交税费	负债			
37	36	应付利息	应付利息	负债			
38	37	其他应付款	其他应付款	负债			
39	38	其他流动负债	其他流动负债	负债			
40	39	流动负债合计	流动负债合计	负债			
41	40	非流动负债：		负债			
42	41	长期借款	长期借款	负债			
43	42	长期应付款	长期应付款	负债			
44	43	预计负债	预计负债	负债			
45	44	递延所得税负债	递延所得税负债	负债			
46	45	其他非流动负债	其他非流动负债	负债			
47	46	非流动负债合计	非流动负债合计	负债			
48	47			负债			
49	48	负债合计	负债合计	负债			
50	49			负债			
51	50	所有者权益（或股东权益）：		所有者权益			
52	51	实收资本（或股本）	实收资本（或股本）	所有者权益			
53	52	资本公积	资本公积	所有者权益			
54	53	盈余公积	盈余公积	所有者权益			
55	54	未分配利润	未分配利润	所有者权益			
56	55	所有者权益（或股东权益）合计	所有者权益（或股东权益）合计	所有者权益			
57	56			所有者权益			
58	57	负债和所有者权益（或股东权益）总计	负债和所有者权益（或股东权益）总计	负债和所有者权益（或股东权益）总计			
59							
60							
61							

图 3-3　1 资产负债表模板

表数据"重命名为"2 资产负债表数据"，并将【2 资产负债表数据】放入【0 基础数据表】组内，将【2 资产负债表模板】放入【模板】组内，最终效果如图 3-4 所示。

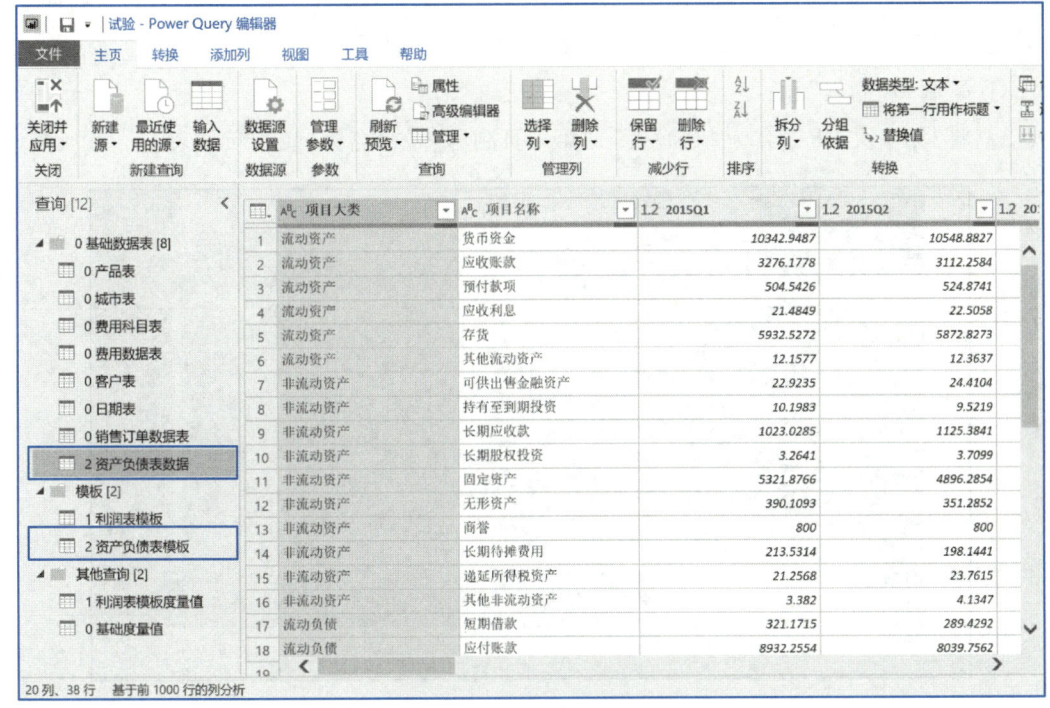

图 3-4　模板数据表分类

接着对"2 资产负债表数据"进行逆透视处理,如图 3-5 所示,并将【属性】重命名为"年季度",最后点击【关闭并应用】,将数据抓取到 Power BI 中。

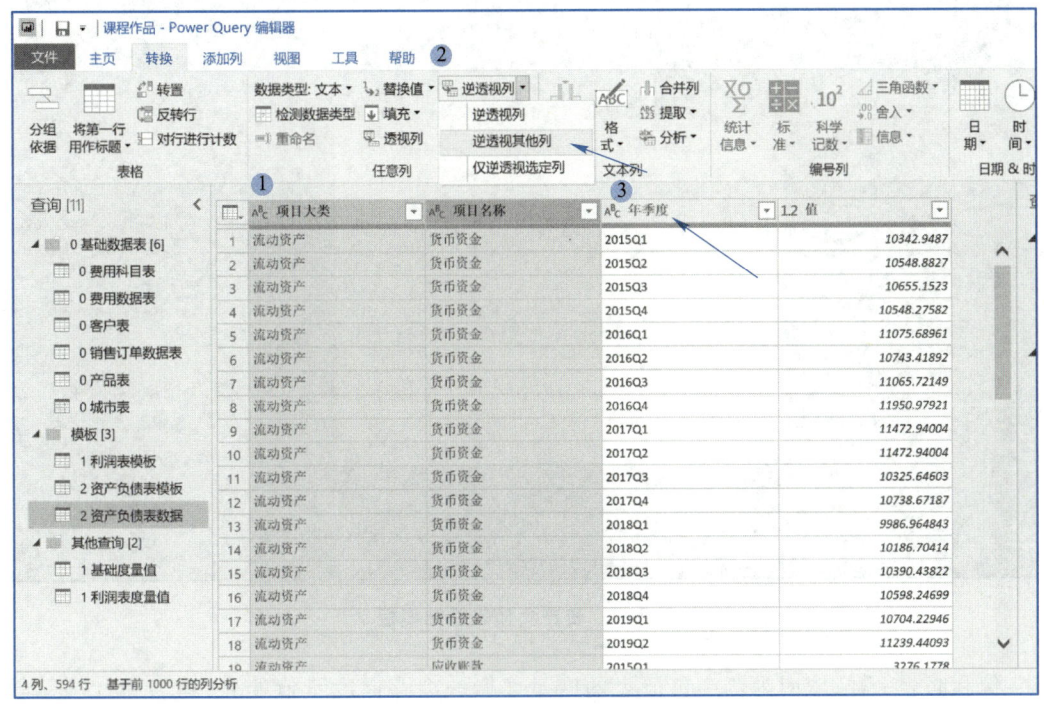

图 3-5　逆透视处理

由于资产负债表的目标效果图与利润表是一样的,所以我们可以直接复制一张利润表,并在这个基础上进行修改,省去一部分做可视化的时间,如图 3-6 所示。

① 复制"利润表"页;

② 将"第 1 页"重命名为"利润表","第 1 页副本"重命名为"资产负债表"。

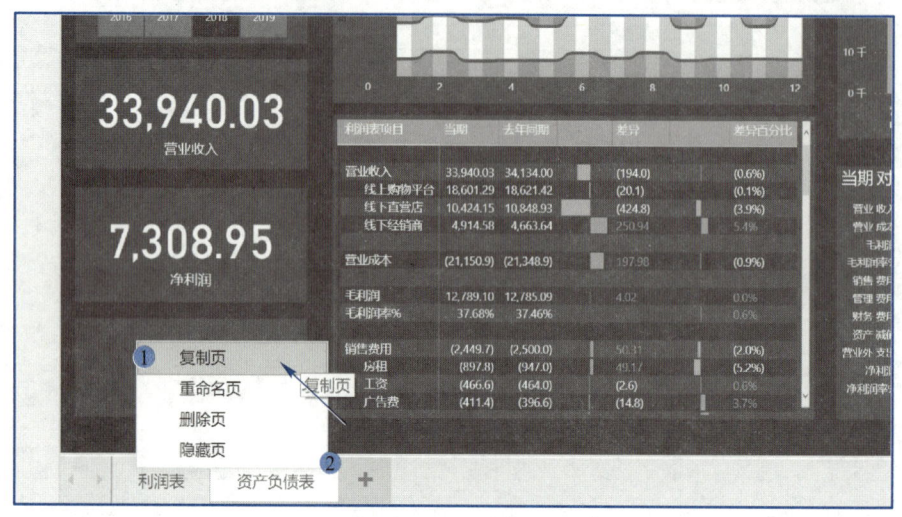

图 3-6　模板复制

把资产负债表的可视化视觉对象都删除。留下矩阵和切片器,以此为基础制作新的资产负债表,最终效果如图 3-7 所示。

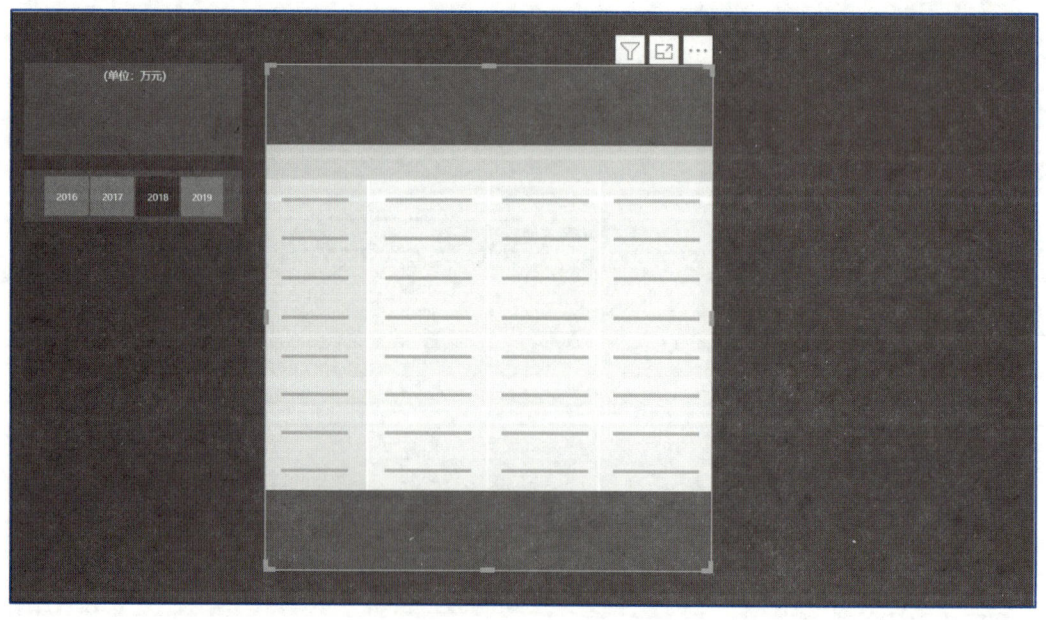

图 3-7　资产负债表基础模板

像利润表一样,依旧为资产负债表的度量值做一个存储度量值的表,命名为"2 资产负债表度量值",操作参照图 2-17。

第二步：数据准备。

最后在数据模型视图确认关系，如图 3-8 和图 3-9 所示，发现系统默认有一个序号之间的关联。但是这个关联并没有实际意义，所以把它删除。

① 如图 3-8 所示，将鼠标放到链接关系的线上，看到"1 利润表模板"的【序号】与"2 资产负债表模板"的【序号】建立了关系；

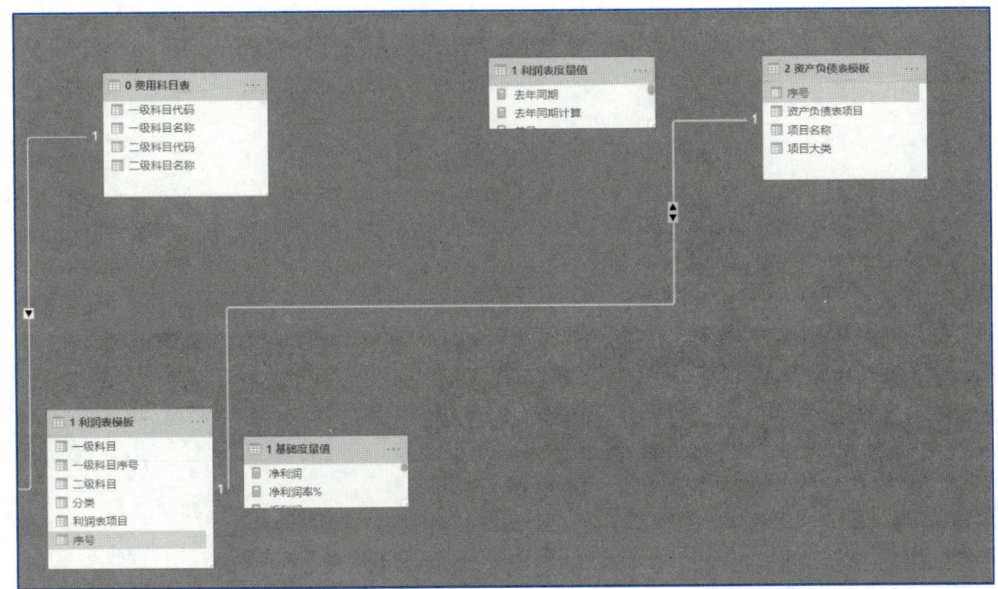

图 3-8　默认关系

② 如图 3-9 所示，在线上点击鼠标右键，选择【删除】。

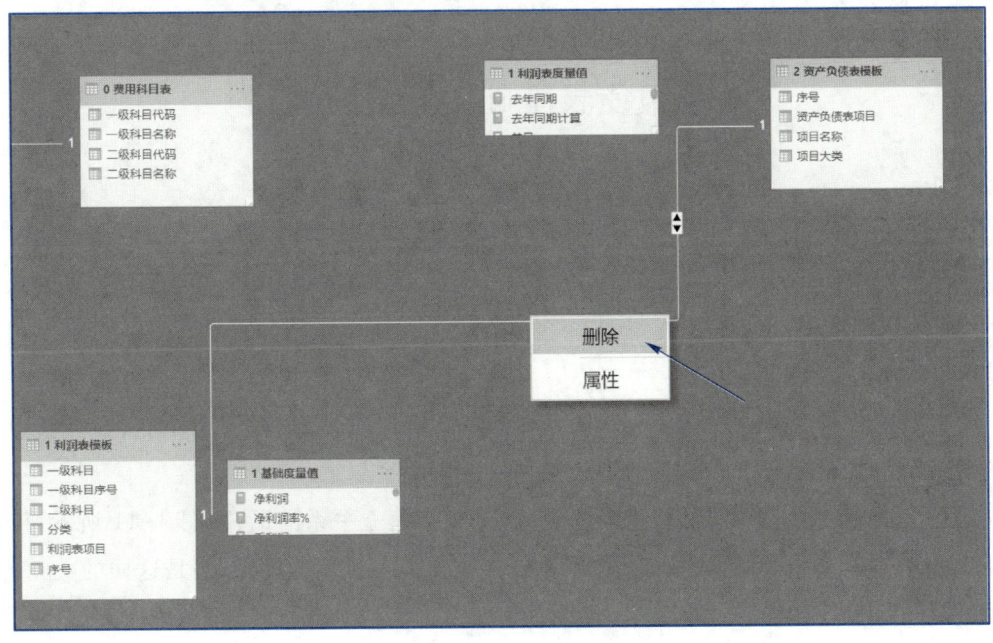

图 3-9　删除默认关系

现在我们看到关系模块变多了起来,在下一节,将为大家介绍怎样可以将"关系"整理得更加简洁。

本节思维导图

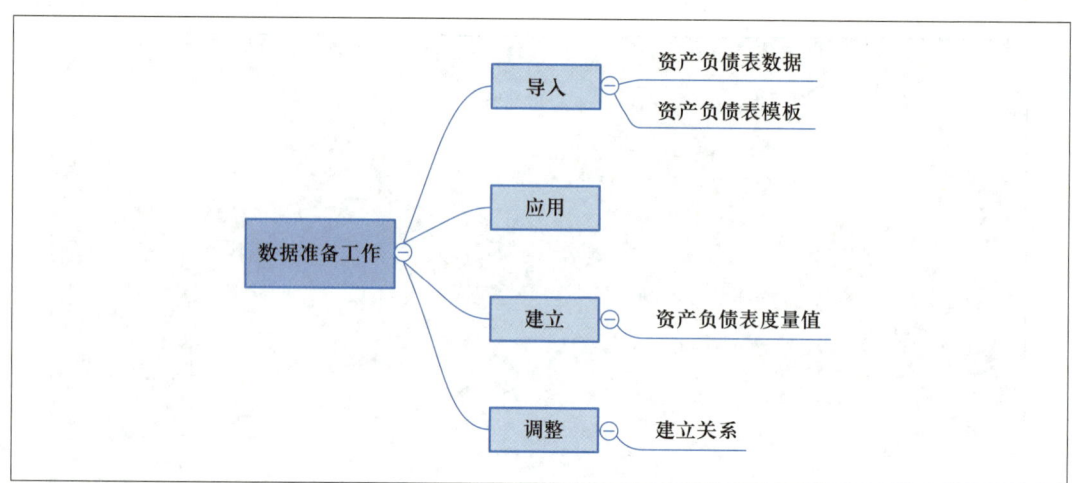

实操作业

1. 将资产负债表的模板导入编辑器并重新命名和分组;
2. 将模型视图的关系线重新排列。

第二节 资产负债表基础度量值的建立

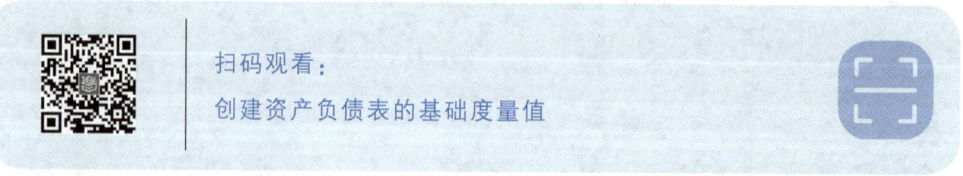

扫码观看:
创建资产负债表的基础度量值

首先看一下各个模块,如图 3-10 所示,发现"2 资产负债表数据"当中有【年季度】,"0 日期表"当中也有【年季度】,我们想要把这两个字段联系起来。

但两个表中的【年季度】都有重复的值,如果直接建立关系的话,如图 3-11 所示,Power BI 会提醒这是个多对多的关系。虽然 Power BI 也支持多对多的关系,但是这样的关系比较复杂,不建议大家使用。

解决这个问题通常有两种方法:第一种方法是再建立一张表,只包含不重复的年季度这

第二节　资产负债表基础度量值的建立　　67

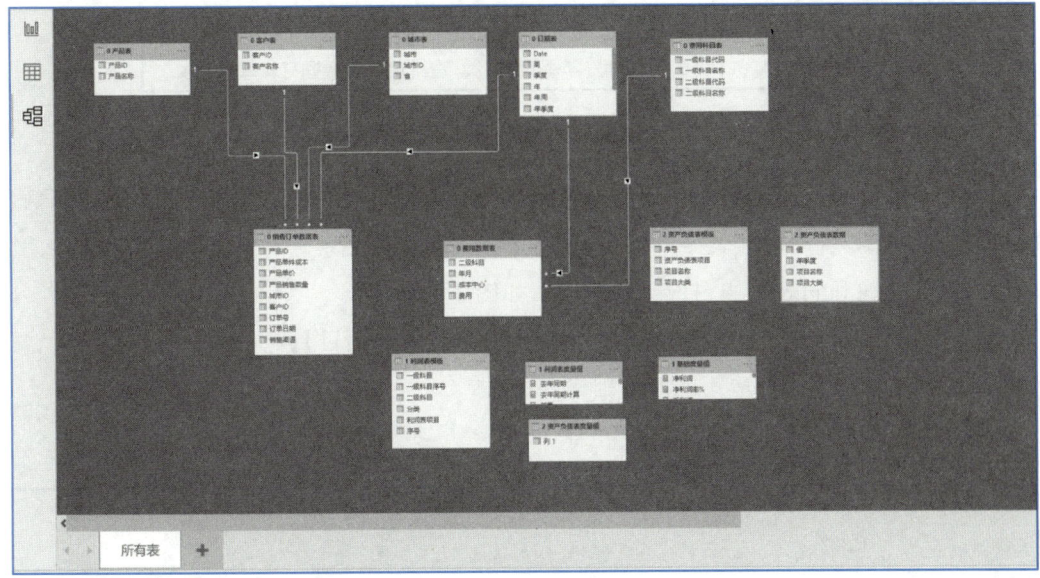

图 3-10　创建关系

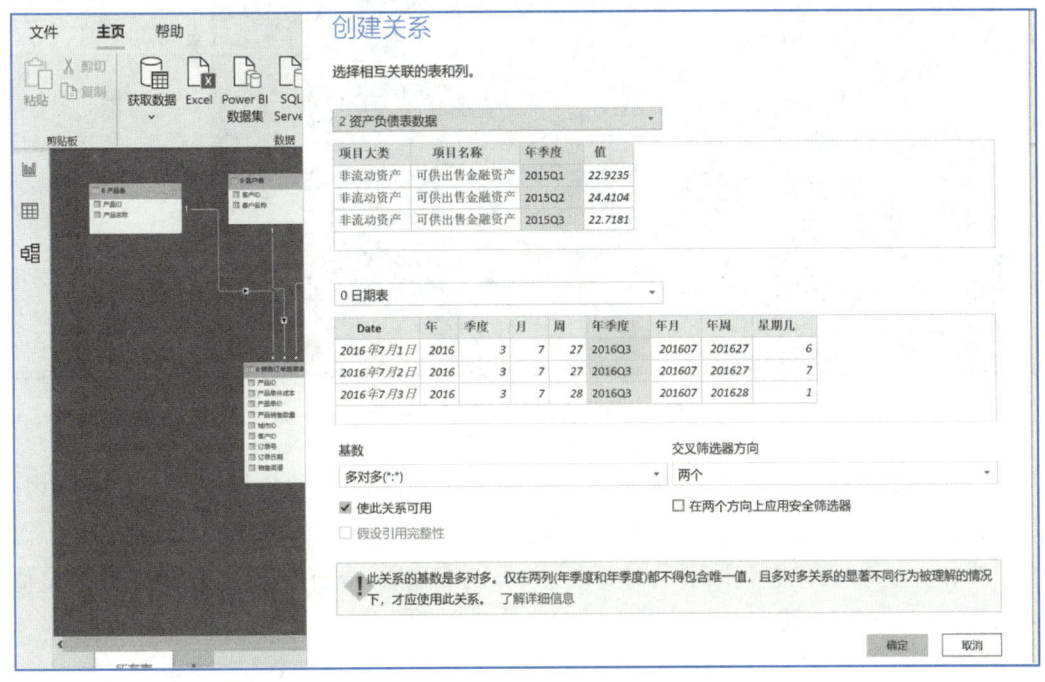

图 3-11　多对多的对应关系

一列。这张表可以与"2 资产负债表数据"和日期表中的【年季度】建立一对多关系。但是这种方法会多增加一张表，模型关系也会更加复杂。

　　第二种方法是使用"TREATAS( )"函数来构建虚拟的关系。假设我们希望使用日期表中的【年季度】字段来筛选资产负债表数据的值，我们可以使用如下公式新建度量值，如图 3-12 所示。

```
1 余额 = CALCULATE(SUM('2 资产负债表数据'[值]),
2 TREATAS(VALUES('0 日期表'[年季度]),'2 资产负债表数据'[年季度]))
```

图 3-12　TREATAS 构建虚拟关系

其中,"VALUES( )"函数的作用是返回指定列不重复值的一列,"TREATAS( )"函数将这一列与"'2 资产负债数据表'[年季度]"建立了一个虚拟关系。

回到矩阵,像利润表一样,打造基础模板,如图 3-13 所示。

①【行】为"2 资产负债数据表"的【序号】【资产负债表项目】;

②【值】为【余额】,打造矩阵的基础格式;

③ 点击【展开所有层级】。

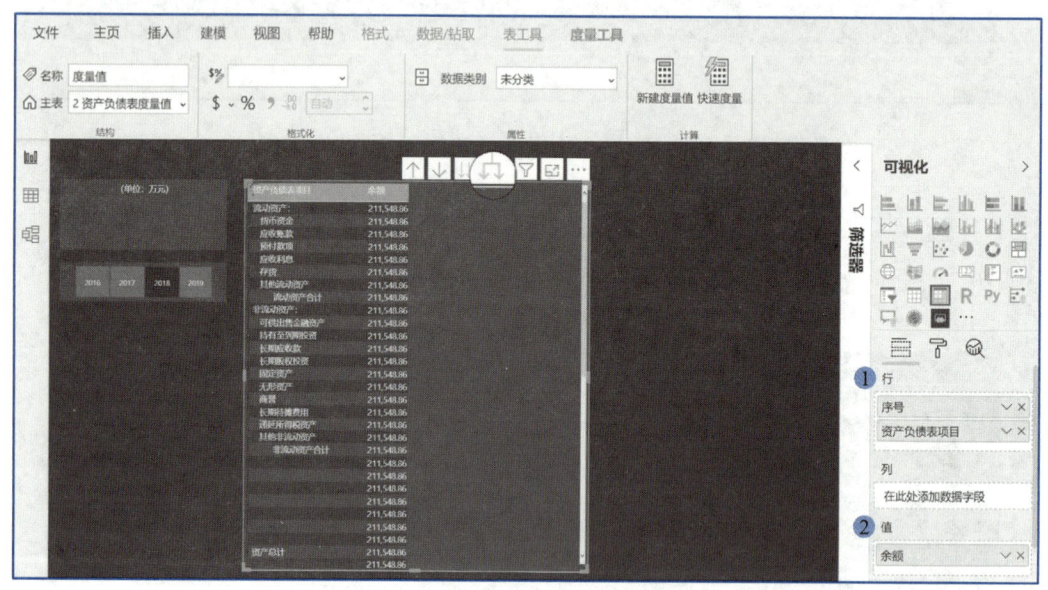

图 3-13　资产负债表基础模板

现在的【余额】是"2 资产负债数据表"当中所有值的求和,与这模板之间没有关系,因此每一项得到的结果都是总值。对于资产负债表中的项目大类,流动资产、非流动资产、总负债、所有者权益(或股东权益),我们需要像上一章的利润表一级科目一样,单独建立度量值,公式如图 3-14 所示。以及总计类项目,公式如图 3-15 所示。

```
1 流动资产 = CALCULATE([余额],'2 资产负债表数据'[项目大类]="流动资产")
1 非流动资产 = CALCULATE([余额],'2 资产负债表数据'[项目大类]="非流动资产")
1 流动负债 = CALCULATE([余额],'2 资产负债表数据'[项目大类]="流动负债")
1 非流动负债 = CALCULATE([余额],'2 资产负债表数据'[项目大类]="非流动负债")
1 所有者权益(或股东权益) = CALCULATE([余额],'2 资产负债表数据'[项目大类]="所有者权益(或股东权益)")
```

图 3-14　大类项目度量值公式

第二节 资产负债表基础度量值的建立

```
1  资产总计 = [流动资产]+[非流动资产]
1  负债合计 = [流动负债]+[非流动负债]
1  负债和所有者权益（或股东权益）总计 = [负债合计]+[所有者权益（或股东权益）]
```

图 3-15　总计类项目公式

因此，"期末余额计算"可以仿照上一章的"当期计算"用 var 语句和函数"SWITCH（true…）"来写，如图 3-16 所示。

```
1  期末余额计算 =
2  var x=SELECTEDVALUE('2 资产负债表模板'[项目名称])
3
4  return
5  SWITCH(true,
6      x="流动资产合计",[流动资产],
7      x="非流动资产合计",[非流动资产],
8      x="资产总计",[资产总计],
9      x="流动负债合计",[流动负债],
10     x="非流动负债合计",[非流动负债],
11     x="负债合计",[负债合计],
12     x="所有者权益（或股东权益）合计",[所有者权益（或股东权益）],
13     x="负债和所有者权益（或股东权益）总计",[负债和所有者权益（或股东权益）总计],
14     CALCULATE([余额],'2 资产负债数据表'[项目名称]=x))
```

图 3-16　期末余额公式

最后将【期末余额计算】放入【值】，资产负债表的基础模板就完成了。最终效果如图 3-17 所示。

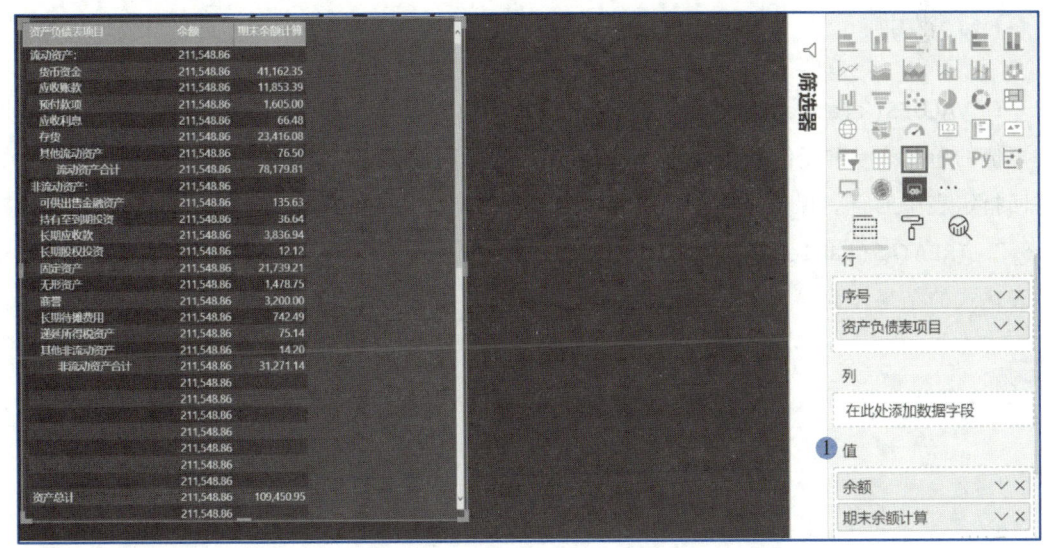

图 3-17　期末余额计算放入值

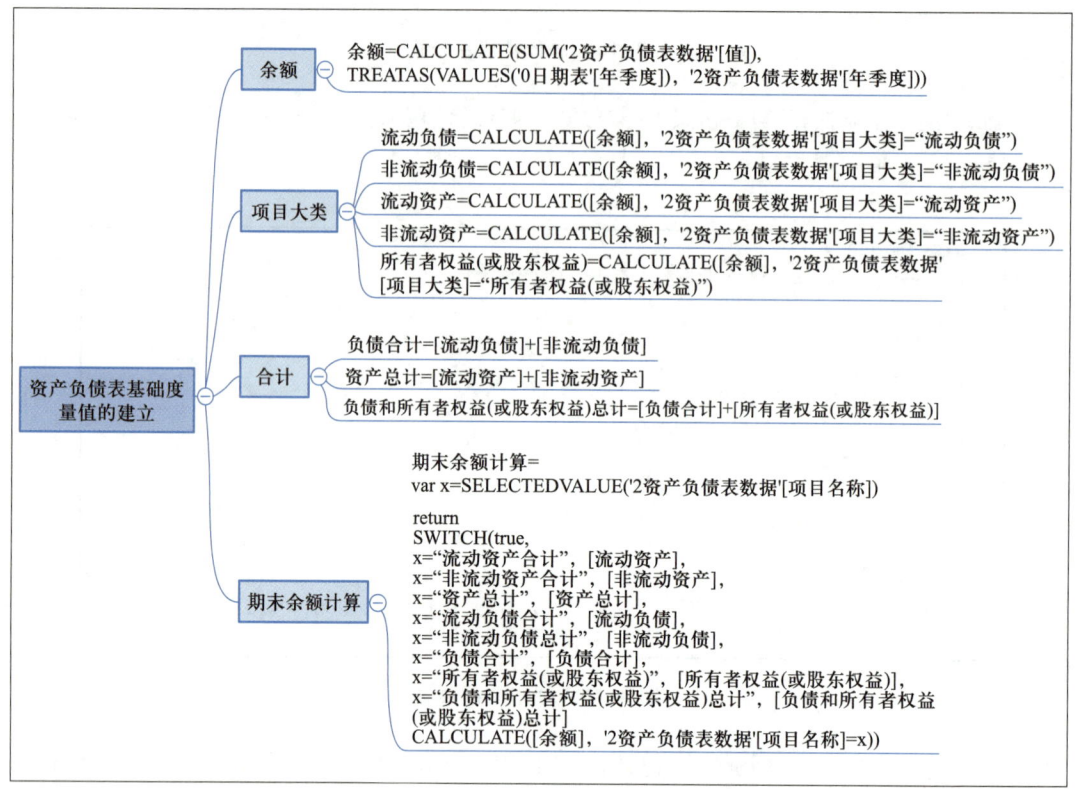

1. VALUES(<TableNameOrColumnName>)，当输入参数为列名时，返回包含指定列中非重复值的单列表。重复值被删除，仅返回唯一值。可添加 BLANK 值。当输入参数是表名时，返回指定表中的行。保留重复的行。可添加 BLANK 行。

2. TREATAS(table_expression, <column>[, <column>[, <column>[,…]]]}), 将表达式的结果作为筛选器应用于无关表中的列。

实操作业

1. 建立资产负债表基础度量值；
2. 建立度量值：期末余额计算。

第三节 矩阵的完善

扫码观看：
资产负债表的矩阵完善

资产负债表的数据是以季度为单位的，但现在表中的期末余额实际上是 2018 年 4 个季度的值加总，所以需要做一个限定，可以在现有年度的切片器的基础上再加一个季度的切片器，操作如图 3-18 所示。

① 点击【切片器】；
② 字段为【年季度】。

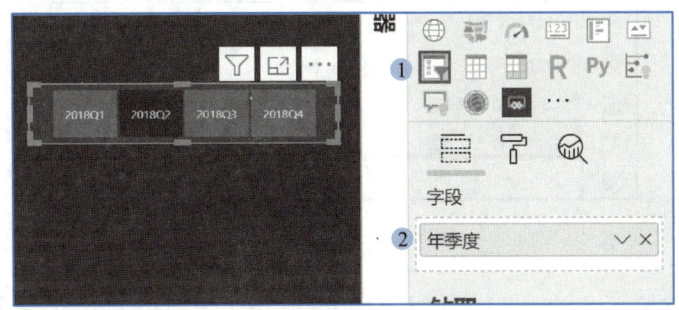

图 3-18　年季度切片器设置

年季度下选择【2018Q3】，发现原有的年份切片器里，其他年份就无法显示了，这是因为两个切片器之间有交互关系。如图 3-19 所示，在编辑交互里做一个限定，即季度切片器与年份切片器之间没有任何的交互，使两个切片器不互相影响。

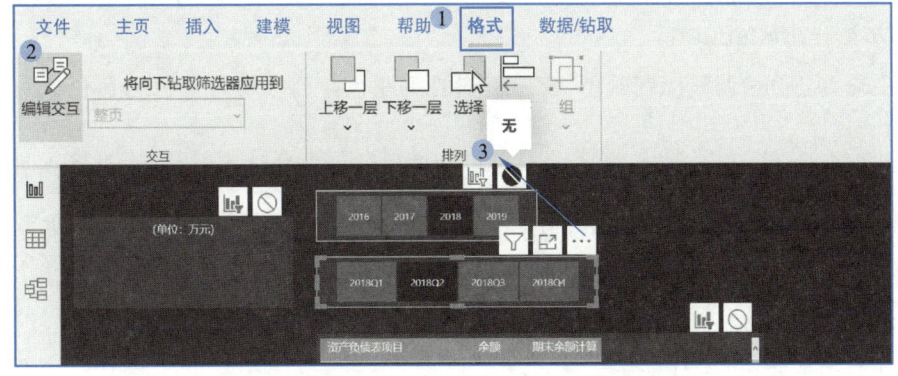

图 3-19　设置编辑交互

① 点击【格式】选项卡；

② 选择【编辑交互】；

③ 选中【无】，这样两个选项卡之间就不会有交互效果了。

接着继续完善矩阵。现在已经有了期末余额计算，自然需要一个期初余额，公式如图3-20所示。

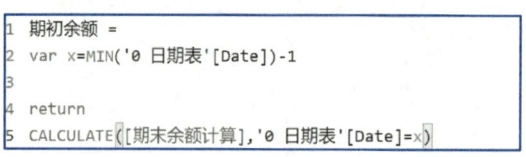

图3-20　期初余额公式

因为时间的单位是季度，所以"MIN 日期表[Date]"求的是每个季度的第1天，"-1"就可以变为上一个季度的最后一天。

有了期初和期末的值，如图3-21所示，可以求得变化的幅度，即"变化%"，并将"变化%"用百分比样式显示，保留一位小数。

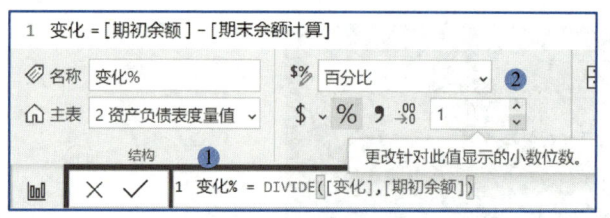

图3-21　设置变化%

最后调整矩阵显示内容，将【余额】移出矩阵，将【期初余额】【变化】【变化%】放入【值】。为了更清楚地看出【变化】与【变化%】的变动幅度，我们采用与【利润表】类似的方法，用【数据条】来显示。

① 如图3-22所示，在【数据条-变化】中选择正值为黄色（颜色代码#F5D33F），负值为灰色（颜色代码#CCCCCC）；

② 如图3-23所示，在【数据条-变化%】中选择正值为黄色（颜色代码#F5D33F），负值为灰色（颜色代码#CCCCCC）。

如图3-24所示，调整标题颜色，统一矩阵的主题色。列标题背景色为黄色（颜色代码#F5D33F）。

由于我们一般看到的资产负债表的格式是左边为资产、右边为负债和所有者权益，这个模板也充分考虑了这项因素，所以可以直接在旁边复制一张表，然后通过筛选器来调整布局，如图3-25所示。

① 将"2 资产负债表模板"的【项目大类】放入【筛选器】；

② 让左边的矩阵显示【资产】。

如图3-26所示，调整右边的模板。

① 将"2 资产负债表模板"的【项目大类】放入【筛选器】；
② 让右边的矩阵,显示【负债】与【所有者权益】。

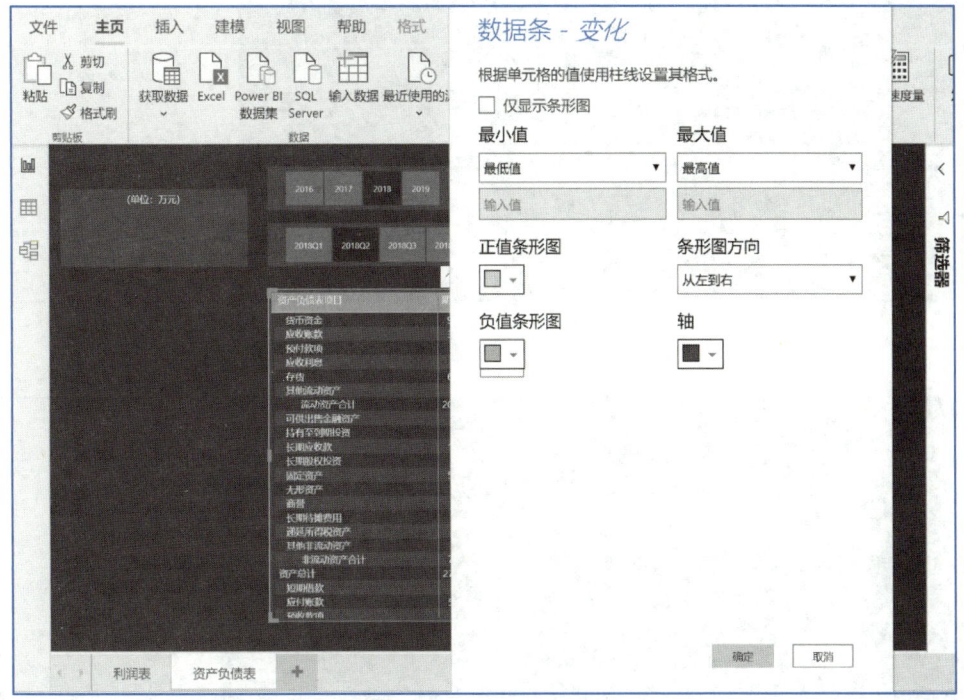

图 3-22　数据条-变化对话框

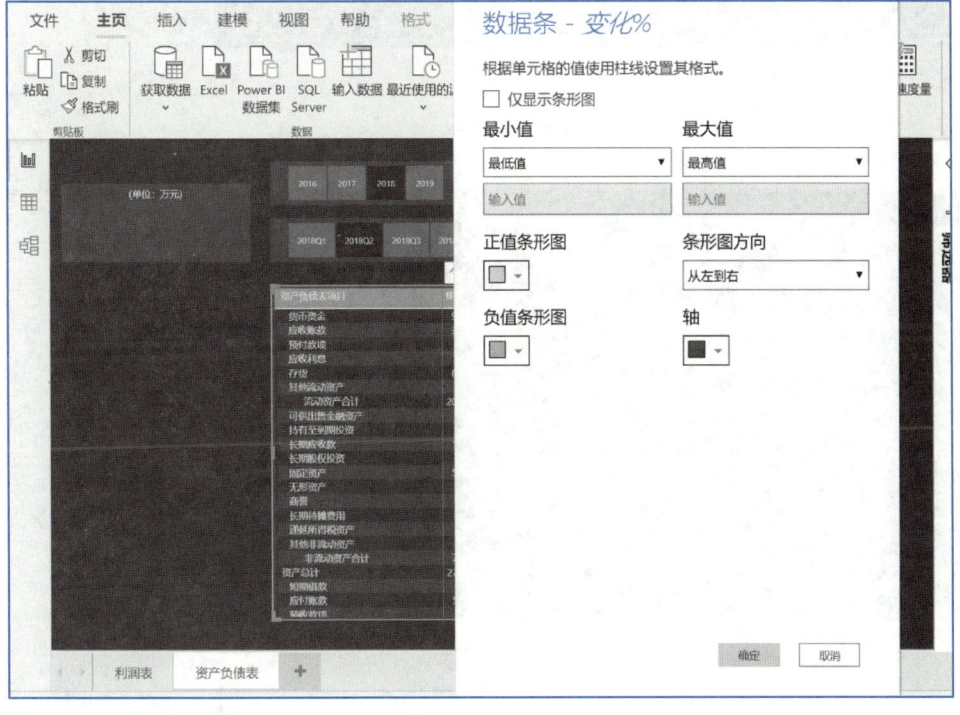

图 3-23　数据条-变化%对话框

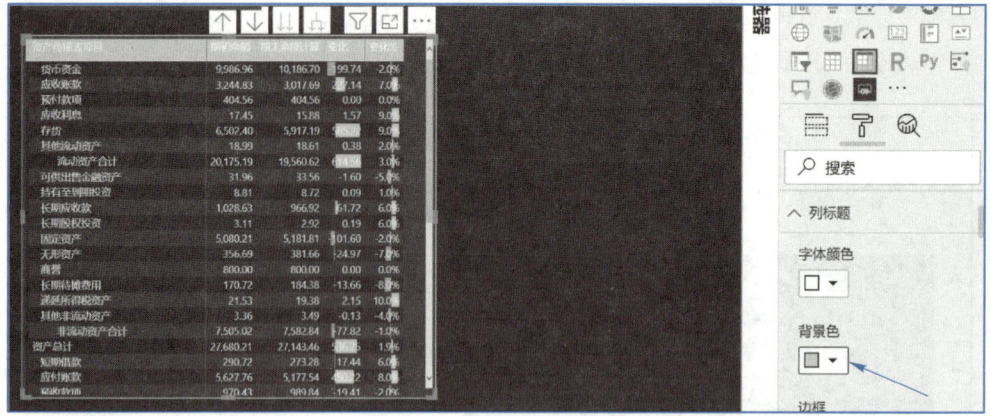

图 3-24 调整标题颜色

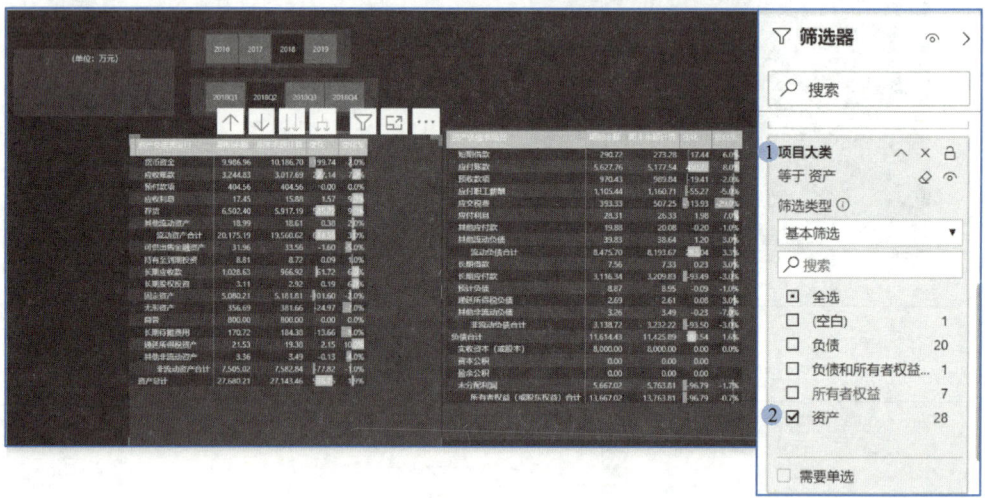

图 3-25 资产矩阵调整

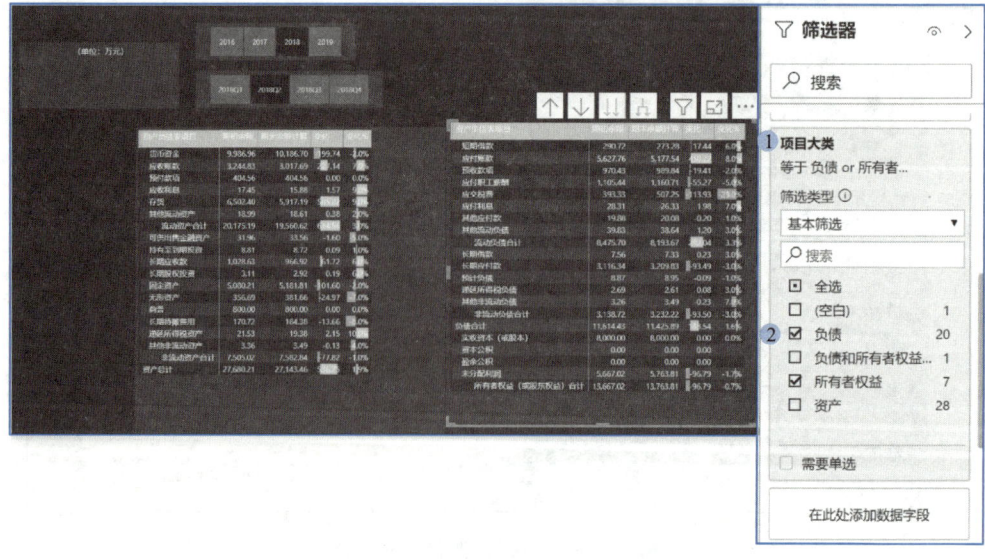

图 3-26 负债、所有者权益矩阵调整

 **本节思维导图**

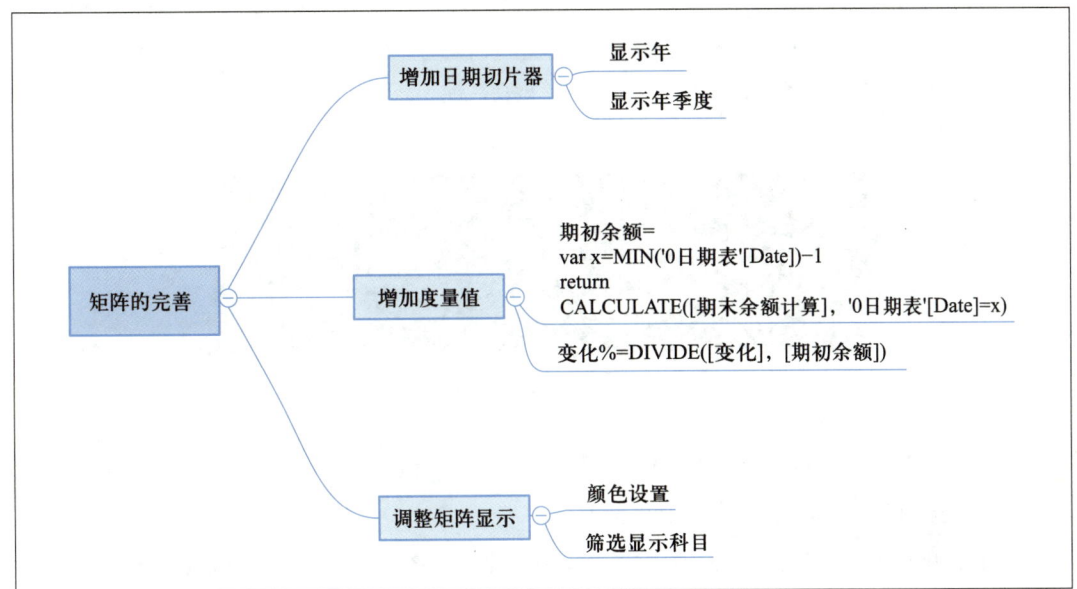

实操作业

1. 新建以年季度为选项的切片器；
2. 新建度量值：期末余额计算。

第四节　比率指标计算和仪表板可视化

扫码观看：
比率指标计算

　　前三节介绍的都是资产负债表基本的项目。另外我们还需要一些指标类的数据，像资产负债率、流动比率、产权比率（格式用百分比并保留两位小数），其公式如图3-27所示。
　　我们用【卡片图】显示比率指标，操作参照图2-80。最终效果如图3-28所示。
　　接下来，我们将介绍如何插入环形图。
　　环形图类似于饼图，可以显示部分与整体的关系。唯一的区别是中心为空，用于标签或图标。我们用环形图显示"负债与所有者权益""流动资产与非流动资产""流动负债与非流动负债"的占比,并将结果用总百分比显示出来。

图 3-27　比率指标计算公式

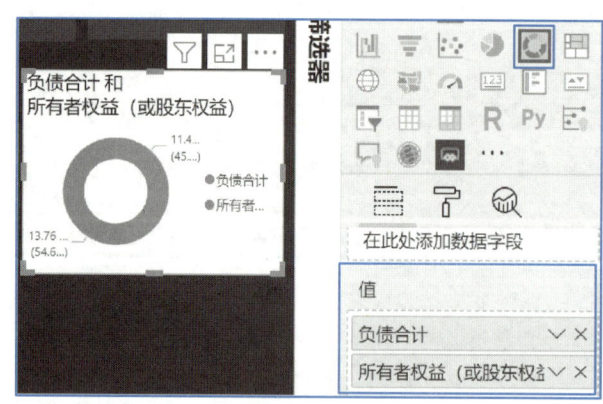

图 3-28　比率指标设置

如图 3-29(左)所示,选择环形图,【值】分别为【负债合计】【所有者权益】【非流动资产】【流动资产】【非流动负债】【流动负债】。

为了简化显示,可以将图例修改得简洁一些。像环形图中的"所有者权益(或股东权益)"可以修改为"所有者权益",矩阵的"期末余额计算"改为"期末余额"。最终效果如图 3-29(右)所示。

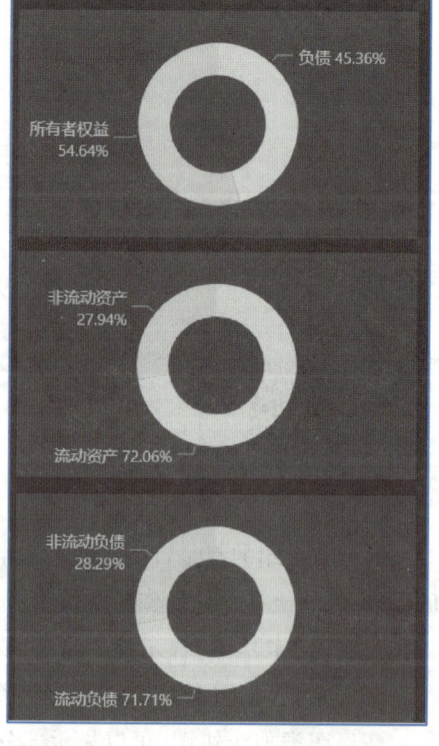

图 3-29　环形图表达财务指标

最后,添加标题,并进行排版,如图 3-30 所示。

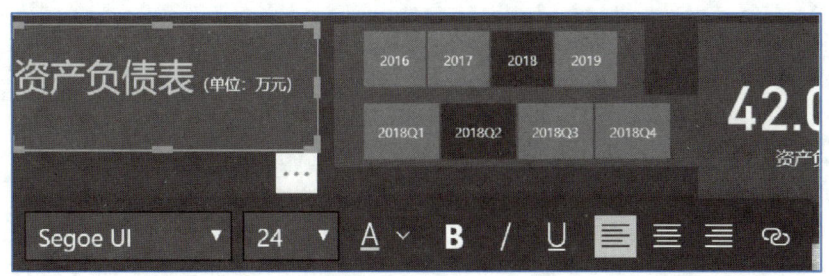

图 3-30　添加标题

大家可以在自定义的格式里面,根据自己想要的样式去编辑设计。

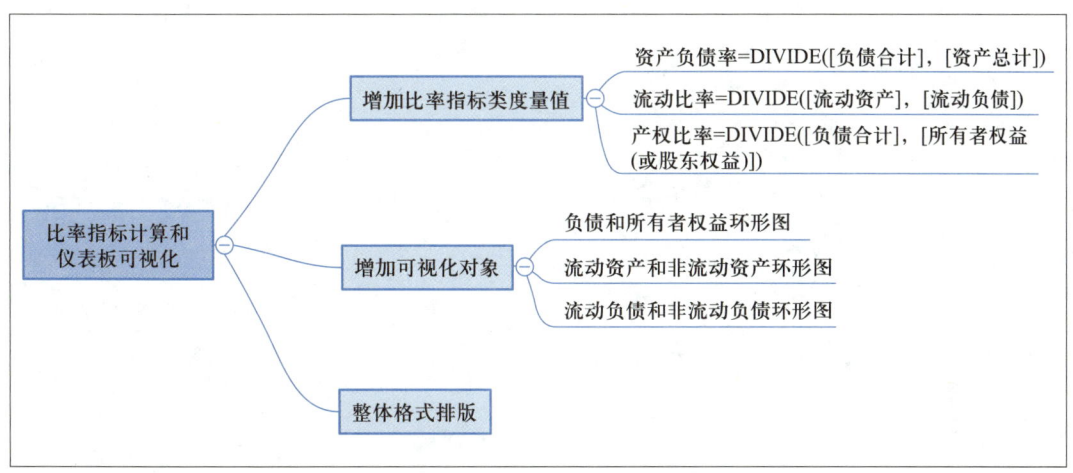

1. 用卡片图表示产权比率;
2. 建立负债和所有者权益环形图,保留一位小数。

本章关键词

季度切片器　　　　编辑交互

请扫描右侧二维码,进行随堂测试。

第四章

商业智能财务分析在现金流量表中的应用

本章导语　　运用 Power BI 完成利润表和资产负债表的分析后,我们接下来将要对现金流量表进行分析。 本章也会采用与前两章基本相同的方法,只是在计算经营活动现金流量、筹资活动现金流量和投资活动现金流量的时候略有不同,让我们进入现金流量表的编制吧! 本章目标模板如图 4-1 所示。

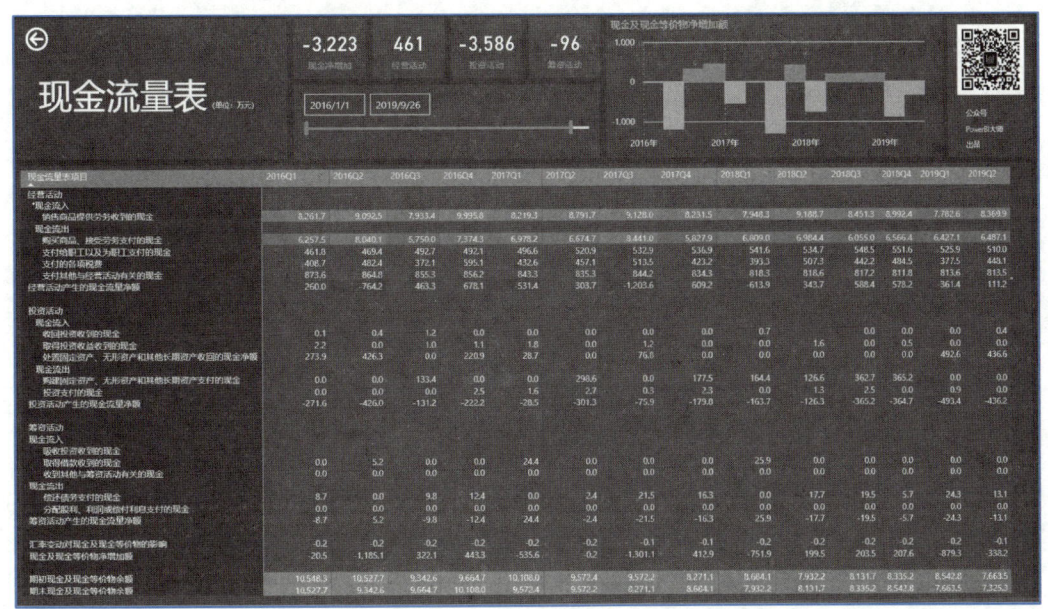

图 4-1　现金流量表目标模板

第一节 数据准备工作

扫码观看：
现金流量表的数据准备

如图 4-2 所示，课程案例文件里"3 现金流量表的模板"，包含了"序号"和"现金流量表项目"以及对应的"项目名称"。

图 4-2　现金流量表项目大类

如图 4-3 所示，"3 现金流量数据表"包含"项目大类""现金流向""项目名称"。现金流量分为流入和流出，时间单位是季度，数据是该时间段内发生的现金流入、流出的金额。

图 4-3　3 现金流量数据表

在主界面,采取复制页的方法为"现金流量表"建立新的一页。

导入"3 现金流量表的模板"和"3 现金流量数据表"的数据,操作步骤参照图 4-4。在 Power Query 页面下,整理模板和数据表位置。

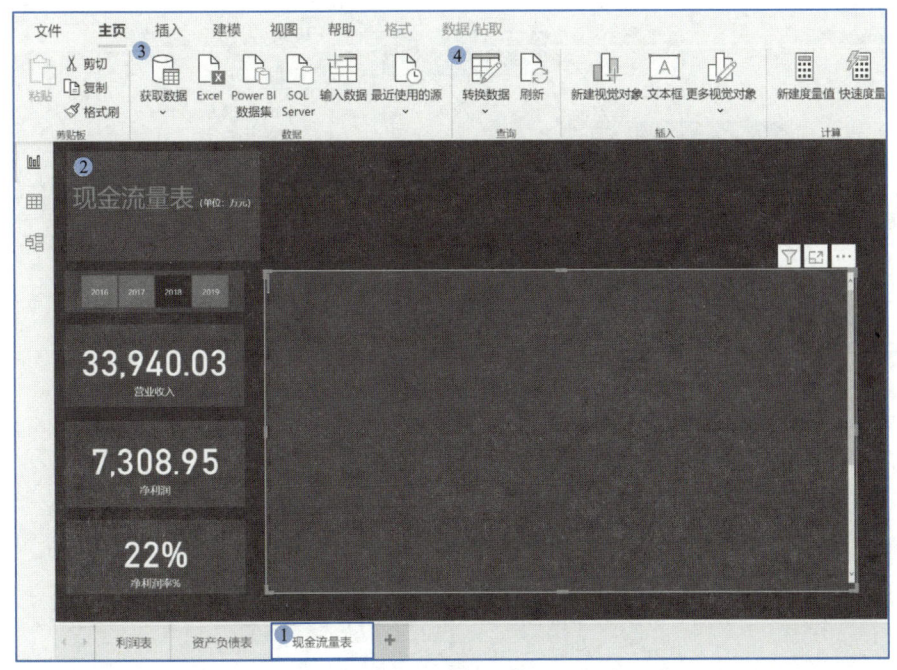

图 4-4 现金流量表建立新页面

接着依然像之前的操作一样,对"3 现金流量数据表"进行逆透视操作,操作如图 4-5 所示。最后点击【主页】选项卡下【关闭并应用】。第一步数据导入就完成了。

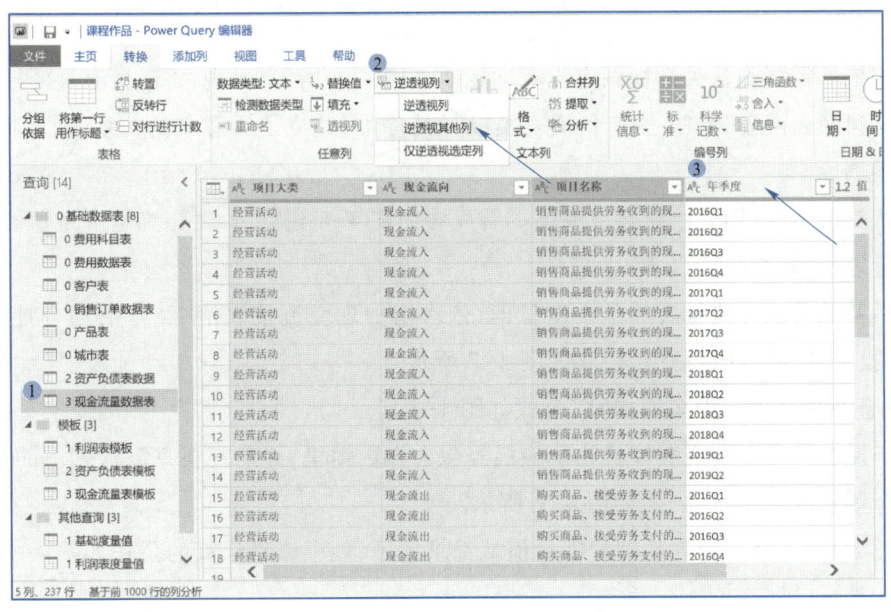

图 4-5 现金流量数据表逆透视操作

本节思维导图

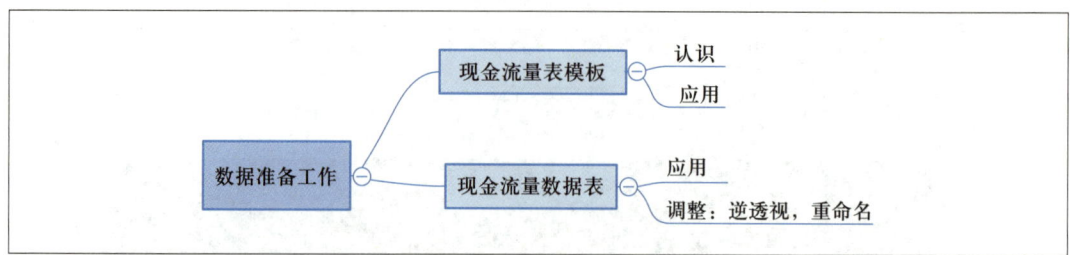

实操作业

1. 将现金流量数据表调整为规范格式；
2. 将现金流量表模板重命名。

第二节　现金流量表度量值的建立

扫码观看：
现金流量表度量值的创建

我们依然需要确认关系视图有没有问题。如图4-6所示，发现"3 现金流量模板"的【序号】与"1 利润表模板"和"2 资产负债表模板"的【序号】建立了无意义的关系，因此将它们之间的关系删除。

确认完模型，我们开始新建度量值。首先参照图4-6建立"3 现金流量度量值表"，储存现金流量表所需的度量值。

然后开始写现金流量表的基础度量值，依次增加现金流量表值、经营活动合计、筹资活动合计、投资活动合计度量值，公式如图4-7所示。

"现金及现金等价物净增加额"公式如图4-8所示。

由于期初的现金及现金等价物余额已经包含在数据里，因此现在只需求剩下的"期末现金及现金等价物余额"。公式如图4-9所示。

到此为止，现金流量表基础的度量值就都求完了，现金流量计算的公式如图4-10所示。

第二节　现金流量表度量值的建立　83

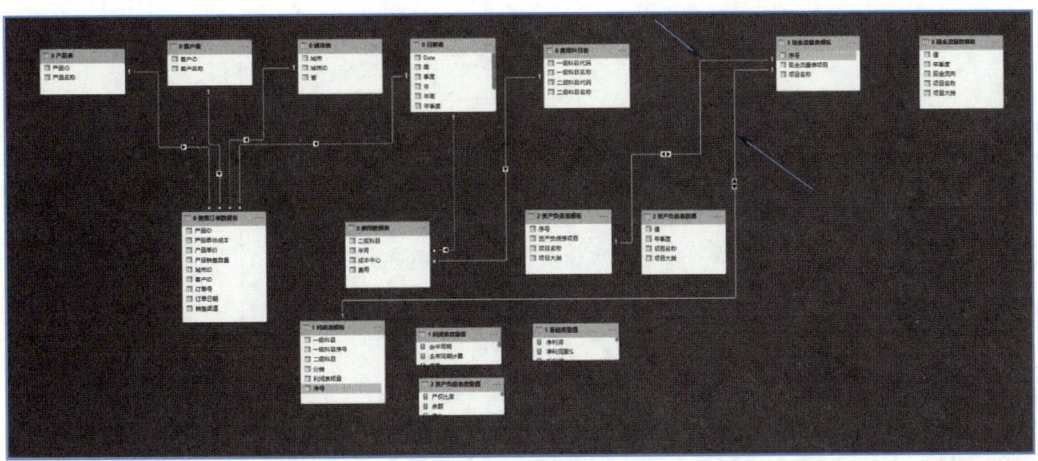

图 4-6　删除默认关系

```
1  现金流量值 = CALCULATE(SUM('3 现金流量数据表'[值]),TREATAS(VALUES('0 日期表'[年季度]),'3 现金流量数据表'[年季度]))

1  经营活动合计 =
2  CALCULATE([现金流量值],'3 现金流量数据表'[项目大类]="经营活动",'3 现金流量数据表'[现金流向]="现金流入")
3  -
4  CALCULATE([现金流量值],'3 现金流量数据表'[项目大类]="经营活动",'3 现金流量数据表'[现金流向]="现金流出")

1  筹资活动合计 =
2  CALCULATE([现金流量值],'3 现金流量数据表'[项目大类]="筹资活动",'3 现金流量数据表'[现金流向]="现金流入")
3  -
4  CALCULATE([现金流量值],'3 现金流量数据表'[项目大类]="筹资活动",'3 现金流量数据表'[现金流向]="现金流出")

1  投资活动合计 =
2  CALCULATE([现金流量值],'3 现金流量数据表'[项目大类]="投资活动",'3 现金流量数据表'[现金流向]="现金流入")
3  -
4  CALCULATE([现金流量值],'3 现金流量数据表'[项目大类]="投资活动",'3 现金流量数据表'[现金流向]="现金流出")

1  汇率变动 = CALCULATE([现金流量值],'3 现金流量数据表'[项目名称]="汇率变动对现金及现金等价物的影响")
```

图 4-7　现金流量表基础度量值公式

```
1  现金及现金等价物净增加额 = [经营活动合计]+[筹资活动合计]+[投资活动合计]+[汇率变动]
```

图 4-8　现金及现金等价物净增加额公式

```
1  期末现金及现金等价物余额 = CALCULATE([现金流量值],'3 现金流量数据表'[项目名称]="期初现金及现金等价物余额")+[现金及现金等价物净增加额]
```

图 4-9　期末现金及现金等价物余额公式

与利润表的矩阵一样，我们搭建现金流量表的矩阵，如图 4-11 所示。
① 将"3 现金流量表模板"的【序号】与【现金流量表项目】放入【行】；
② 点击【展开所有下拉层级】。

```
1  现金流量计算 =
2  var x=SELECTEDVALUE('3 现金流量表模板'[项目名称])
3
4  return
5  SWITCH(true,
6   x="经营活动产生的现金流量净额",[经营活动合计],
7   x="投资活动产生的现金流量净额",[筹资活动合计],
8   x="筹资活动产生的现金流量净额",[筹资活动合计],
9   x="汇率变动对现金及现金等价物的影响",[汇率变动],
10  x="现金及现金等价物净增加额",[现金及现金等价物净增加额],
11  x="期末现金及现金等价物余额",[期末现金及现金等价物余额],
12  CALCULATE([现金流量值],'3 现金流量数据表'[项目名称]=x))
```

图 4-10　现金流量公式

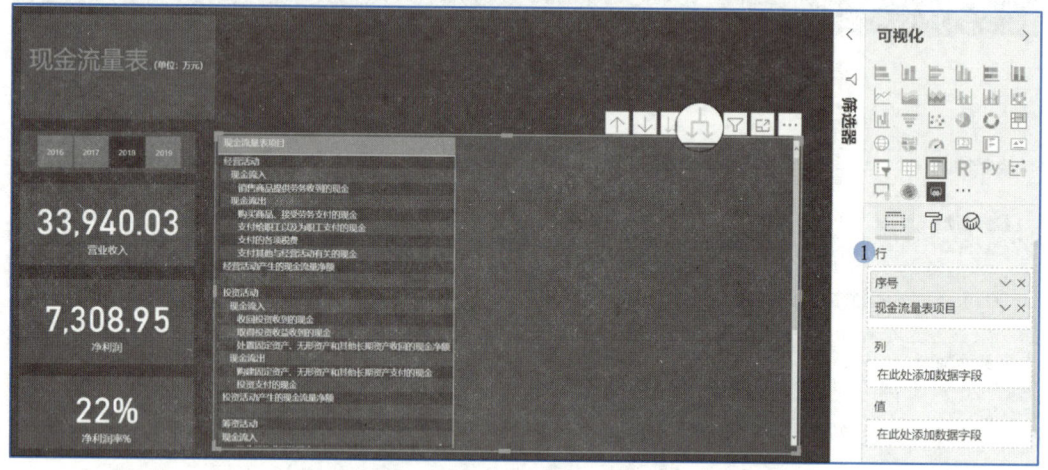

图 4-11　现金流量表矩阵

最后,将【现金流量值】【现金流量计算】放入【值】,如图 4-12 所示,本小节的任务就完成了。

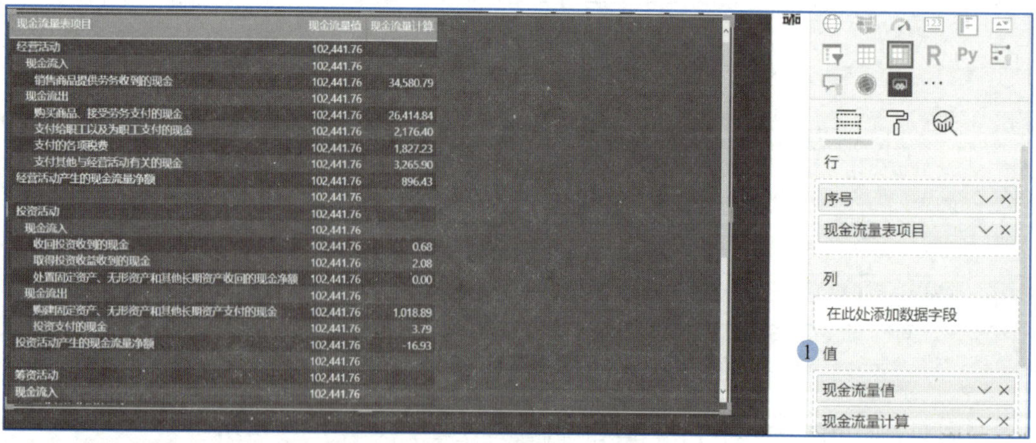

图 4-12　将字段放入值

本节思维导图

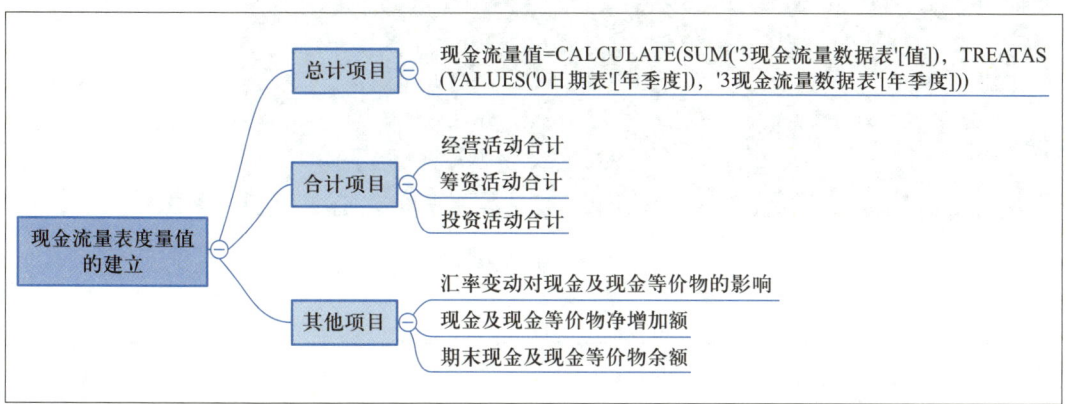

实操作业

1. 建立基础度量值:现金流量值;
2. 建立度量值:现金流量计算(保留两位小数)。

第三节 可视化输出

扫码观看:
现金流量表的可视化

这次的矩阵可视化设计我们不再采用去年与同期比较的方式,如图4-13所示,直接将"日期表"的【年季度】添加到【列】。

现在调整一下现金流量计算的数据显示,用深浅代表数值大小,如图4-14所示,调整数据的颜色显示。最小值为深蓝色(颜色代码#454D5F),最大值为浅蓝色(颜色代码#0095FF)。

切片器也换一种方式,操作如图4-15所示直接把【Date】放到【字段】里,生成一个日期轴。切片器圆形的滑杆也可以改成条形的,如图4-15所示【格式】→【常规】→关闭【响应】。

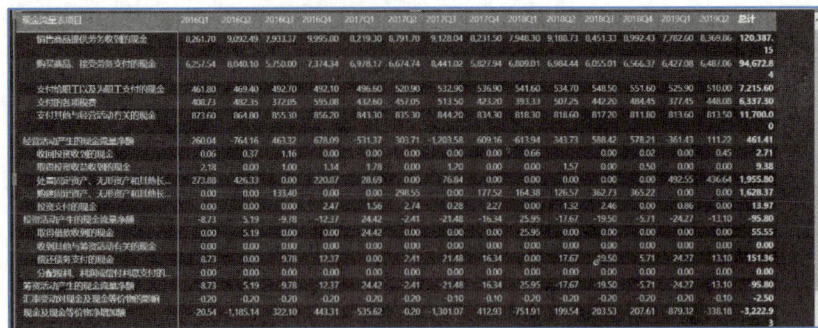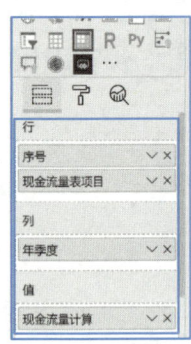

图 4-13 添加日期到列

图 4-14 数据的颜色显示

再加几个显示 KPI 的卡片图,来显示【现金净增加】【经营活动合计】【投资活动合计】【筹资活动合计】,最终效果如图 4-16 所示。

最后增加一个簇状柱形图来显示【现金净增加额】,如图 4-17、图 4-18 所示。

① 选择【簇状柱形图】;

② 【轴】为【Date】,【值】为【现金及现金等价物净增加额】;

③ 为了更清楚地显示图形,在【格式】选项卡,【Y 轴】里,将数据显示范围调整为【-1 000 ~ 1 000】;

④ 调整数据颜色,大于或等于 0 为蓝色(颜色代码#0095FF),小于 0 为白色(颜色代码#FFFFFF)。

最后调整布局,最终效果如图 4-1 所示。

图 4-15　切片器生成日期轴

图 4-16　KPI 卡片图

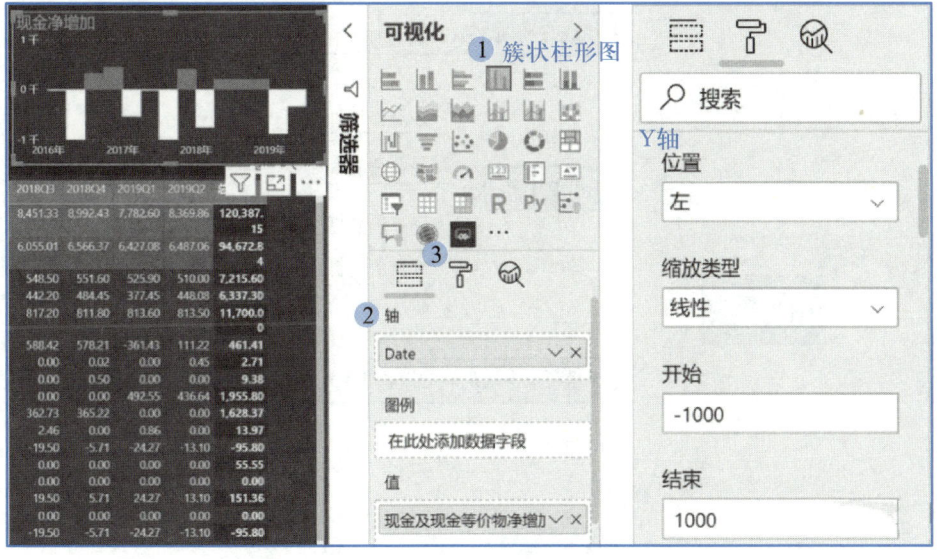

图 4-17　簇状柱形图

图 4-18　调整数据颜色

本节思维导图

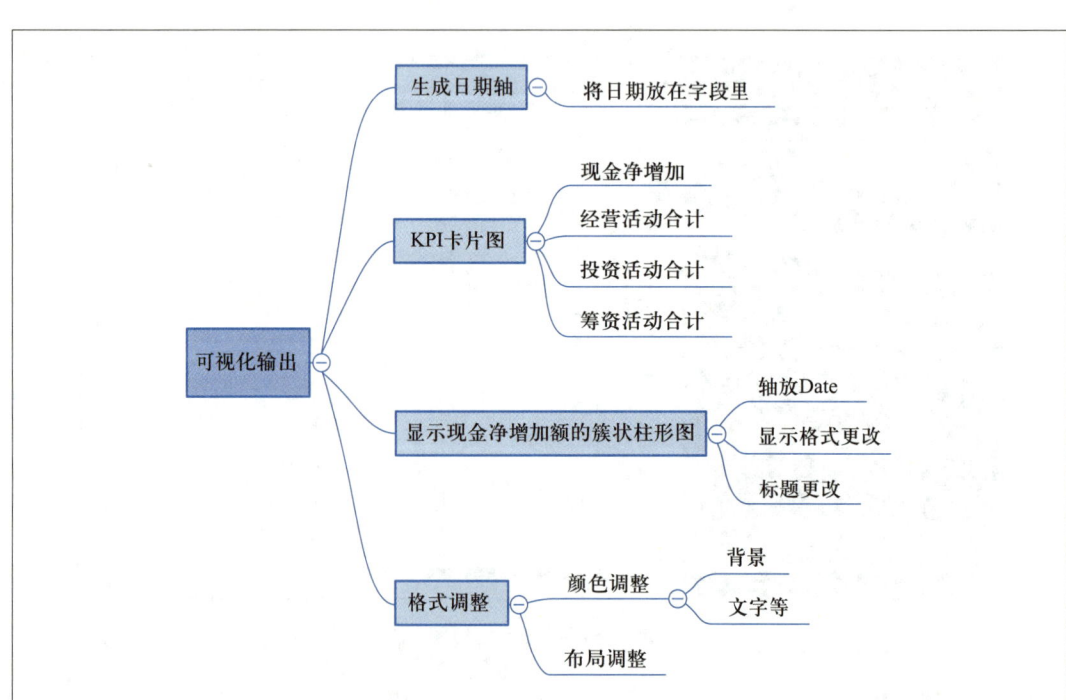

实操作业

1. 新建簇状柱形图显示现金净增加额；
2. 按照自己的喜好调整现金流量表。

本章关键词

日期轴　　簇状柱形图

即测即评

请扫描右侧二维码，进行随堂测试。

第五章

财务指标分析

本章导语　前面我们已经通过 3 大财务报表为大家讲解了基本的 Power BI 操作方法。为进一步了解一家公司的经营状况，我们通常还需要分析评价企业的偿债能力、营运能力、盈利能力、增长能力等，让我们一起来学习这一章的内容吧！

第一节　财务指标分析模板

　扫码观看：
财务指标分析

　　这一节基于之前搭建好的度量值模型，继续创建更多的财务分析指标。大部分公式都运用了加减乘除类型的公式计算，并没有新增的 Power BI 知识点，只是对财务知识、指标、概念的复习，因此在本章中不再介绍操作步骤。如图 5-1 所示，我们基于这张已经搭建好的财务指标分析目标模板，对一些细节进行说明。

　　本章分析指标分为偿债能力、营运能力、盈利能力、增长能力四个部分，参照图 5-2。它们都采用了矩阵在行上显示的方法，如图 5-2（左），【值】列表下，【在行上显示】标签状态改为【开】，因此每一个行都是一个度量值，如图 5-2（右）所示，【列】都为【年季度】。

　　首先看偿债能力指标，基本都是基于资产负债表的指标计算出来的值。

　　流动比率是流动资产除以流动负债，公式如图 5-3 所示。

　　速动比率是速动资产除以流动负债，公式如图 5-4 所示。

　　营运资本即 Working Capital，公式如图 5-5 所示。

第一节 财务指标分析模板

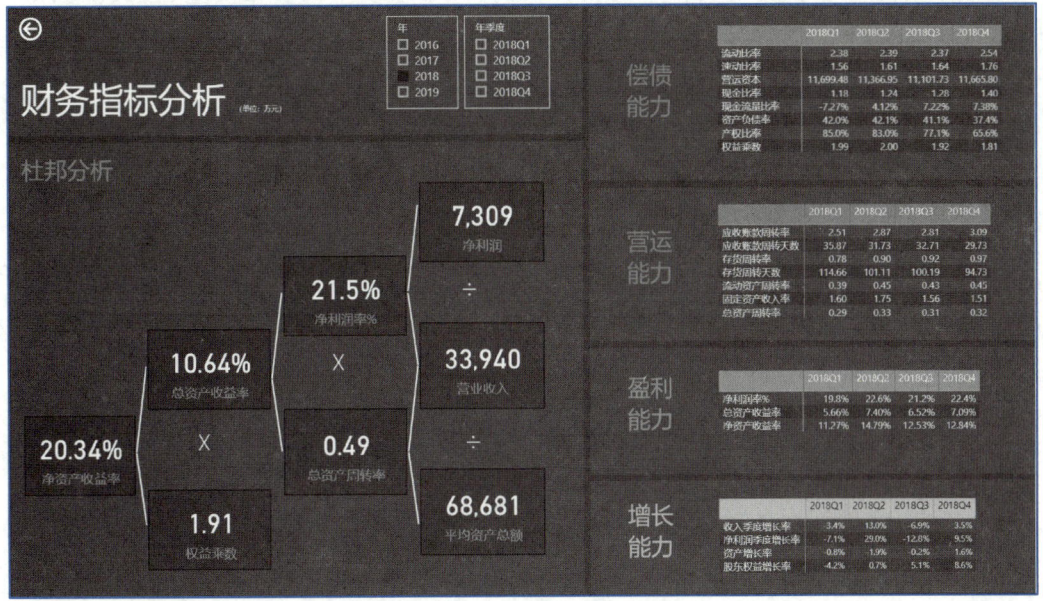

图 5-1 财务指标分析目标模板

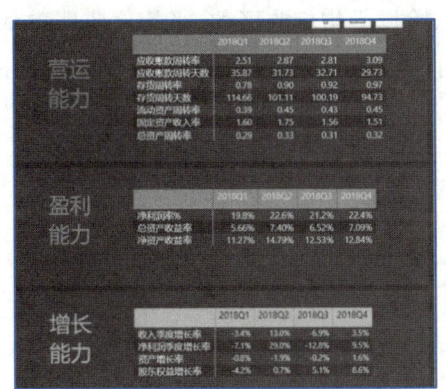  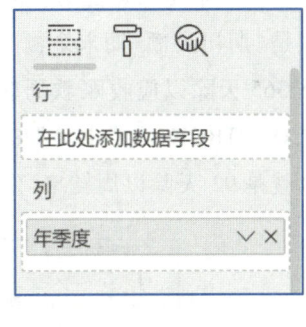

图 5-2 指标设置

```
1 流动比率 = DIVIDE([流动资产],[流动负债])
```

图 5-3 流动比率公式

```
1 速动比率 = DIVIDE([速动资产],[流动负债])
```

图 5-4 速动比率公式

```
1 营运资本 = [流动资产]-[流动负债]
```

图 5-5 营运资本公式

现金比率是现金在流动负债中的占比,是资产负债表中的货币资金,公式如图5-6所示。

```
1  现金比率 = DIVIDE(
2      CALCULATE([余额],'2 资产负债数据表'[项目名称]="货币资金"),
3      [流动负债])
```

图 5-6　现金比率公式

现金流量比率是经营活动的净现金流除以资产负债表上的平均流动负债。经营活动合计我们已经在现金流量表中计算过,而平均流动负债是平均值,是(期初余额+期末余额)/2,公式如图5-7所示。

```
1  现金流量比率 = DIVIDE([经营活动合计],
2  //求平均流动负债
3  var x=MIN('0 日期表'[Date])-1
4  var a=CALCULATE([流动负债],'0 日期表'[Date]=x)
5  var b=[流动负债]
6  return (a+b)/2
7  )
```

图 5-7　现金流量比率公式

接下来是营运能力。应收账款周转率是营业收入除以平均应收账款,平均应收账款依然是(期初余额+期末余额)/2。周转的天数是这个时间段的天数,所以年度财务报表往往是365天除以应收账款周转率得到的值。我们模板里的时间段是季度,因此可以用函数"COUNTROWS( )"求日期表当中的天数,比如第三季度是7月1日到9月30日这段时间,也就是92天除以周转率,公式如图5-8所示。

```
1  应收账款周转率 = DIVIDE([营业收入],
2  //求平均应收账款
3  var x=MIN('0 日期表'[Date])-1
4  var a=CALCULATE([余额],'2 资产负债数据表'[项目名称]="应收账款",'0 日期表'[Date]=x)
5  var b=CALCULATE([余额],'2 资产负债数据表'[项目名称]="应收账款")
6  return (a+b)/2
7  )
```

图 5-8　应收账款周转率公式

存货周转率是营业成本除以平均存货,公式如图5-9所示。

```
1  存货周转率 = DIVIDE(-[营业成本],
2  //求平均存货
3  var x=MIN('0 日期表'[Date])-1
4  var a=CALCULATE([余额],'2 资产负债数据表'[项目名称]="存货",'0 日期表'[Date]=x)
5  var b=CALCULATE([余额],'2 资产负债数据表'[项目名称]="存货")
6  return (a+b)/2
7  )
```

图 5-9　存货周转率公式

存货周转天数是天数除以存货周转率,公式如图5-10所示。类似的,流动资产周转率、固定资产收入率、总资产周转率,其公式如图5-11所示。

```
1  存货周转天数 = DIVIDE(
2      COUNTROWS('0 日期表'),
3      [存货周转率])
```

图 5-10　存货周转天数

```
1  流动资产周转率 = DIVIDE([营业收入],
2  //求平均流动资产
3  var x=MIN('0 日期表'[Date])-1
4  var a=CALCULATE([流动资产],'0 日期表'[Date]=x)
5  var b=[流动资产]
6  return (a+b)/2
7  )

1  固定资产收入率 = DIVIDE([营业收入],
2  //求平均固定资产
3  var x=MIN('0 日期表'[Date])-1
4  var a=CALCULATE([余额],'2 资产负债数据表'[项目名称]="固定资产",'0 日期表'[Date]=x)
5  var b=CALCULATE([余额],'2 资产负债数据表'[项目名称]="固定资产")
6  return (a+b)/2
7  )

1  总资产周转率 = DIVIDE([营业收入],[平均资产总额])
```

图 5-11　周转率公式

盈利能力中的净利润率是之前写好的度量值。净资产收益率是 ROE（Return on Equity），总资产收益率是 ROA（Return on Assets）。净资产收益率等于净利润除以所有者权益，也是杜邦分析模型的起始值。

增长能力在这里其实是环比增长率，即收入季度增长率，公式用到了时间智能函数 PREVIOUSQUARTER，如图 5-12 所示。

```
1  收入季度增长率 =
2  var a=CALCULATE([营业收入],PREVIOUSQUARTER('0 日期表'[Date]))
3  return DIVIDE([营业收入]-a,a)
```

图 5-12　收入季度增长率公式

与收入季度增长率计算方法类似，净利润季度增长率公式如图 5-13 所示。

```
1  净利润季度增长率 =
2  var a=CALCULATE([净利润],PREVIOUSQUARTER('0 日期表'[Date]))
3  return DIVIDE([净利润]-a,a)
```

图 5-13　净利润季度增长率公式

资产增长率由于资产是时间点的值，所以这里依旧用的是期初余额和期末余额比较的方法来求得，公式如图 5-14 所示。

```
1  资产增长率 =
2  var x=MIN('0 日期表'[Date])-1
3  var a=CALCULATE([资产总计],'0 日期表'[Date]=x)
4  return DIVIDE([资产总计]-a,a)
```

图 5-14　资产增长率公式

股东权益增长率也是一个时间点值,公式如图 5-15 所示。

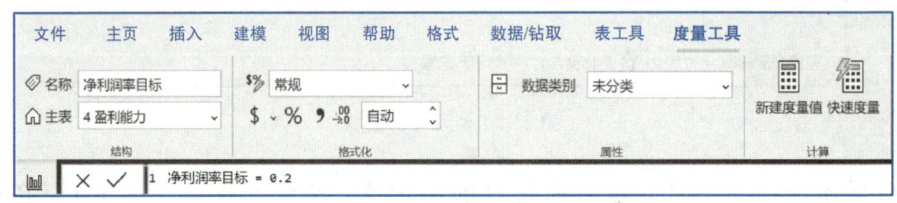

图 5-15 股东权益增长率公式

图 5-1 左边的杜邦分析模型,其实是各项指标的拆解,每项都采用【卡片图】来显示。杜邦分析模型中的斜线是用【形状】当中的【线】来打造的。【线】也可以在【设置形状格式】的选项卡里自定义倾斜角度。

本小节的最后教给大家一个小技巧,通过 KPI 图进行数据值和目标值的比较。如图 5-16 所示,以净资产收益率为例,首先创建度量值净利润率目标,假设为 20%,即 0.2。因为度量值不支持百分号的运算,所以不能直接写 20%。

图 5-16 创建净利润率目标度量值

① 选择【KPI 卡片图】;
② 【字段】为【净资产收益率】,【目标值】为【净利润率目标】,【走向轴】为【年季度】。

从图 5-17 可以看到,趋势、历史值以及预警都显示在了 KPI 图中,数据结果为 12.84%,即 2018 年第四季度的收益率为 12.84%。图中的阴影面积显示的是 4 个季度的收益率趋势。由于 12.84% 低于设定的目标值 20%,所以有了红色预警。

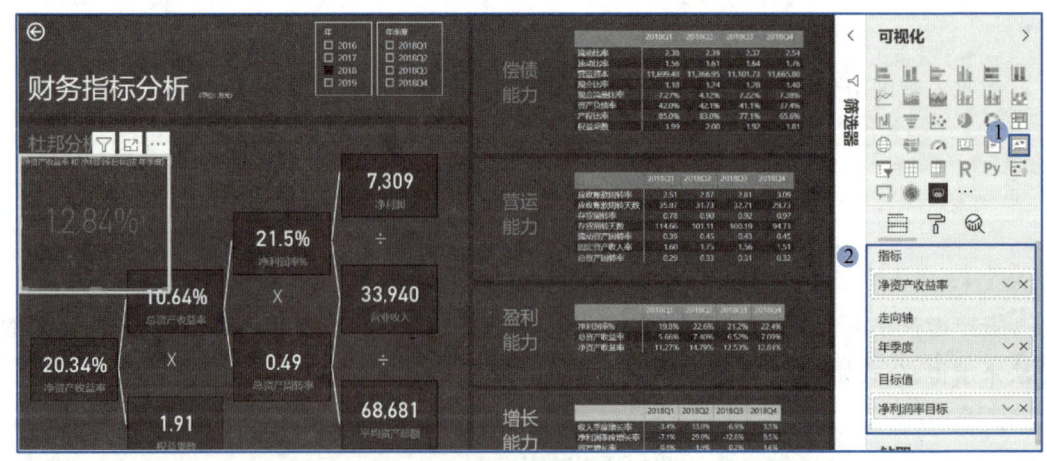

图 5-17 KPI 卡片图

本节介绍财务指标分析的技巧就到这里。有了这些财务指标,大家可以随心所欲地创造各种维度的组合,使用更多可视化元素,打造不同的可视化报表。

本节思维导图

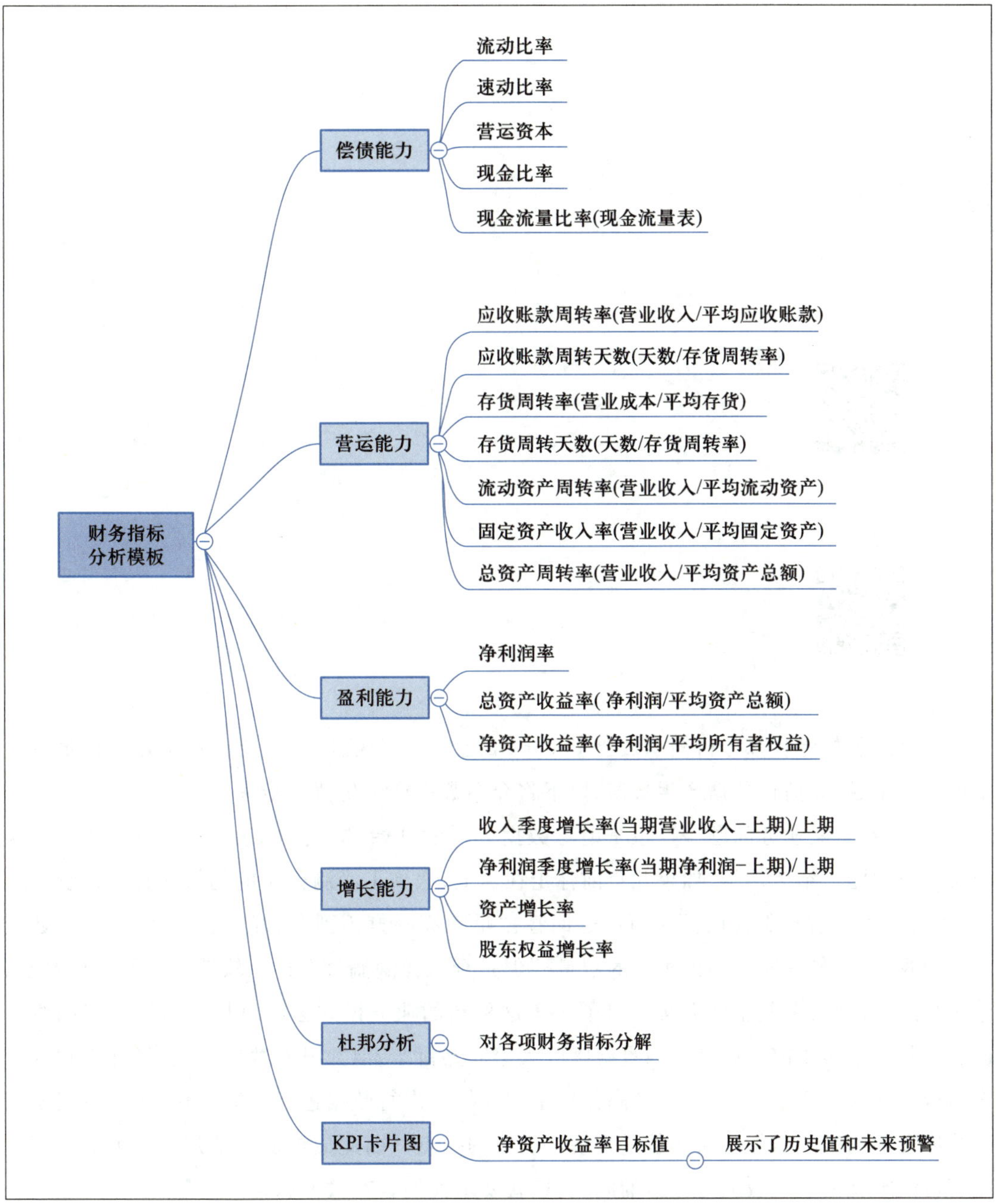

```
                    ┌─ 流动比率
                    ├─ 速动比率
         ┌─ 偿债能力 ─┼─ 营运资本
         │          ├─ 现金比率
         │          └─ 现金流量比率(现金流量表)
         │
         │          ┌─ 应收账款周转率(营业收入/平均应收账款)
         │          ├─ 应收账款周转天数(天数/存货周转率)
         │          ├─ 存货周转率(营业成本/平均存货)
         ├─ 营运能力 ─┼─ 存货周转天数(天数/存货周转率)
         │          ├─ 流动资产周转率(营业收入/平均流动资产)
财务指标   │          ├─ 固定资产收入率(营业收入/平均固定资产)
分析模板 ──┤          └─ 总资产周转率(营业收入/平均资产总额)
         │
         │          ┌─ 净利润率
         ├─ 盈利能力 ─┼─ 总资产收益率(净利润/平均资产总额)
         │          └─ 净资产收益率(净利润/平均所有者权益)
         │
         │          ┌─ 收入季度增长率(当期营业收入-上期)/上期
         ├─ 增长能力 ─┼─ 净利润季度增长率(当期净利润-上期)/上期
         │          ├─ 资产增长率
         │          └─ 股东权益增长率
         │
         ├─ 杜邦分析 ── 对各项财务指标分解
         │
         └─ KPI卡片图 ─┬─ 净资产收益率目标值 ── 展示了历史值和未来预警
```

1. COUNTROWS(`<table>`),对指定表或表达式定义的表中的行数目进行计数。

2. PREVIOUSQUARTER(<dates>)，根据当前上下文中的 Dates 列中的第一个日期返回一个表，此表包含上一季度所有日期的列。

实操作业

1. 建立四大基础财务指标；
2. 建立净资产收益率目标值的卡片图。

第二节　如何让数据产生价值

扫码观看：
如何让数据产生价值——青鸟小视频

扫码观看：
如何让数据产生价值——三步法

在介绍怎样将杜邦分析模型放进 Power BI 之后，本节我们谈一谈在数字化时代最有价值的一个主题：如何让数据产生价值，以下将介绍数据产生价值三步法。

第一步，定义业务问题。这也是财务数据分析的开始，即我们要解决"what"，其核心是定义业务问题。举个例子，如果几年前你走在街上，遇到了滴滴公司的创始人程维，他问你："你对打出租车有什么建议？"你可能会回答："早晚高峰打不到车，好不容易来个空车，还老有人跟我抢车，最好能增加出租车的数量。"但是今天像滴滴打车这些软件就依靠各种算法，给客户进行派车，在此基础上又推出了拼车这种新的业务模式去解决早晚高峰打车困难的问题。其实很多年前一些社会力量就呼吁大家同路拼车，但并没有数据基础，最终也化为一个口号。从这个例子可以看出，滴滴公司是把我们的出行数据进行了数字化，而并不仅是通过我们表达出来的增加出租车数量来解决出行的痛点。因此最重要的是判断一个业务问题是否可以定义成一个数据可分析的问题，这就要求我们具有数据思维。

第二步，数据建模与分析。数据建模与分析包括什么呢？比如，描述性统计、数据可视化、回归模型或机器学习，财务人员要不要将这些挨个都学成专家？当然不用。那你又该问了：这些我都不用学对吧？当然也不是，只是不需要都学成专家。比如数据可视化，是财务数字化转型中财务必备的技能，像现在大家会使用 Excel 一样，Power BI 就是为财务人员提供了一个可以简单上手进行数据可视化模板打造的工具。相信大家经过前面的学习,已经初步了解了 Power BI 的操作方法。

第三步,推行数据分析报告。这一步是经常被我们忽略的,因为大家常常分析完之后,可能就直接进行展示了。这个过程中缺了什么?缺了流程的改造、缺了产品的设计、缺了标准的制定。

关于流程的改造,比方说以前财务人员可能只需要拿着自己的几大报表去分析,不需要找业务人员要财务数据,或者这个月业务人员给了财务数据之后,下个月再做财务分析又需要找业务人员要数据,来来回回业务人员就烦了。实际上完成第二步的分析模型之后,找数据变成了一个每月的固定项目,但财务人员并没有正式地跟业务人员一起去改造原有提供数据的流程,所以优化流程,可以节省彼此的时间并大幅提升工作效率。

产品的设计方面,财务人员大部分并没有接触过产品管理。我们帮客户去打通业务和财务数据壁垒、设计智能管理报告的时候,都按一个思路,先用一个简单的模型去"抛砖",让业务人员找到感觉,自然就会提出更多的问题,之后我们再根据业务人员的问题继续完善报告,其实这也是产品思维"小步快跑、快速迭代"的精髓之一。它启发我们在去跟业务人员沟通的时候,千万不要想一次性就做得完美。

最后关于标准的制定,不知道各位读者有没有听说过"数据治理"这个词?经常看到一些企业在做数据治理的时候说,要先治理好数据再去做数据分析。这里其实存在一个问题,你到底要治理什么数据?在介绍"三步法"中,数据治理被放在了最后,并不是数据治理不应该做,反而是真的需要做,更要有目的性地去做,以结果导向去做。

所以在之后的章节以及自己的学习工作当中,希望大家也带着目的性继续学习。

财务指标　　杜邦分析模型　　KPI 卡片图　　数据价值　　三步法　　数据治理

即测即评

请扫描右侧二维码,进行随堂测试。

第六章

收入洞察

本章导语　　收入一般是投资人或者公司内部非常重要的分析项目，这一章我们将介绍收入洞察，并在城市、客户、产品等不同维度进行分析。本章目标模板如图 6-1 所示。

　扫码观看：
收入洞察

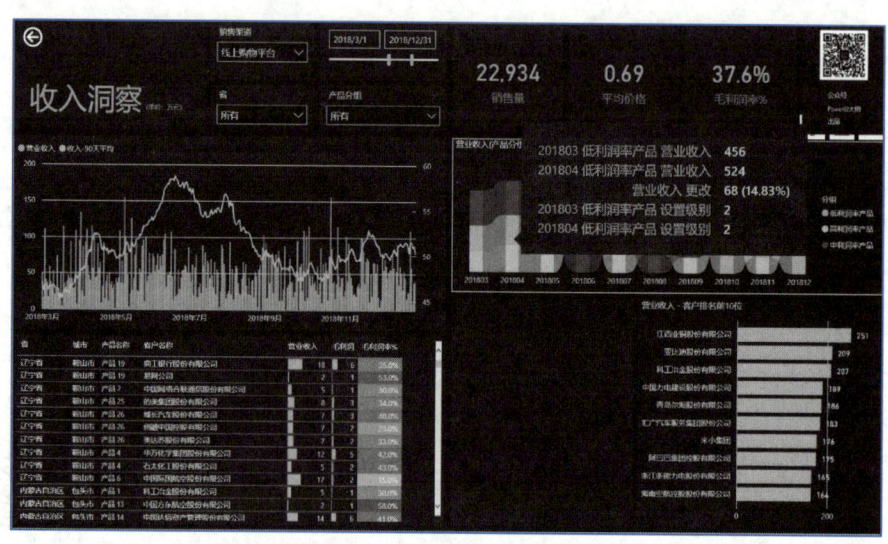

图 6-1　收入洞察目标模板

第一节　收入移动平均计算

从本章开始,我们不再使用模板来打造矩阵。收入洞察所采用的数据在之前已经导入,在此直接进入第三步,数据建模。

回到初始界面,创建"5 收入分析 度量值表",创建表的操作参照图 2-8。

如图 6-2 所示,添加切片器,【字段】为【Date】,方便后续建模筛选观察数据显示状况。

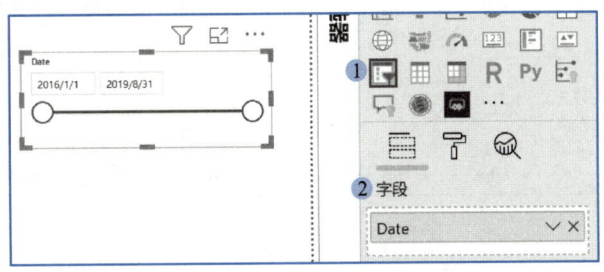

图 6-2　添加 Date 切片器

组合图

组合图是将折线图和柱形图合并在一起的复合可视化效果图。将两个图表合并为一个图表可以进行更快的数据比较,也可以节省画布空间。组合图适用于以下情况:① 具有 X 轴相同的折线图和柱形图;② 比较具有不同值范围的多个度量值;③ 在一个可视化效果中说明两个度量值之间的关联;④ 检查一个度量值是否满足另一个度量值定义的目标。

因此我们选择【折线和簇状柱形图】显示营业成本以及 90 天的平均情况。营业收入 90 天平均的公式如图 6-3 所示。

```
1  营业收入 90天平均 =
2  DIVIDE(
3      CALCULATE([营业收入],
4          DATESINPERIOD('0 日期表'[Date],
5              MAX('0 日期表'[Date]),
6              -90,day)),90)
```

图 6-3　营业收入 90 天平均公式

"DATESINPERIOD( )"是一个时间段的智能函数。它的第一个参数是日期列;第二个参数是起始日期,我们定义为 MAX(日期列),意思是比如当日期走到 2019 年 1 月 21 日的时候,MAX 就是在 1 月 21 日,将当前的值作为起点;第三个参数是时间段的大小,"-90"即往回退 90 天。最后,利用"DIVIDE(90)"得到每天平均值。

接着如图 6-4 所示。

① 选择【折线与簇状柱形图】;

② 【共享轴】为【Date】,【列】值为【营业收入】,【行】值为【营业收入 90 天平均】。

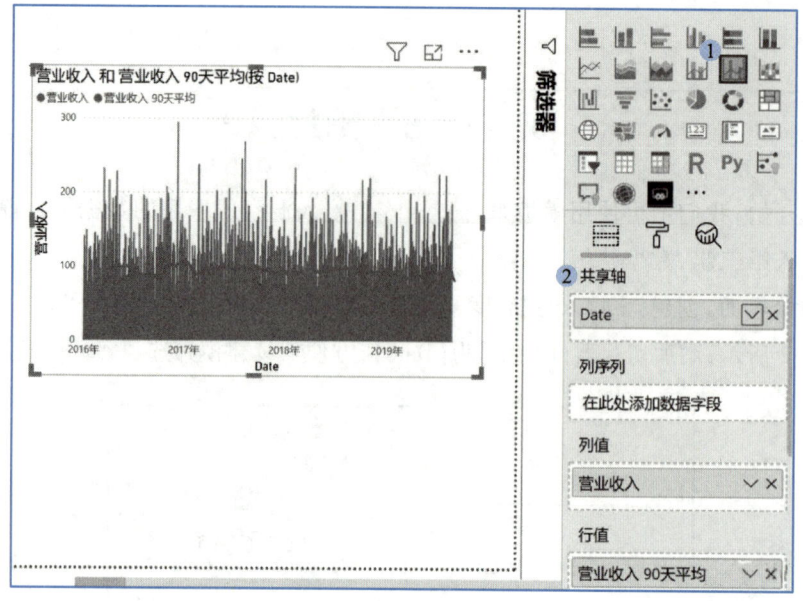

图 6-4 折线与簇状柱形图

图里就生成的一条线,就是【营业收入 90 天平均】。为了让这条线和背景的颜色区分更明显,我们修改线的默认颜色,如图 6-5 所示。

① 【格式】选项卡下【数据颜色】中将【营业收入 90 天平均】的颜色修改为黑色(颜色代码#1A1B1F);

② 在【格式】选项卡下选择【Y 轴】,将【显示次级内容】开关打开,并对次坐标轴【Y 轴(行)】限定一个范围,假设为 80~120,趋势的变化会更加明显。

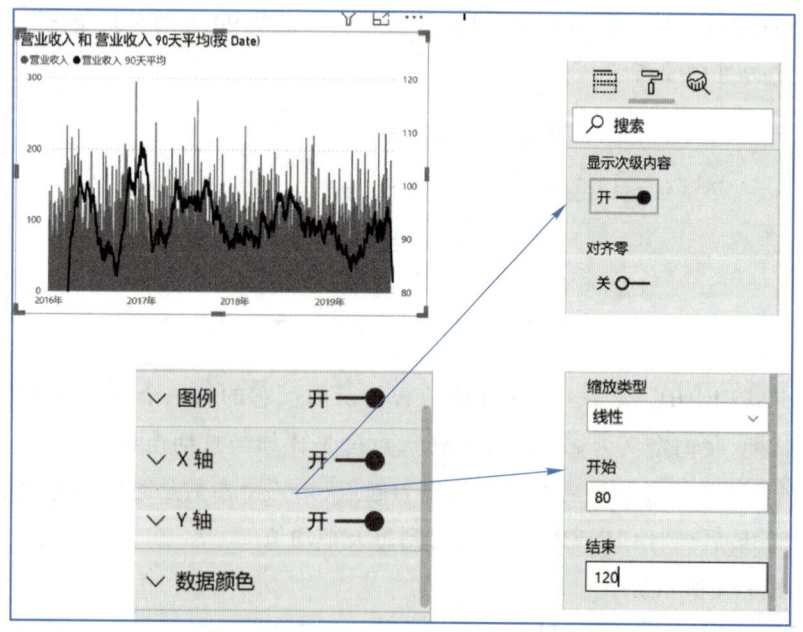

图 6-5 修改线的默认颜色

本节思维导图

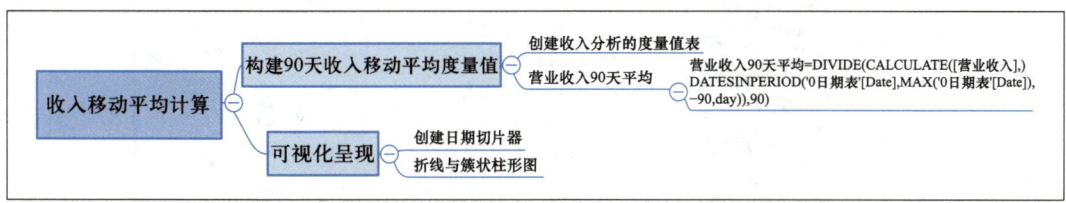

函数回顾

DATESINPERIOD(<dates>,<start_date>,<number_of_intervals>, <interval>),返回一个表,此表包含一列日期,日期以指定的日期开始,并按照指定的日期间隔一直持续到指定的数字。

实操作业

构建营业收入的30天移动平均值,并将其可视化呈现出来。

第二节　基于多业务维度的收入洞察

扫码观看：
多维度洞察

我们先来看一下针对客户的分析。

客户表里有每一位客户的名称,我们可以得到哪些客户的营业收入比较高,如图6-6所示。

① 选择【水平条形图】;

② 【轴】为【客户名称】,【值】为【营业收入】;

假如我们只想要看到实时的前10位客户有哪些,可以在筛选器里对客户名称进行筛选:

③ 点击【筛选器】,点击【客户名称】,【筛选类型】为【前N个】,【显示项目】为【上,10】。

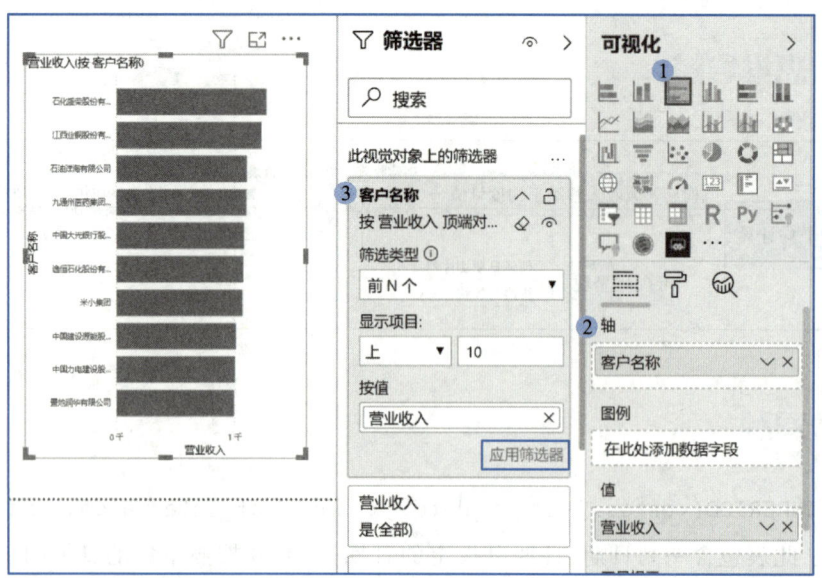

图 6-6 水平条形图

标签左边显示的效果比较密,我们可以根据自己的需要对大小、间距等进行微调。作为参照,在此把【格式】选项卡【Y 轴】的【最小类别宽度】调为"20",【最大大小】调为"46%"。

有了客户维度的分析,接下来我们可以以产品为维度做一些分析。

我们发现"0 产品表"的【产品名称】与"0 销售订单数据表"是一对多的关系,因此可以在产品表里用新建列的方法来求产品相关的参数,如毛利润率,如图 6-7 所示。

① 点击【数据】;

② 新建【列】;

③ 求毛利润率,用百分比显示。

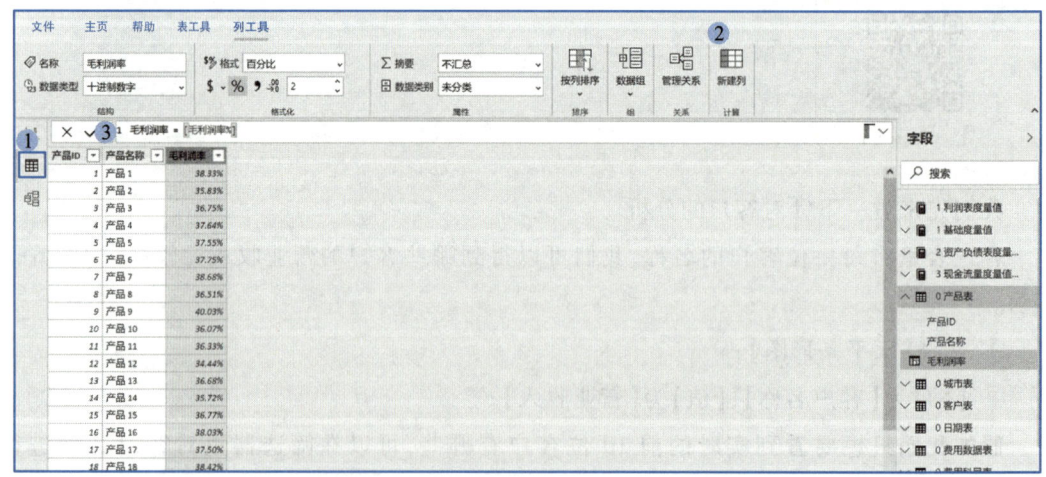

图 6-7 毛利润率

如果想基于毛利润率给产品做一个分组,该怎么来分呢?先写出【排序】的公式,公式如

图 6-8 所示。

```
1 排序 = RANK.EQ([毛利润率%],[毛利润率],ASC)
```

图 6-8　毛利率排序公式

"RANK. EQ( )"是一个排名的函数,第一个参数是值;第二个参数是列名,即毛利润;第三个参数是顺序,ASC 全拼为 ascending,即以升序排序。

设置分组也有很多种方法:

① 如图 6-9 所示,直接单击右键新建组,有一些 Power BI 自带的功能,通过列表可以自由的选择,将左边的未分组值归到右边组的名称里;

图 6-9　设置分组

② 如图 6-10 所示,DAX 公式自定义分组。这种方法比较灵活,既可以自定义分组,也可以调整排序方式。

回到建模界面,有了分组之后我们用分组做一个切片器,如图 6-11 所示,字段为【分组】,下拉箭头中将显示方式改为【下拉】。

需要用分组的方式分析的还有营业收入,这样可以看到各个利润率区间产品的收入走势,如图 6-12 所示。

① 选择【功能区图表】;

②【轴】是【年月】,【值】是【营业收入】,【图例】采用【分组】。

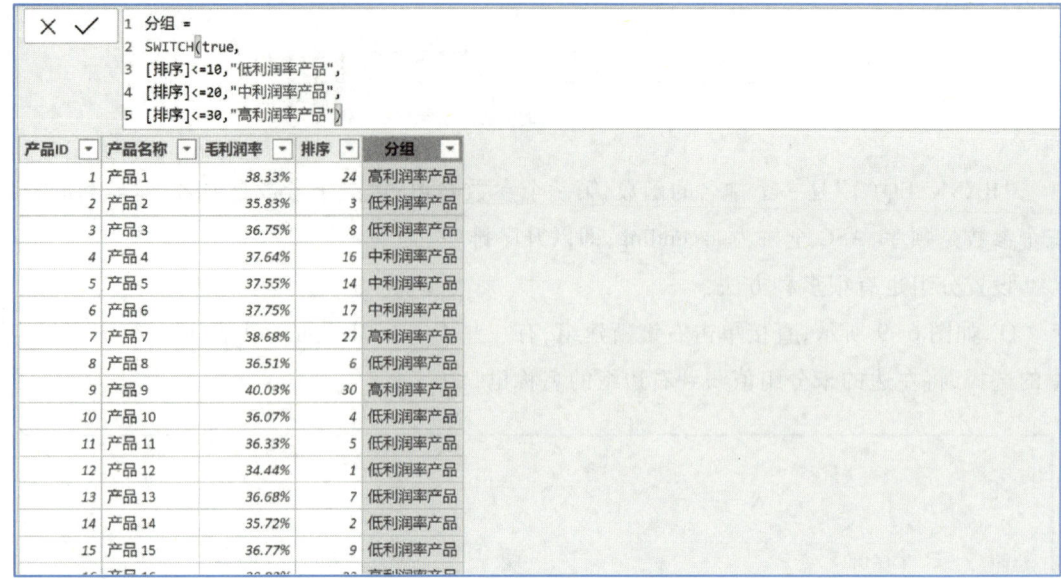

图 6-10　DAX 公式自定义分组

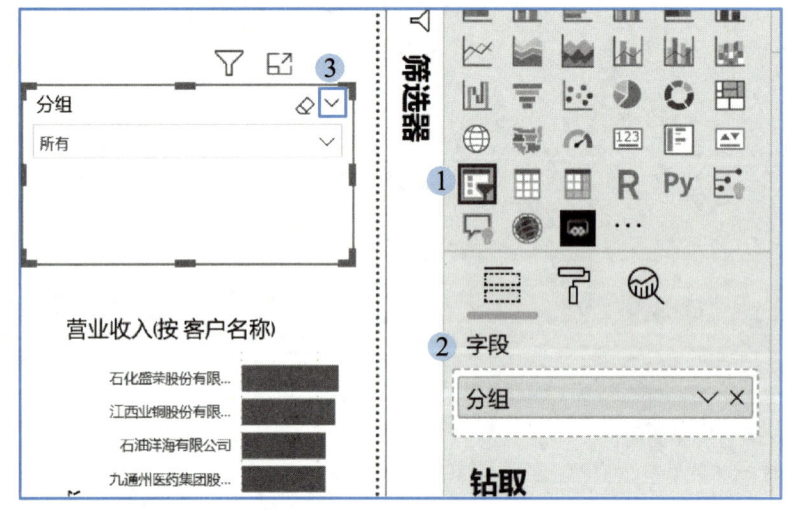

图 6-11　分组切片器

如图 6-13 所示,将格式菜单下 X 轴的【类型】调为【类别】,就可以将图表用连续的方式显示。另外,以年月升序排列,可以达到将不同利润率的产品在不同时期进行排序的目的。

有了客户、产品这些维度的对比和趋势的分析,还缺明细数据的展示,这张表放入一些想要看到明细的项目,如图 6-14 所示。

① 选择【表】;

②【值】为【省】【城市】【产品名称】【客户名称】【营业收入】【毛利润】【毛利润率%】。

第二节 基于多业务维度的收入洞察　105

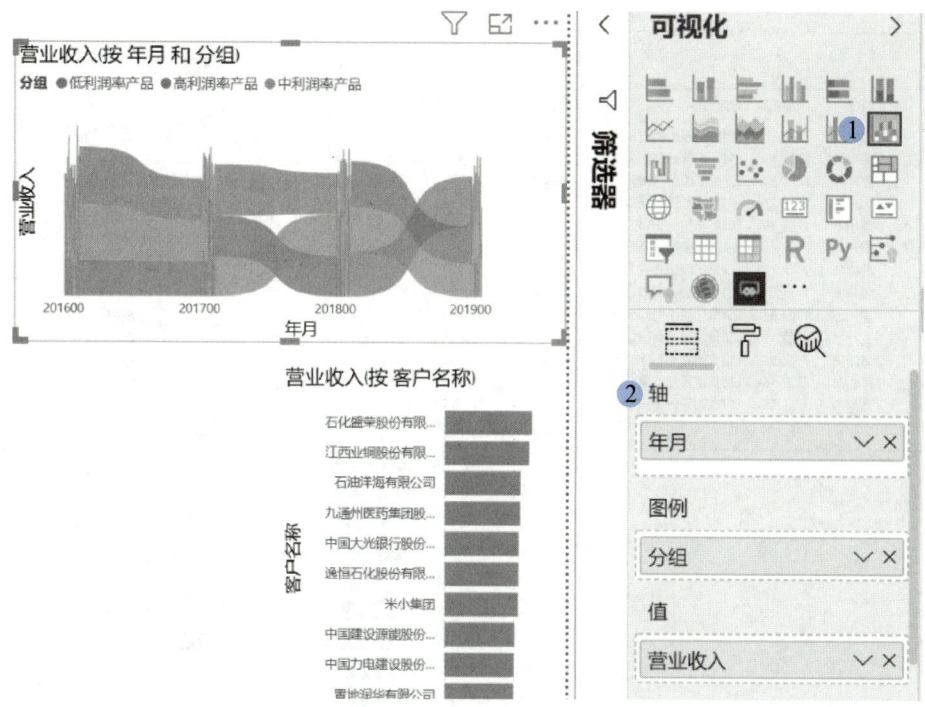

图 6-12　产品的收入走势

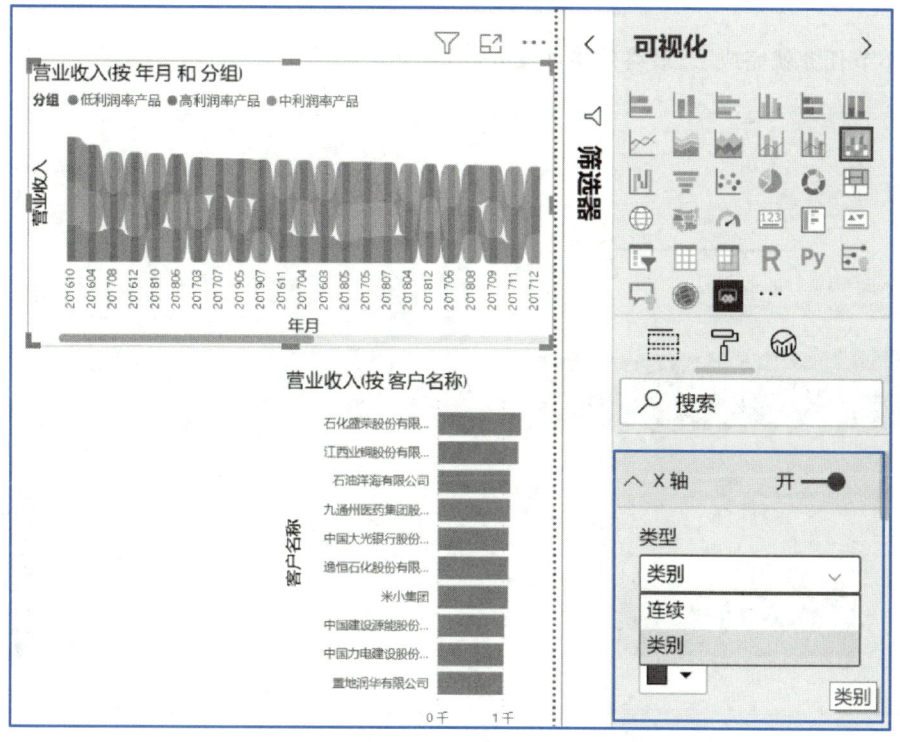

图 6-13　设置排序

第六章 收入洞察

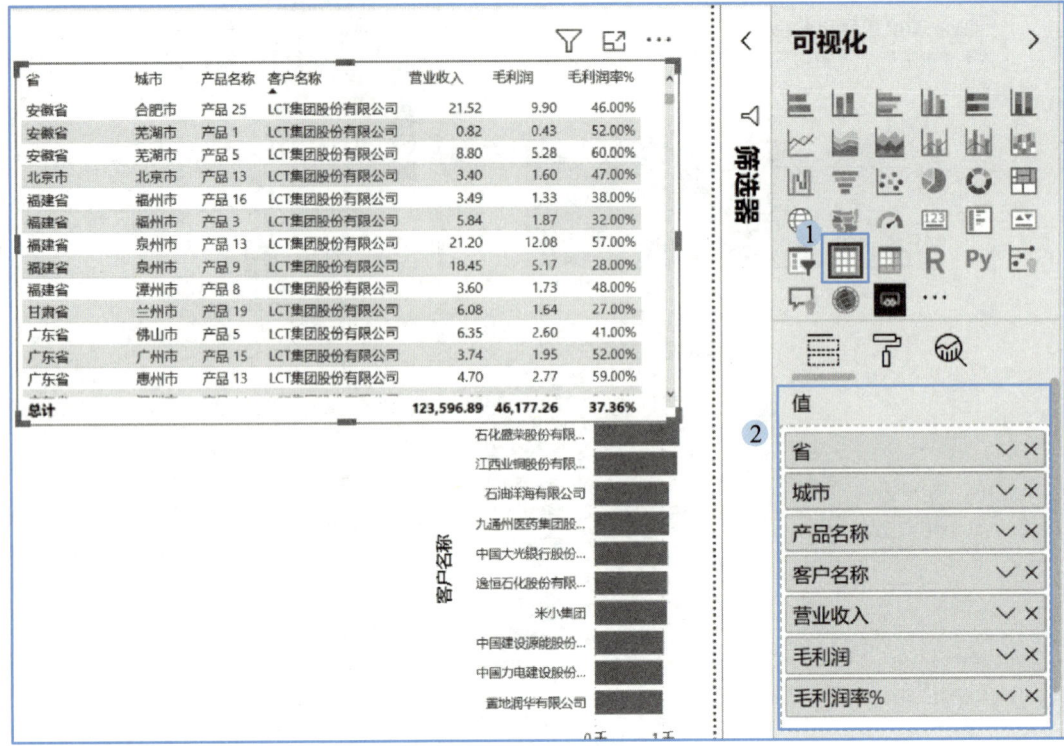

图 6-14 设置收入明细

本小节任务就完成了,最终效果如图 6-15 所示。

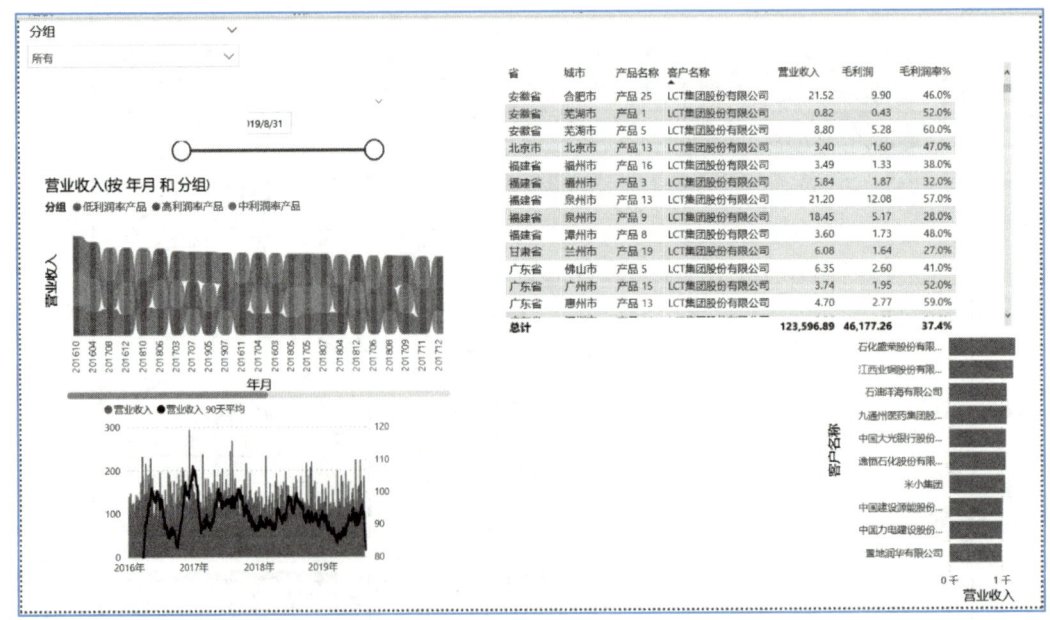

图 6-15 营业收入分析模型

本节思维导图

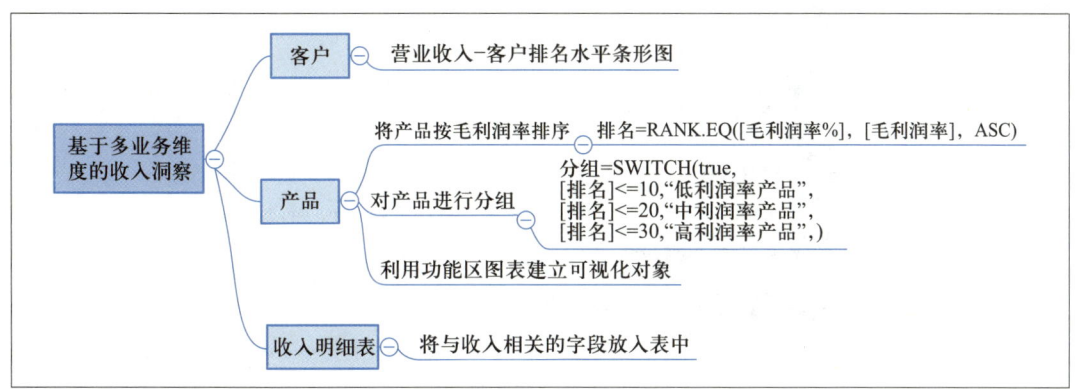

函数回顾

RANK.EQ(<value>,<columnName>[,<order>]),返回某个数字在数字列表中的排名。

实操作业

1. 尝试对产品进行不同的分组,并建立相关可视化视觉对象;
2. 创建城市、客户层面的视觉对象并创建收入明细表。

第三节 可视化输出

 扫码观看:
收入的可视化输出

最后我们来完成收入洞察的可视化输出。由于前几章已经介绍过了一些可视化小技巧,本章只做重点强调。

从这一章开始,我们将尝试使用不同主题颜色的仪表板。在案例数据文件中,找到"仪表板颜色配制(5-8).txt",文件内容如图6-16所示,记录了从第5章到第8章我们将要使用的主题颜色的色号。

第六章　收入洞察

```
仪表板颜色配置 (5-8) - 记事本
文件(F) 编辑(E) 格式(O) 查看(V) 帮助(H)
5) 收入洞察
页面背景: #1A1B1F
视觉对象背景: #2A2A2A
淡蓝色: #A8CCFE
深蓝色: #3962BC

6) 应收账款管理
页面背景: #003550
视觉对象背景: 白色 透明度90%
列标题蓝: #004F6F
行标题蓝: #0076A7
条件格式绿色: #00AEB9

7) 费用预算控制:
页面背景: #003550
矩形背景: #66C4EB 透明度50%
视觉对象背景: #00476A 透明度50%
列标题蓝: #00476A
行标题蓝: #2A90B3
条件格式绿色: #21A192
```

图 6-16　颜色色号

首先对明细表进行设计,最终效果如图 6-17 所示。

省	城市	产品名称	客户名称	营业收入	毛利润	毛利润率%
辽宁省	鞍山市	产品 19	商工银行股份有限公司	18	6	35.0%
辽宁省	鞍山市	产品 19	易网公司	2	1	53.0%
辽宁省	鞍山市	产品 2	中国网络合联通信股份有限公司	5	1	30.0%
辽宁省	鞍山市	产品 25	的美集团股份有限公司	8	3	34.0%
辽宁省	鞍山市	产品 26	城长汽车股份有限公司	7	3	40.0%
辽宁省	鞍山市	产品 26	创融中国控股有限公司	7	2	23.0%
辽宁省	鞍山市	产品 26	美达苏股份有限公司	7	2	33.0%
辽宁省	鞍山市	产品 4	华万化学集团股份有限公司	12	5	42.0%
辽宁省	鞍山市	产品 4	石太化工股份有限公司	5	2	43.0%
辽宁省	鞍山市	产品 6	中国际国航空股份有限公司	17	2	15.0%
内蒙古自治区	包头市	产品 1	科工冶金股份有限公司	5	1	30.0%
内蒙古自治区	包头市	产品 13	中国方东航空股份有限公司	2	1	58.0%
内蒙古自治区	包头市	产品 14	中国达信客产管理股份有限公司	14	6	41.0%

图 6-17　明细表

营业收入、毛利润用数据条来展示,正值为淡蓝色(颜色代码#A8CCFE),如图 6-18 所示。

毛利润率%背景色设置为,最小值为淡蓝色(颜色代码#A8CCFE),最大值为深蓝色(颜色代码#3962BC),如图 6-19 所示。

1. 切片器的可视化

首先将切片器复制几个同样的格式,制作销售渠道、省的切片器。字体颜色为白色,最终效果如图 6-20 所示。

2. KPI 卡片图的添加与可视化

添加销售量、平均价格和毛利润率的 KPI 卡片图,字体颜色为淡蓝色(颜色代码#A8CCFE),最终效果如图 6-21 所示。

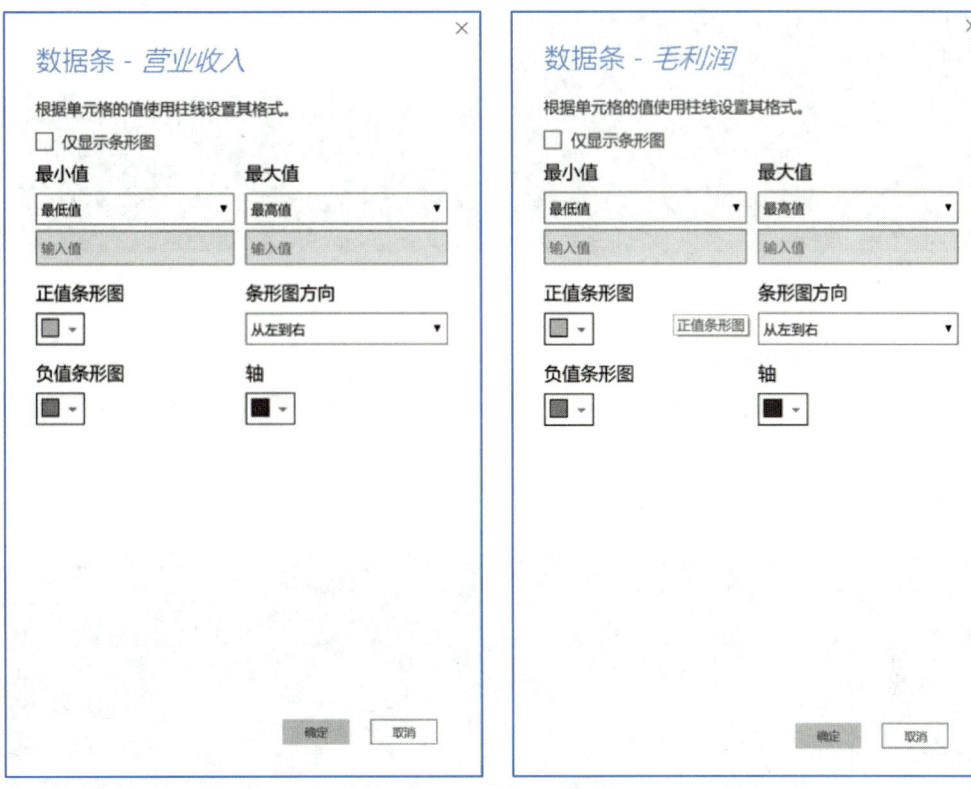

图 6-18　数据条颜色设置

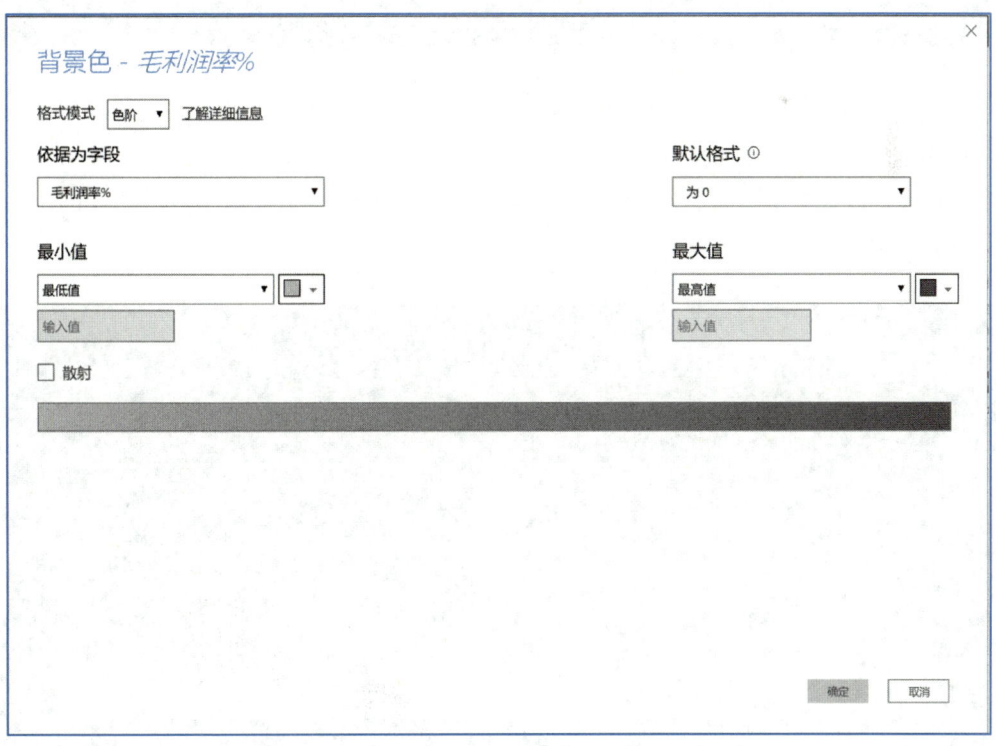

图 6-19　毛利润率背景色设置

图 6-20　销售渠道和省切片器格式

图 6-21　KPI 图设置

3. 功能区图表的可视化

关闭【轴】名称,图例显示位置可以调为【右中】显示。低利润率产品为淡蓝色(颜色代码#A8CCFE),中利润率产品深蓝色(颜色代码#3962BC),高利润率产品为黄色(颜色代码#F5D33F),最终效果如图 6-22 所示。

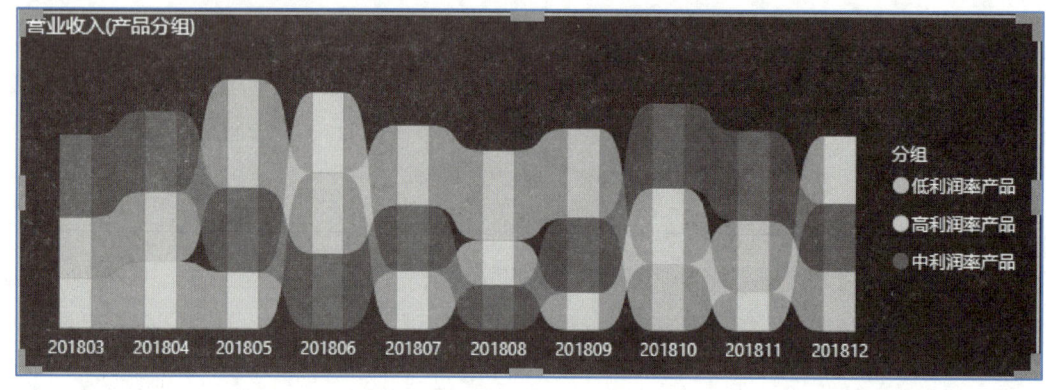

图 6-22　功能区图表的可视化

4. 折线与簇状柱形图的可视化

簇状柱形图颜色为淡蓝色(颜色代码#A8CCFE),折线颜色为黄色(颜色代码#F5D33F),最终效果如图 6-23 所示。

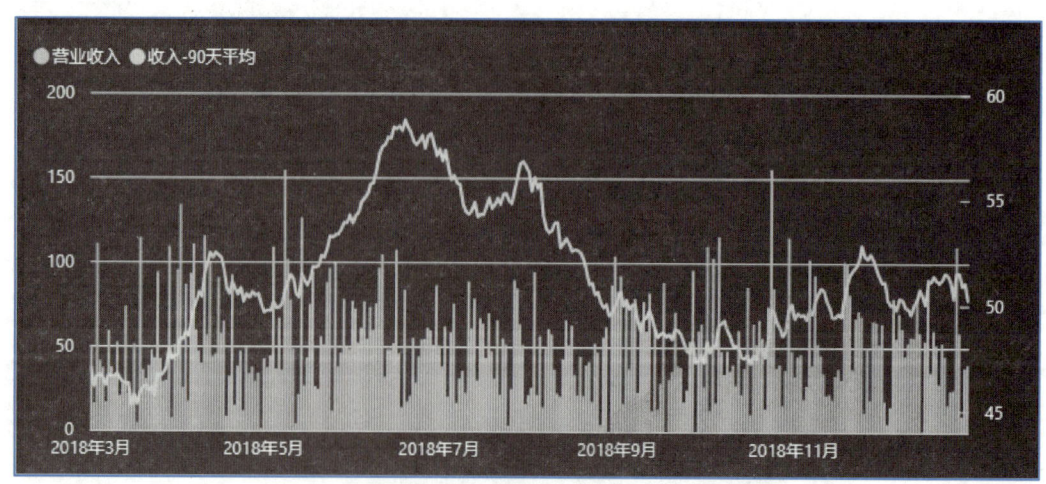

图 6-23　折线与簇状柱形图的可视化

最后调整布局,再加入标题"收入洞察分析(单位:万元)",字体颜色为淡蓝色(颜色代码#A8CCFE),最终效果如图6-1所示。

本节思维导图

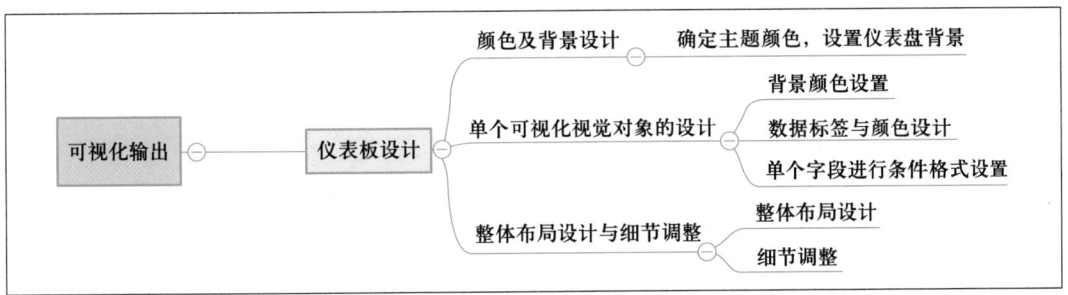

实操作业

创建自己的收入洞察仪表板。

本章关键词

组合图　　　折线　　　簇状柱形图　　　多维度分析

即测即评

请扫描右侧二维码,进行随堂测试。

第七章

应收账款管理

本章导语   这一章我们将一起来攻克应收账款的案例分析。通过此案例，我们将掌握如何通过业务发生的历史数据来推导某一时间点的值。同时，我们还会通过这个案例进行动态地分组以及根据账龄的时间进行分组的分析。

本章应收账款分析目标模板如图7-1所示。

图7-1 应收账款分析目标模板

第一节 数据准备工作

 扫码观看：
应收账款管理的数据准备

首先看一下应收账款数据的样式，如图 7-2 所示。

	A	B	C	D	E	F	G
1	发票编号	发票日期	到期日	实际收款日期	客户ID	销售渠道	发票金额
2	100003419	43697	43718		121	线下经销商	103,273.80
3	100003420	43697	43738		86	线下经销商	57,405.60
4	100010670	43695	43719		109	线下经销商	37,144.80
5	100010672	43695	43722		69	线下经销商	187,653.60
6	100010655	43693	43743		72	线下经销商	73,847.40
7	100010659	43693	43724		156	线下经销商	173,664.00
8	100010638	43691	43705	43705	3	线下经销商	20,703.00
9	100010628	43690	43720		42	线下经销商	130,449.00
10	100010631	43690	43710		161	线下经销商	67,536.00
11	100010625	43689	43704		43	线下经销商	116,580.00
12	100010615	43688	43723		24	线下经销商	16,401.60
13	100010614	43687	43746		173	线下经销商	65,124.00
14	100010592	43686	43722		112	线下经销商	141,102.00
15	100010588	43685	43722		143	线下经销商	10,130.40
16	100010581	43684	43742		140	线下经销商	180,297.00
17	100010560	43682	43708		118	线下经销商	207,673.20
18	100010553	43681	43729		83	线下经销商	40,521.60
19	100010547	43680	43700		63	线下经销商	138,448.80
20	100010541	43679	43715		43	线下经销商	74,973.00
21	100010526	43677	43736		59	线下经销商	36,662.40
22	100010531	43677	43703		100	线下经销商	79,998.00
23	100010513	43676	43720		72	线下经销商	202,608.00
24	100010485	43673	43726		150	线下经销商	36,019.20

图 7-2 应收账款数据

数据选取了销售渠道下所有发票相关的数据，包含了"发票编号""发票日期""到期日""实际收款日期"。通常到期日在发票日期之后，案例中为 10～60 天，但是由于实际收款日期是实际发生的情况，还款日可能是在发票日期与到期日之间，即在到期日之前客户提前付款；也可能正好是到期日按时付款；如果是在到期日之后，有可能是逾期。

第一步：导入数据。

在 Power BI 中获取"6 应收账款的数据.xlsx"，在编辑器里命名为"6 应收账款数据"，确认好所有信息，点击【关闭并应用】抓取数据，步骤参照图 2-2 至图 2-8。

第二步：数据准备。

确认模型，系统自动在"0 客户表"的【客户 ID】与"6 应收账款数据"的【客户 ID】之间建立了关系，没有问题，如图 7-3 所示。

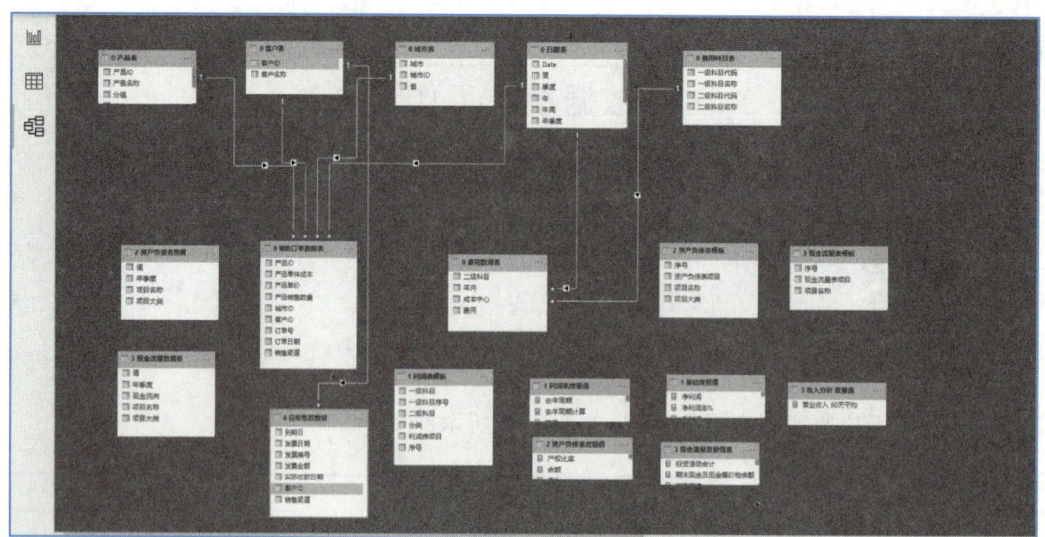

图 7-3　建立关系

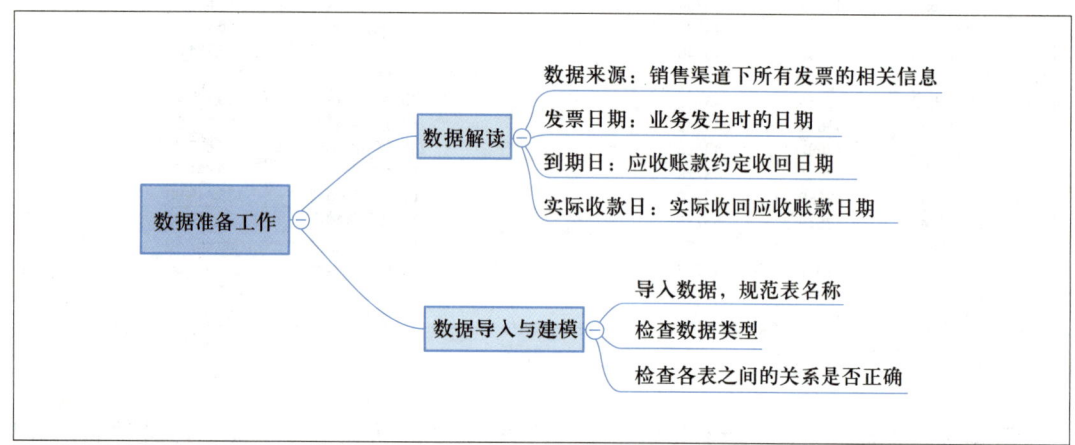

实操作业

1. 仔细观察数据表中的数据,体会数据间的联系;
2. 导入应收账款数据,做好数据准备工作。

第二节 应收账款度量值的建立

 扫码观看：
应收账款管理度量值的创建

第三步：数据建模。

首先创建"6 应收账款 度量值"表。接着如图 7-4 所示，添加一个日期的切片器，方便后续建模。由于应收账款展现的时间点是截止日，因此这次切片器选择显示【之前】的值。

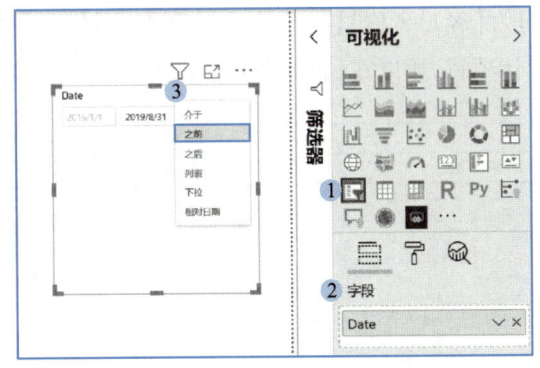

图 7-4　添加日期切片器

回到本小节的主题，我们想要计算"应收账款"。应收账款是一个时点值，而业务数据是一个发生值，所以这里在定义度量值的时候需要先定义一个时间，或直接采用"MAX( )"函数来写，公式如图 7-5 所示。

```
1  应收账款 =
2  var x=MAX('0 日期表'[Date])
3  return
4  CALCULATE(SUM('6 收款数据'[发票金额]),
5      FILTER('6 收款数据','6 收款数据'[发票日期]<=x
6      &&('6 收款数据'[实际收款日期]>x
7      ||
8      '6 收款数据'[实际收款日期]=BLANK())))
```

图 7-5　应收账款公式

先思考一下这个公式的逻辑。假设现在在 x 这个时间点，想得知截止 x 这个时间点应该收到的金额有多少，首先需要把所有已经发生的业务发票金额放进来，即发票日期要小于等于 x 的数据。另外一种情况就是在 x 时间点之后要还的或者还没有还的金额。因为这两个条件是并列的关系，所以我们用"FILTER( )"高级筛选函数。

把应收账款用卡片图来显示,如图 7-6 所示。

图 7-6　应收账款卡片图

然后添加明细表展示发票日、发票金额以及欠款天数等基本信息,如图 7-7 所示。
① 选择【表】。【值】为【客户名称】【发票编号】【到期日】【发票金额】;
② 我们并不需要合计项目,所以在【格式】选项卡里关闭【总计】;

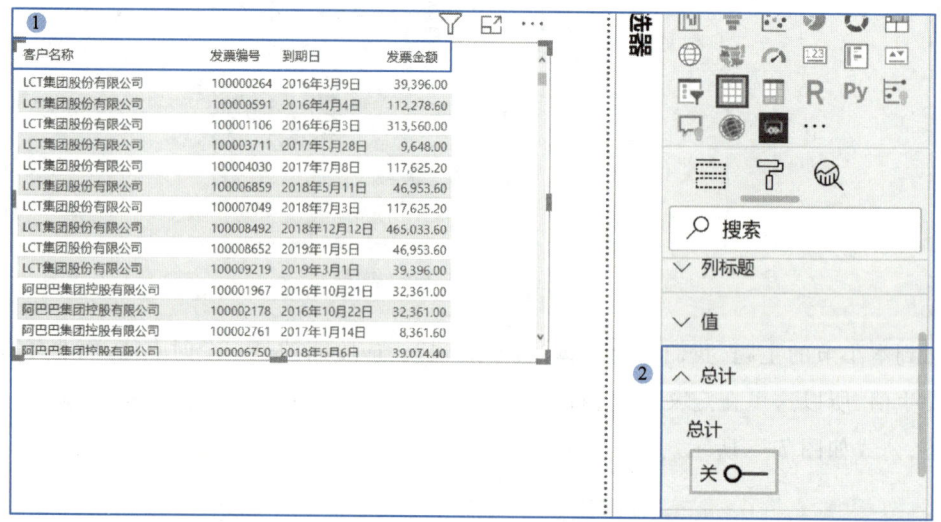

图 7-7　应收账款明细表

如果想知道欠款天数是多少,也就是对每一条发票数据,我们都想知道这张发票现在的状态是什么、欠款多少天,我们创建一个新的度量值"欠款天数",公式原文如图 7-8 所示。

```
1  欠款天数 =
2  var x=MAX('0 日期表'[Date])
3  var y=MAX('6 收款数据'[到期日])
4  var z=MAX('6 收款数据'[实际收款日期])
5  return
6  IF(y>x,0,//未到期
7      IF(z>x||z=BLANK(),DATEDIFF(y,x,day),//未收到款
8      0))
```

图 7-8　欠款天数公式

"DATEDIFF( )"函数表示当下的时间点与到期日之间的天数差,第三个参数表示日期的间隔类型是天。

③ 如图 7-9 所示,将【欠款天数】添加到表里。

图 7-9　明细表中添加欠款天数

这样就得到了欠款天数的多维度显示。

本节思维导图

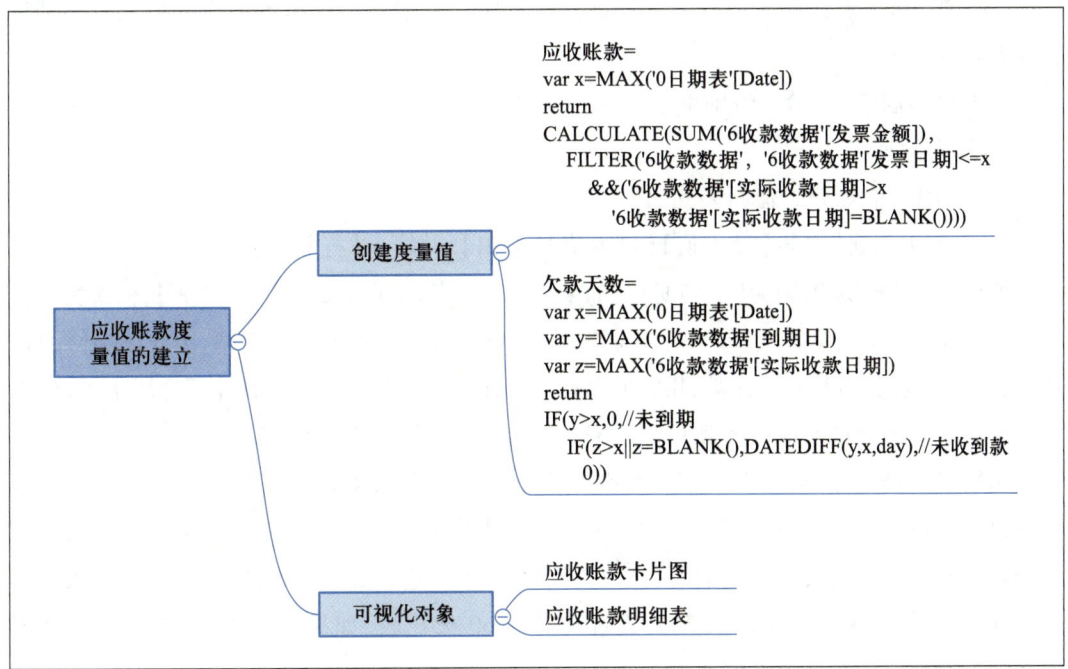

函数回顾

DATEDIFF(<start_date>,<end_date>,<interval>),返回两个日期之间跨越的间隔边界的计数。

实操作业

1. 建立度量值:应收账款和欠款天数;
2. 建立应收账款可视化项目。

第三节

账龄分析

 扫码观看:
账龄分析

所谓账龄分析就是把账期按照时间进行分组,从而清楚地知道每一张发票的欠款时间在1~30、30~60、60~90天等这样不同区间的具体分布情况。这里需要用到的工具叫辅助表或者叫参数表。

首先我们创建"账龄分组辅助表",如图7-10所示。

① 输入数据;

② 新建【6 账龄分组辅助表】;

③ 在表中创建【列】:【最小值】【最大值】【分组】,并输入【行】信息。

如果欠款天数为0,则为【未到期】。如果为1~30天,就直接命名【1~30天】,依次类推。

因为分组都为文本格式,如果需要在图例当中显示,会产生排序的问题,因此添加【序号】列。由于之后会针对每一个账龄,用它的账期去预计坏账情况,所以也添加【预计坏账率】列。

接着写一个度量值应收账款按分组来进行分组,公式如图7-11所示。

函数"FILTER()"的运算顺序是什么?首先在"6 应收账款数据"A(图7-12)里,对每一张发票进行扫描,并虚拟地存储一个值,然后计算扫描的结果,即每一张发票的欠款天数是多少。虚拟存储的值会与分组表B(图7-13)里的数据进行比较,比如说在31~60天的分组里,刚刚计算的每张发票的欠款天数就和31~60天比较,如果大于等于31且小于等于60,就归在31~60天这个组内。

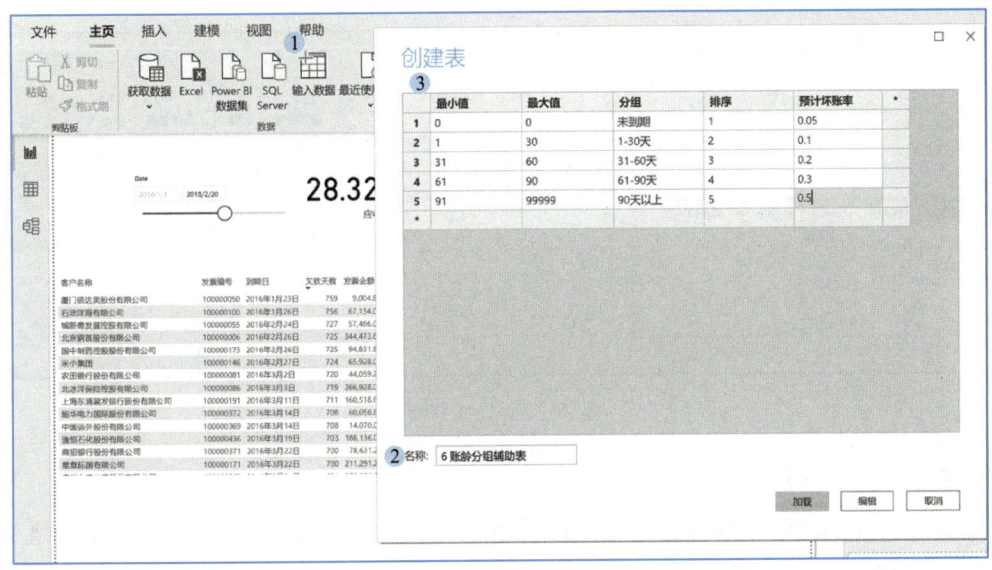

图 7-10 预计坏账率

```
1  应收账款按分组 =
2  CALCULATE([应收账款],
3      FILTER('6 收款数据',
4          [欠款天数]>=MIN('6 账龄分组辅助表'[最小值])&&[欠款天数]<=MAX('6 账龄分组辅助表'[最大值])))
```

图 7-11 应收账款按分组公式

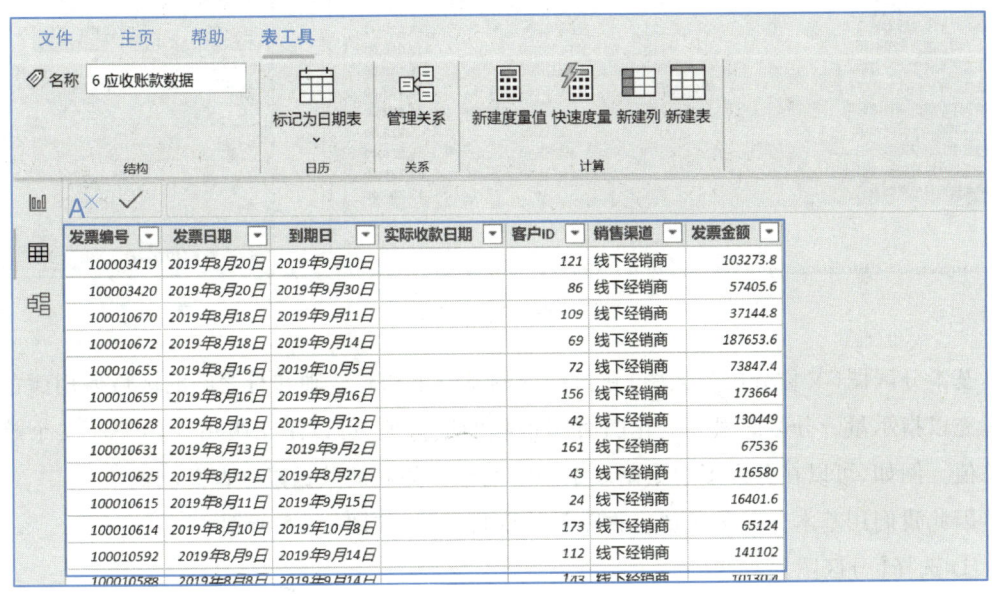

图 7-12 发票明细

为了方便后续图表的显示,如图 7-13 所示,将分组按照【排序】来排序。

接着再添加一个矩阵,看一下分组显示的效果,如图 7-14 所示,【行】为【客户名称】【发票编号】【到期日】,【列】为【分组】,【值】为【应收账款分组】。调整布局,关闭【渐变显示】以

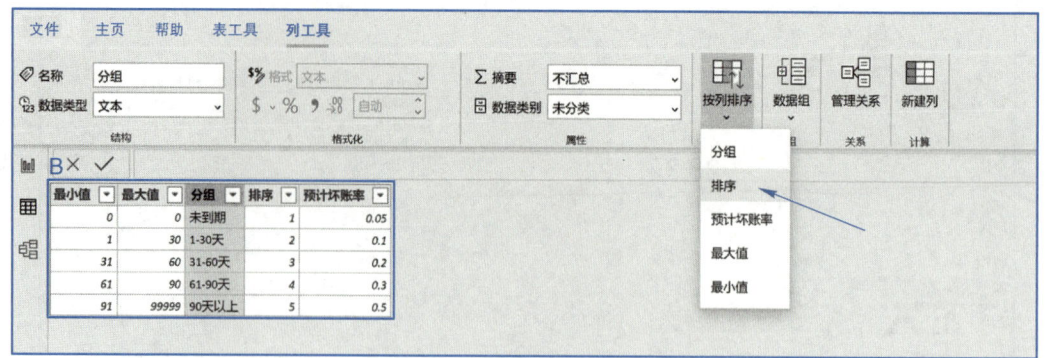

图 7-13　比较排序

及关闭【总计】【小计】。

这样矩阵中,每张发票的应收账款都按账龄分组得到了一个值,得到了每一张发票是处于什么样的账期。

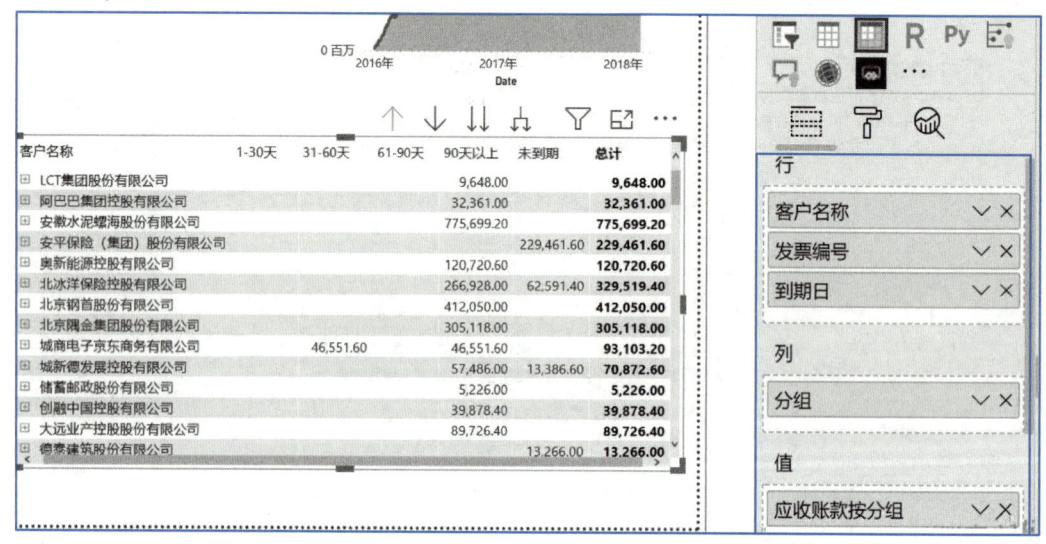

图 7-14　发票的账期

基本分区图(又称分层分区图)在折线图的基础上构建。轴和行之间的区域使用颜色进行填充以指示量。分区图强调变化随时间推移的度量值,可以用于吸引人们关注某个趋势的总值。例如,可以在分区图中绘制表示随时间推移的利润数据以强调总利润。

因此我们用基本分区图展现应收账款的变化趋势,如图 7-15 所示。

① 选择【分区图】;

②【轴】为【Date】,【图例】为【分组】,【值】为【应收账款按分组】。

刚刚创建表里写的序号,就是为了【应收账款分组】可以按照排序列进行排序。求得应收账款后,预计坏账该如何计算?我们创建【预计坏账金额】度量值,其公式如图 7-16 所示。

如图 7-17 所示,选择【卡片图】,让预计坏账的金额显示出来。

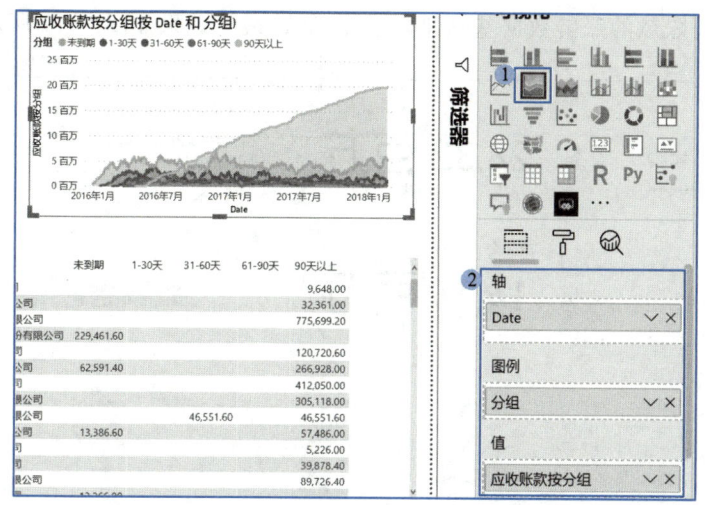

图 7-15　应收账款的变化趋势

```
1  预计坏账金额 = [应收账款按分组]*MAX('6 账龄分组辅助表'[预计坏账率])
```

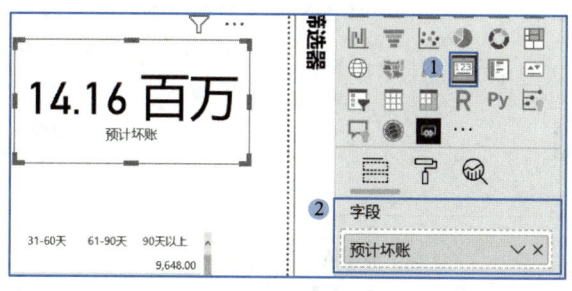

图 7-16　预计坏账金额公式

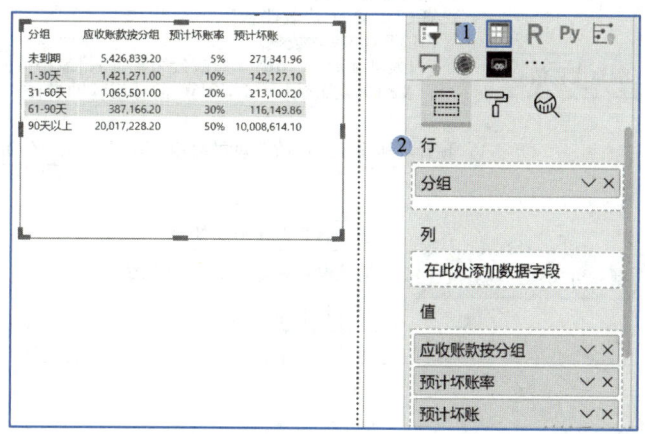

图 7-17　预计坏账卡片图

再做一个矩阵，方便我们更清晰地看到预计坏账以及坏账率，如图 7-18 所示。【行】为【分组】，【值】为【应收账款按分组】【预计坏账】【预计坏账率】，并将【预计坏账率】按照百分比显示。

图 7-18　预计坏账以及坏账率

这样，对应收账款的账龄数据基础建模就完成了，最终效果如图 7-19 所示。

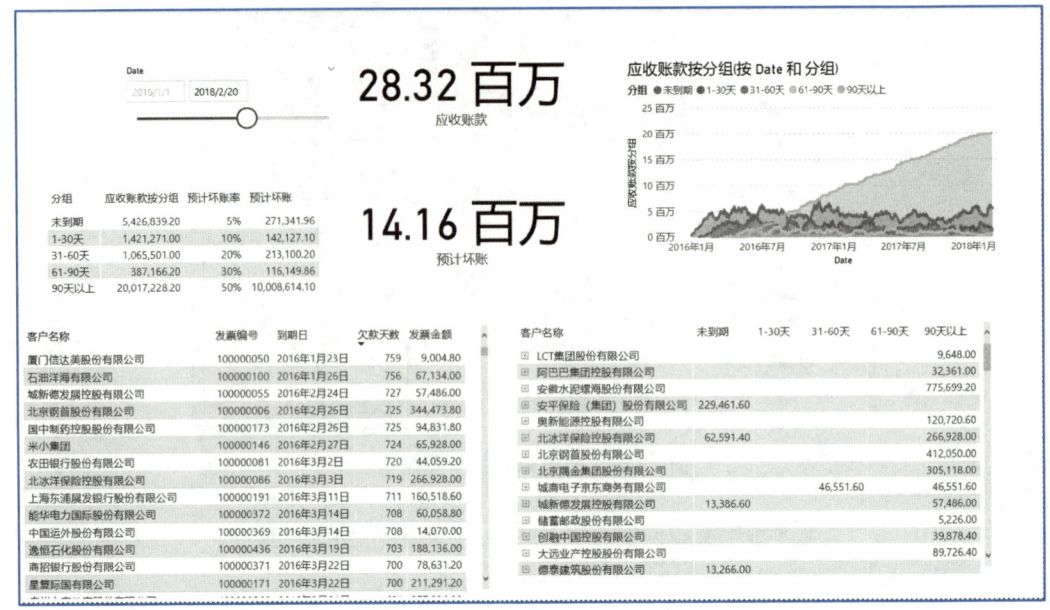

图 7-19　账龄数据基础建模

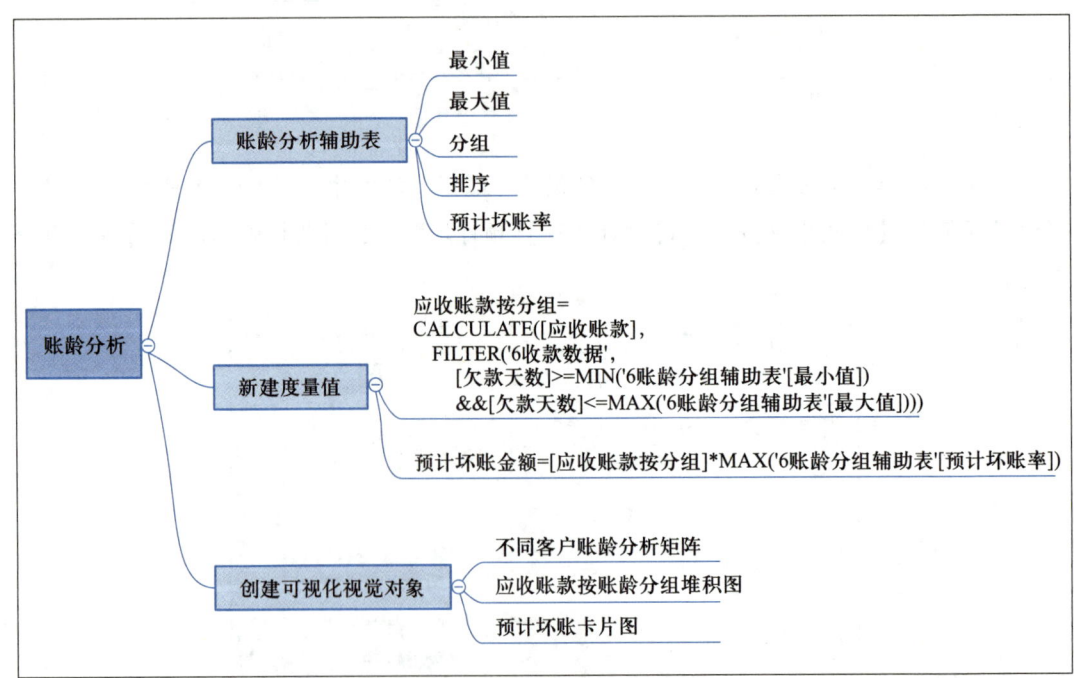

实操作业

1. 创建账龄分析辅助表；
2. 建立应收账款分组与预计坏账金额度量值；
3. 构建应收账款分析的可视化对象。

第四节 可视化输出

扫码观看：
应收账款可视化

现在进入可视化设计，调整页面背景、视觉对象背景、列标题、行标题。

首先对图 7-19 左下方的【表】进行可视化编辑。取消样式，并在【常规】中关闭【响应】。【欠款天数】【发票金额】条件格式的颜色参照图 6-16，最终效果如图 7-20 所示。

图 7-20 发票明细效果图

接下来，对图 7-19 右下方矩阵进行可视化编辑，【应收账款按分组】的背景色设置如图 7-21 所示。

完成颜色设置后，最终效果如图 7-22 所示。

然后设计预计坏账率的矩阵可视化，对应收账款（颜色代码#00AEB9）、预计坏账金额（颜色代码#FF2400）采用数据条进行突出显示，最终效果如图 7-23 所示。

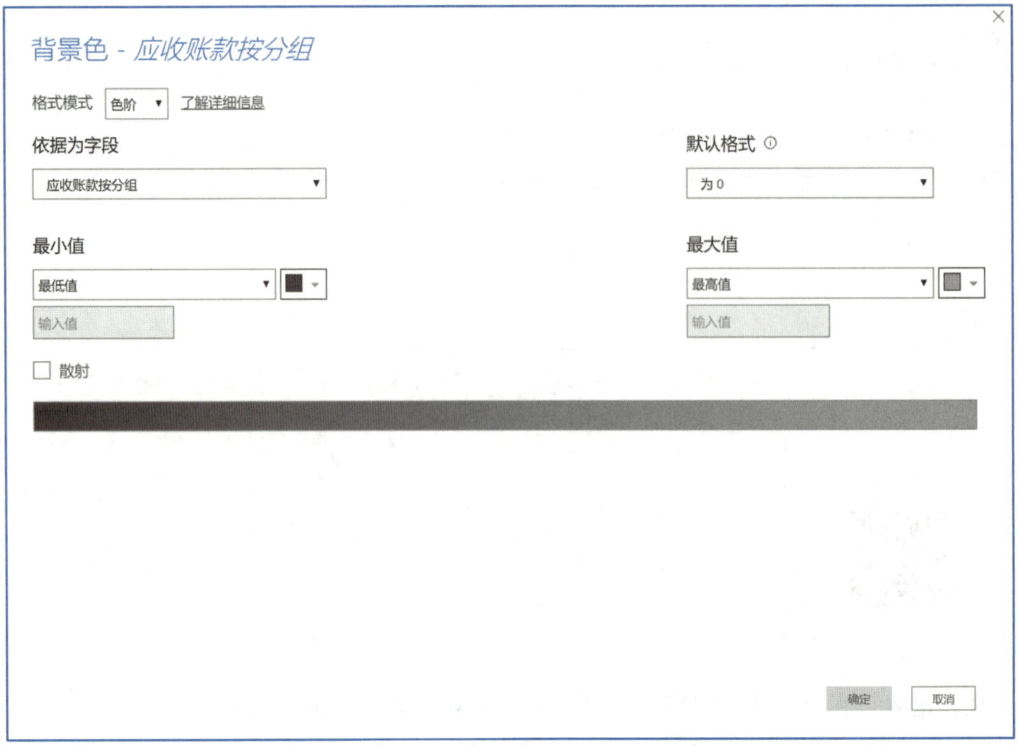

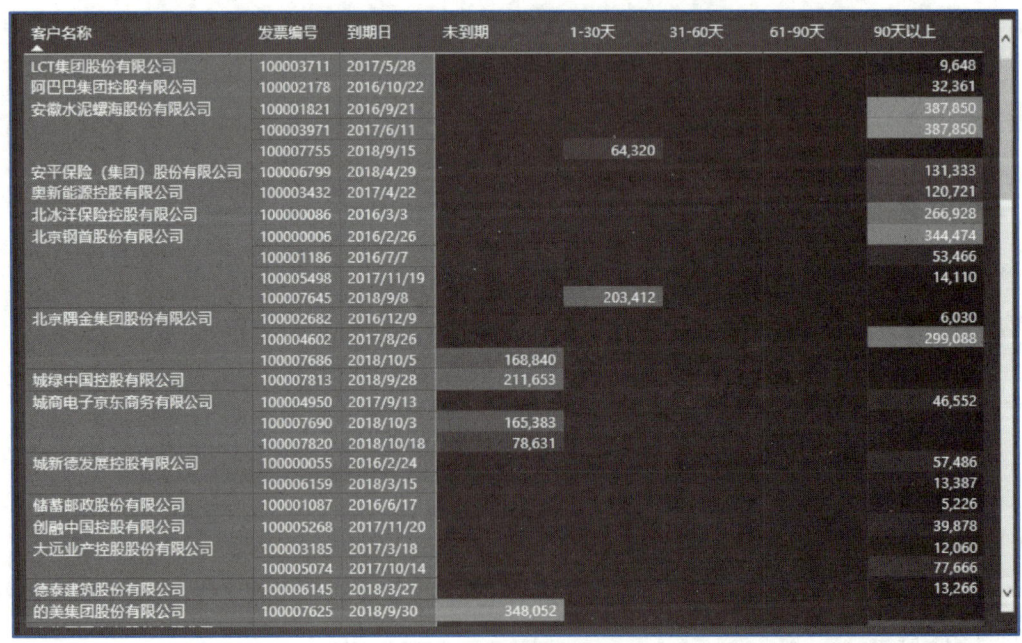

图 7-21　应收账款按分组的背景色设置

客户名称	发票编号	到期日	未到期	1-30天	31-60天	61-90天	90天以上
LCT集团股份有限公司	100003711	2017/5/28					9,648
阿巴巴集团控股有限公司	100002178	2016/10/22					32,361
安徽水泥螺海股份有限公司	100001821	2016/9/21					387,850
	100003971	2017/6/11					387,850
	100007755	2018/9/15		64,320			
安平保险（集团）股份有限公司	100006799	2018/4/29					131,333
奥新能源控股有限公司	100003432	2017/4/22					120,721
北冰洋保险控股有限公司	100000086	2016/3/3					266,928
北京钢首股份有限公司	100000006	2016/2/26					344,474
	100001186	2016/7/7					53,466
	100005498	2017/11/19					14,110
	100007645	2018/9/8		203,412			
北京隅金集团股份有限公司	100002682	2016/12/9					6,030
	100004602	2017/8/26					299,088
	100007686	2018/10/5	168,840				
城绿中国控股有限公司	100007813	2018/9/28	211,653				
城商电子京东商务有限公司	100004950	2017/9/13					46,552
	100007690	2018/10/3	165,383				
	100007820	2018/10/18	78,631				
城新德发展控股有限公司	100000055	2016/2/24					57,486
	100006159	2018/3/15					13,387
储蓄邮政股份有限公司	100001087	2016/6/17					5,226
创融中国控股有限公司	100005268	2017/11/20					39,878
大远业产控股股份有限公司	100003185	2017/3/18					12,060
	100005074	2017/10/14					77,666
德泰建筑股份有限公司	100006145	2018/3/27					13,266
的美集团股份有限公司	100007625	2018/9/30	348,052				

图 7-22　最终效果图

最后是分区图的可视化。不同的组采用相对好区分但又协调的颜色，并将 90 天以上的应收账款用红色颜色代码#FF2400 进行突出显示，最终效果如图 7-24 所示。

第四节　可视化输出　125

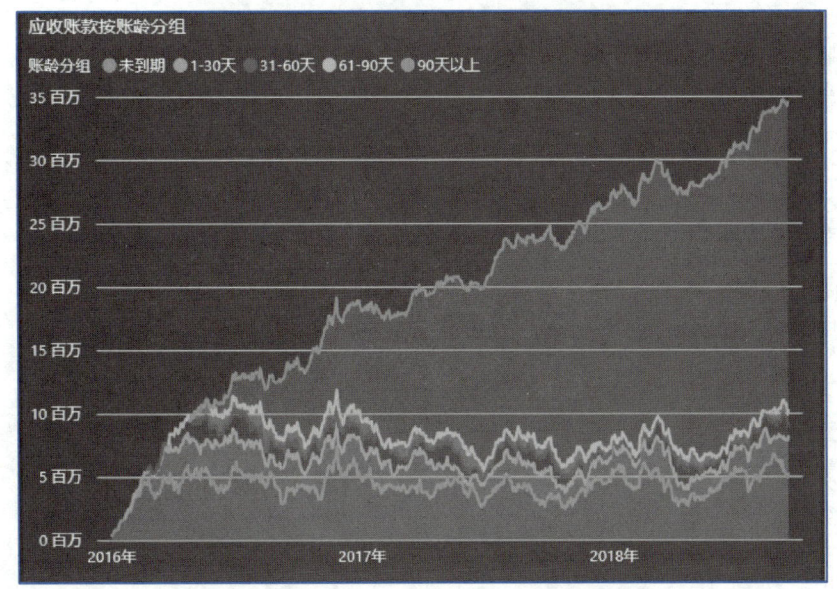

图 7-23　应收账款、预计坏账率效果图

图 7-24　应收账款按账龄分组效果图

最后添加文本框，命名为"应收账款分析"。这样应收账款分析的仪表板就完成了，最终效果如图 7-1 所示。

本节思维导图

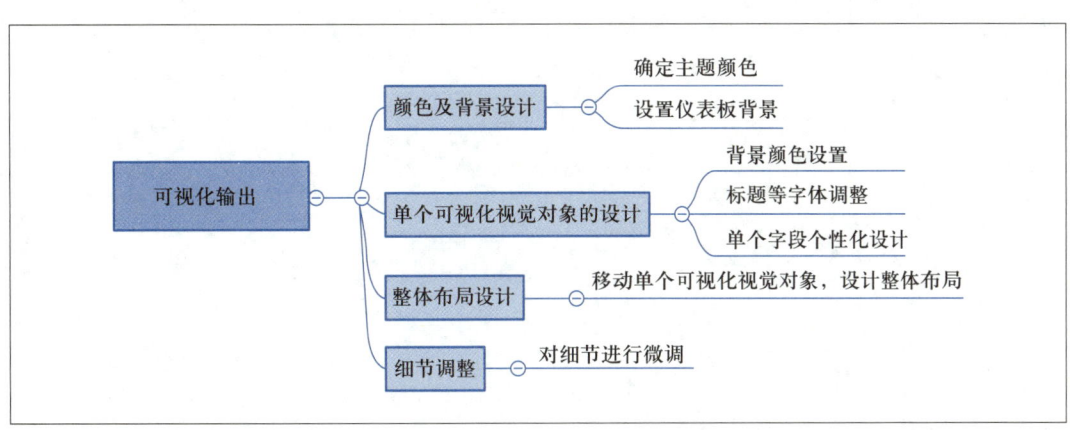

实操作业

创建自己的应收账款仪表板。

本章关键词

应收账款　　账龄分析　　辅助表　　分区表

即测即评

请扫描右侧二维码，进行随堂测试。

第八章

费用预算控制

本章导语　本章将要带领大家一起学习的案例是财务分析中常见的一种应用场景——费用预算。很多 FP&A 和 Finance BP 的财务分析角色都会有进行预算控制分析的任务，也就是实际值与目标值的对比分析。往往很多人用 Excel 来完成这项浩大的工程，但其实用 Power BI 可以最精准、最有效地实现预算对比分析，因为很多操作都可以智能地通过 DAX 公式来完成。本章案例的难度上升了一个层次，费用预算控制目标模板如图 8-1 所示。

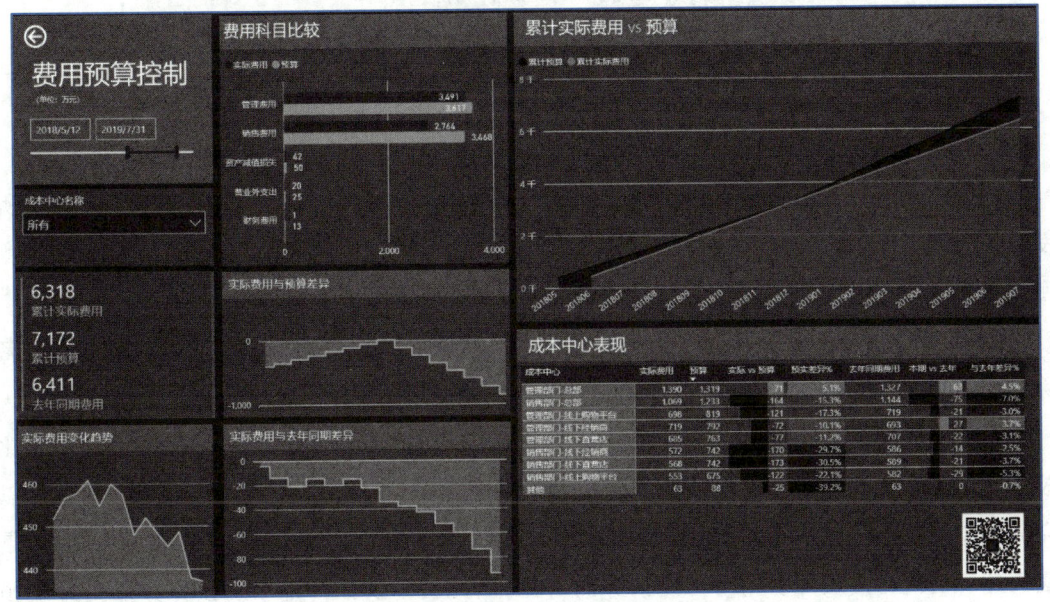

图 8-1　费用预算控制目标模板

第一节 数据准备工作

 扫码观看：
费用预算的数据准备

先看一下数据源，如图8-2所示，"7成本中心"数据表里包含了"成本中心""成本中心名称"以及"分类"。

成本中心	成本中心名称	分类
10010	销售部门-总部	共享成本中心
10011	销售部门-线上购物平台	线上购物平台
10012	销售部门-线下直营店	线下直营店
10013	销售部门-线下经销商	线下经销商
20010	管理部门-总部	共享成本中心
20011	管理部门-线上购物平台	线上购物平台
20012	管理部门-线下直营店	线下直营店
20013	管理部门-线下经销商	线下经销商
30010	其他	共享成本中心

图8-2 7成本中心数据表

原来财务基础数据的费用数据表里也包含了成本中心代码、各个科目及其在各个月所发生的费用，因此成本中心表和费用数据表可以建立一个一对多的关系，我们不仅可以知道哪些科目发生的费用是多少，还可以知道具体是在哪个部门产生的费用。

另外一张表如图8-3所示，在"7费用预算"数据表的费用预算当中也有"成本中心名称"，也可以与"成本中心"建立一对多的关系。

为什么说我们这个案例的难度上升了一个层次呢？因为这里的预算是年度预算。只比较年度实际费用与年度预算非常简单：添加两个度量值，与日期表建立关联，很容易就可以完成对比分析。但是本章的案例目标是打造月度的对比。虽然数据源里是年度预算，但是我们还要实现月度实际费用与月度预算的对比，因此会涉及如何把年度预算分摊到月度预算中去，这也是实际中财务分析会经常碰到的场景。

第一步：数据导入。

首先导入数据，步骤参照图2-2至图2-4。先获取"费用预算"的数据，命名为"7费用预算"，并将第一行设置为标题，并对"7费用预算"进行逆透视，将【属性】重命名为"年"，操作步骤参照图2-7。

	A	B	C	D	E	F	G
1	成本中心名称	一级科目	2016	2017	2018	2019	
2	销售部门-总部	销售费用	800	1,000	800	1,200	
3	销售部门-线上购物平台	销售费用	400	600	400	700	
4	销售部门-线下直营店	销售费用	550	500	500	700	
5	销售部门-线下经销商	销售费用	450	500	500	700	
6	管理部门-总部	销售费用	20	10	20	10	
7	管理部门-总部	管理费用	1,000	1,200	900	1,200	
8	管理部门-线上购物平台	销售费用	20	10	20	10	
9	管理部门-线上购物平台	管理费用	600	600	500	800	
10	管理部门-线下经销商	销售费用	20	20	20	20	
11	管理部门-线下经销商	管理费用	550	600	450	800	
12	管理部门-线下直营店	销售费用	10	10	10	10	
13	管理部门-线下直营店	管理费用	500	700	600	600	
14	其他	财务费用	10	10	10	10	
15	其他	资产减值损失	40	40	40	40	
16	其他	营业外支出	20	20	20	20	

图 8-3　7 费用预算数据表

获取"成本中心"表，重命名为"7 成本中心"。并将"7 费用预算"和"7 成本中心"放入"0 基础数据表"文件夹下。

回到初始界面，输入数据，创建"7 费用预算度量值表"，操作步骤参照图 2-13。

第二步：数据准备。

确认模型关系，如图 8-4 所示，"7 费用预算"的【成本中心名称】与"7 成本中心"的【成本中心名称】建立了关联。"7 成本中心"的【一级科目】与"0 费用科目表"当中的【一级科目】也可以拖拽建立关系。

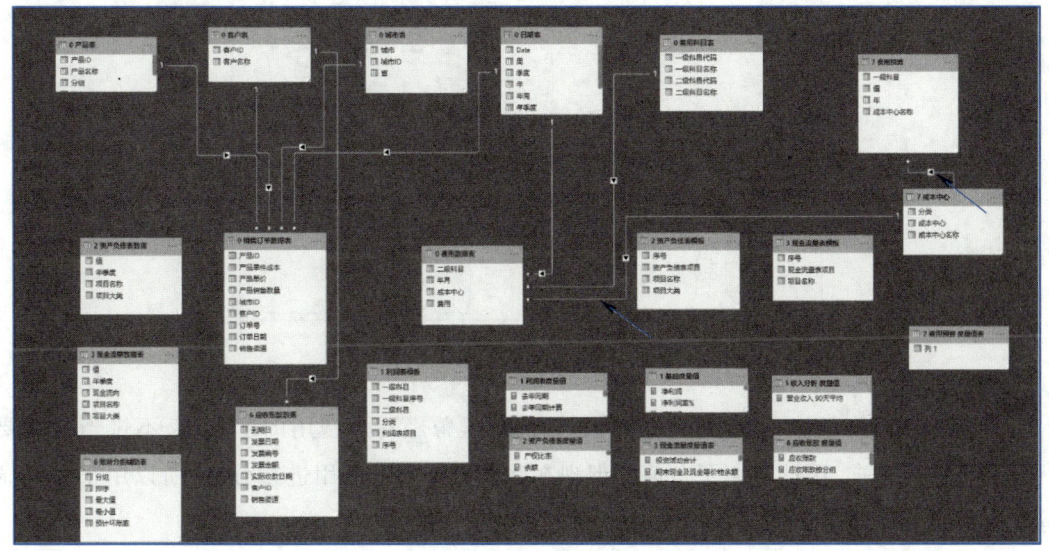

图 8-4　关系建立

本节思维导图

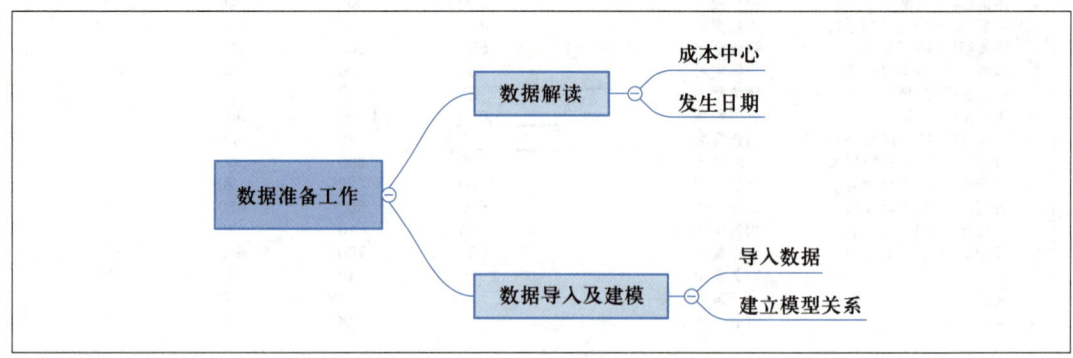

第二节 累计实际与目标值的对比分析

扫码观看：
费用预实分析

首先建立一个 Date 切片器，方便筛选数据，如图 8-5 所示。

图 8-5　添加 Date 切片器

然后写基础度量值。我们在制作利润表的时候曾经写过费用的度量值，不过当时需要考虑正负数的方向，因此采用了负值。但现在我们只需要对费用进行分析，所以用正值来显示。实际费用的度量值公式如图 8-6 所示。

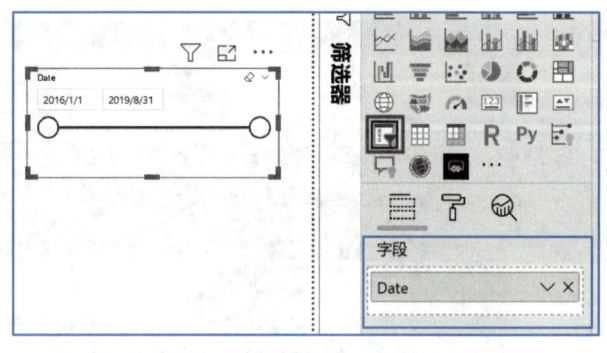

图 8-6　实际费用公式

接着求预算,公式如图 8-7 所示。

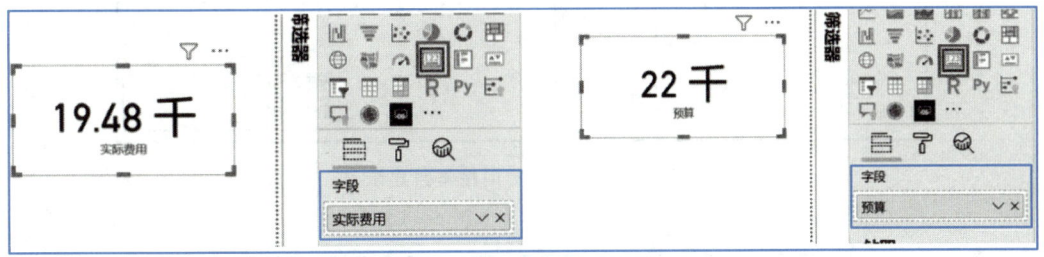

图 8-7　预算公式

如图 8-8 所示,用卡片图来显示"实际费用"和"预算"。

图 8-8　实际费用与预算的卡片图

如图 8-9 所示,【预算】是每一年预算的加总,是一个累计值。

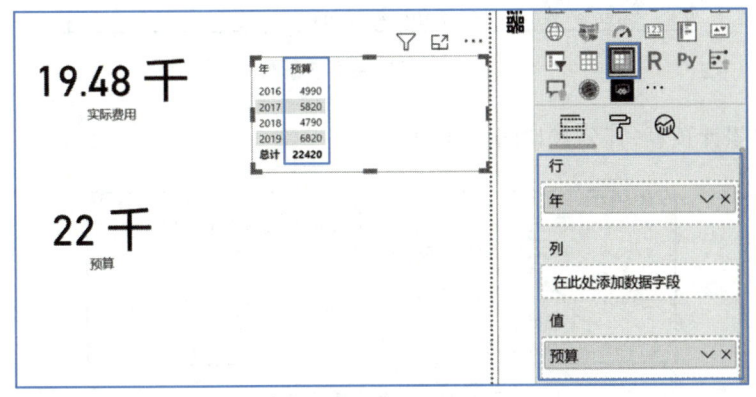

图 8-9　预算累计值

我们来看一下实际费用的计算逻辑。实际费用以月为单位单独记录。把图 8-9 矩阵中的【行】换成【年月】、【实际费用】添加到【值】。看一下图 8-10 的结果,我们选择的日期为"2016 年 12 月 31 日"到"2017 年 10 月 31 日",但我们的数据并没有包含 2016 年 12 月份的数据。这是因为数据源是每月的第 1 天开始才计入当月的费用,所以这里的数字有了空白。

该怎样在这个基础上把实际费用也修改成累计值呢?更改的公式如图 8-11 所示。

这里定义了两个时间点,一个是起始日期,一个是截止日期。起始日期为 FIRSTDATE,也可以用 MIN;截止日期用 LASTDATE 或者 MAX。函数 DATESBETWEEN 对时间段进行限定,直接求得累计实际费用。由于我们在某一段时间内求结果,所以上下文受年月的影响,而【年月】会对【实际费用】进行时间上的筛选,因此需要利用 ALL 函数来解除筛选。

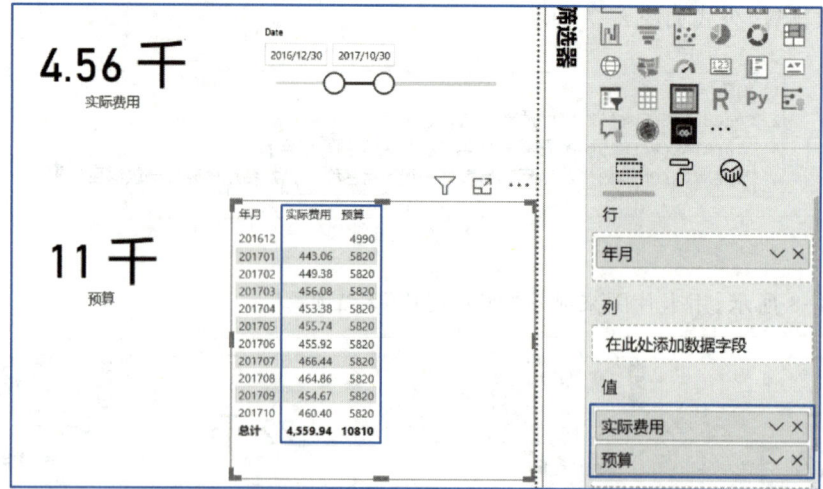

图 8-10　实际费用按年月显示

```
1  累计实际费用 =
2  var x=CALCULATE(FIRSTDATE('0 日期表'[Date]),all('0 日期表'[年月]))
3  var y=LASTDATE('0 日期表'[Date])
4  
5  return
6  CALCULATE([实际费用],
7      DATESBETWEEN('0 日期表'[Date],x,y))
```

图 8-11　累计实际费用公式

接下来求累计预算，其公式如图 8-12 所示。

```
1  累计预算 =
2  var x=CALCULATE(FIRSTDATE('0 日期表'[Date]),ALL('0 日期表'[年月]))
3  var y=LASTDATE('0 日期表'[Date])
4  
5  return
6  CALCULATE([预算],
7      DATESBETWEEN('0 日期表'[Date],x,y))
```

图 8-12　累计预算公式

回到矩阵，如图 8-13 所示，看一下显示的效果。

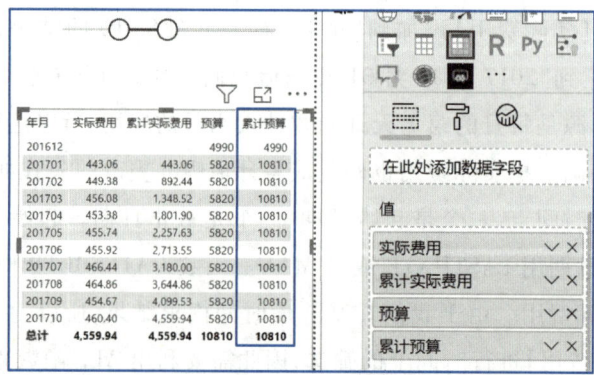

图 8-13　累计预算效果

累计预算显然有一些问题,也就是我们之前提到的年度预算与月度预算的匹配问题:如何把年度累计的预算值分摊到每个月?如图8-14所示,维持函数 CALCULATE 中的时间段不变,再添加函数 SUMX 计算日期表当中的【年月】。VALUES('0 日期表'[年月])可以返回时间段内所有的不重复的【年月】,再用 SUMX 对这一列进行计算。计算的结果依然是年度预算,所以除以12。

```
1  累计预算 =
2  var x=CALCULATE(FIRSTDATE('0 日期表'[Date]),ALL('0 日期表'[年月]))
3  var y=LASTDATE('0 日期表'[Date])
4
5  return
6  CALCULATE(
7      SUMX(VALUES('0 日期表'[年月]),
8      [预算]/12),
9      DATESBETWEEN('0 日期表'[Date],x,y))
```

图 8-14　月度累计预算公式

如图8-15,回到矩阵,会发现结果发生了变化,年度预算也已经分摊到了月度上。

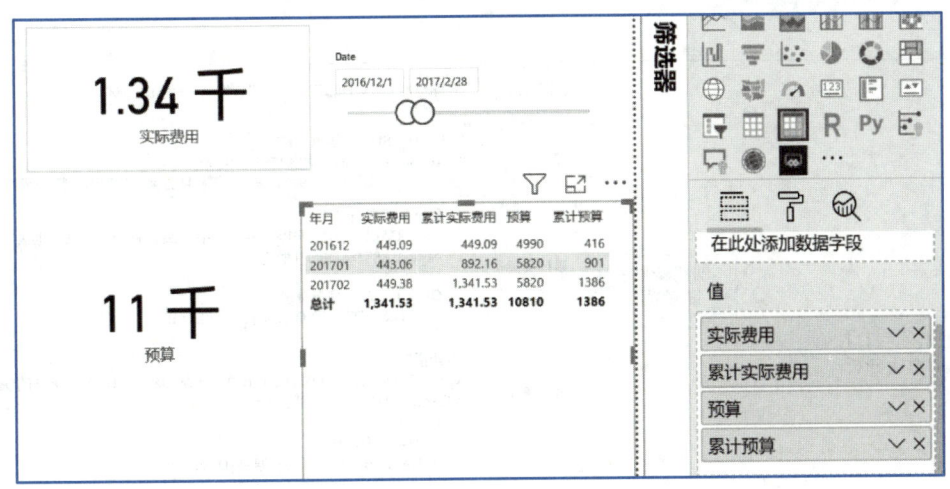

图 8-15　月度预算效果

基于【累计实际费用】和【累计预算】度量值,可以做一张图进行累计值趋势的比较,如图8-16所示。

① 选择【分区图】;
② 【轴】为"0 日期表"的【年月】;
③ 【值】为【累计预算】和【累计实际费用】;
④ 【轴】可以调整为以类别排序并以【年月】升序。

这样分区图就可以清楚地告诉我们对比结果,从图8-16可以看到,累计实际费用与累计预算在2月有了交叉点,交叉点之后的累计实际费用低于累计预算。

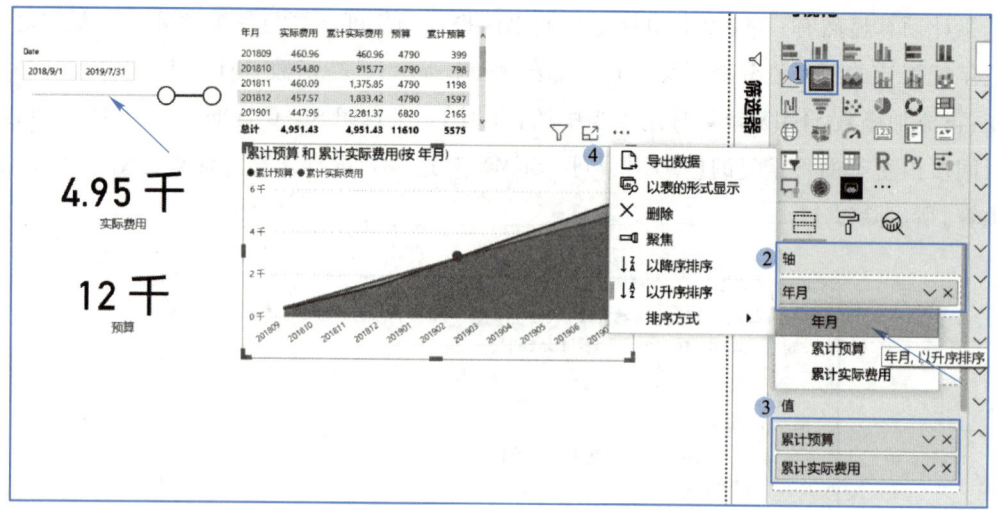

图 8-16　累计值趋势的比较

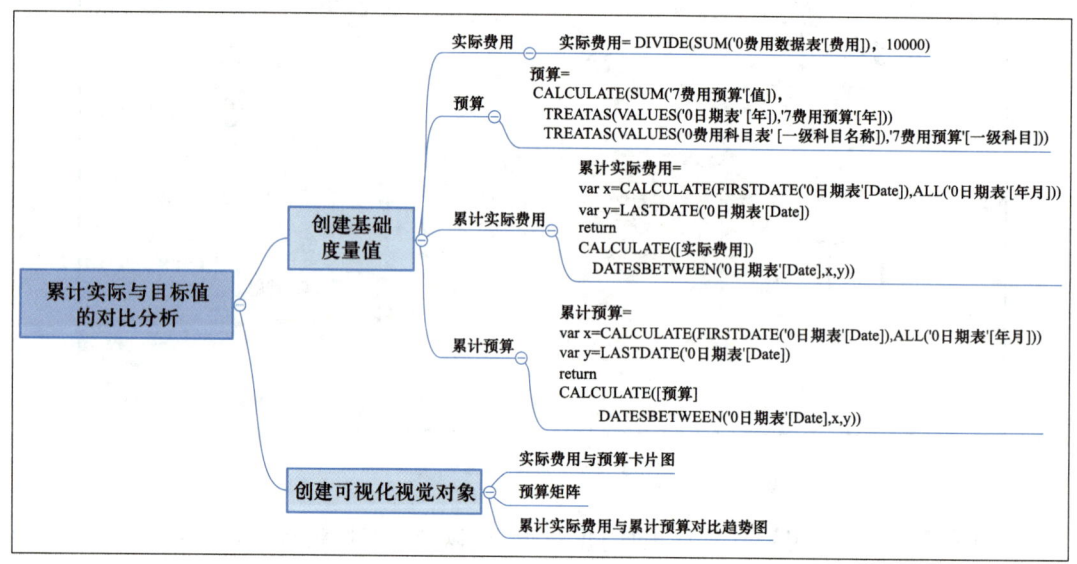

函数回顾

1. FIRSTDATE(<dates>)，返回当前上下文中指定日期列的第一个日期。
2. LASTDATE(<dates>)，返回当前上下文中指定日期列的最后一个日期。
3. ALL，返回表中的所有行或列中的所有值，同时忽略可能已应用的任何筛选器。此函数对于清除表中所有行的筛选器以及创建针对表中所有行的计算非常有用。
4. DATESBETWEEN(<dates>, <start_date>, <end_date>)，返回一个包含一列日期

的表,这些日期以指定开始日期,一直持续到指定的结束日期。此函数适合作为筛选器传递给 CALCULATE 函数。可用它来按自定义日期范围筛选表达式。

实操作业

1. 建立度量值:实际费用、预算、累计实际费用、累计预算;
2. 建立费用预算的可视化项目。

第三节　多维度差异分析

扫码观看:
费用多维度分析

本节通过其他维度进行费用科目间的比较。

针对费用科目表已经建立的实体关系和虚拟关系,如图 8-17 所示,选择条形图,【轴】为【一级科目名称】,【值】为【累计预算】和【累计实际费用】。

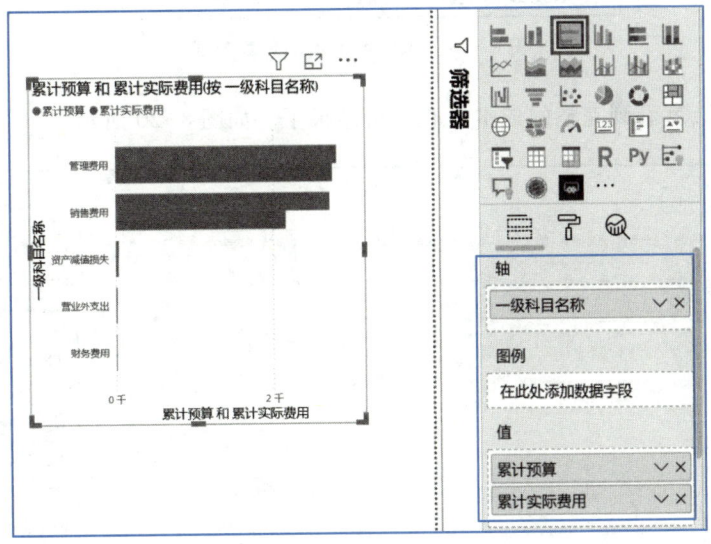

图 8-17　费用科目对比

对于成本中心的比较,如图 8-18 所示,选择矩阵,【行】为【成本中心名称】,【值】为【累计实际费用】【累计预算】。

为了更清楚地看到各个维度的值,还需要定义其他的度量值,差异-预算、累计去年同期实际费用、差异-去年同期、差异百分比-预算、差异百分比-去年同期,其公式如图 8-19 所示。

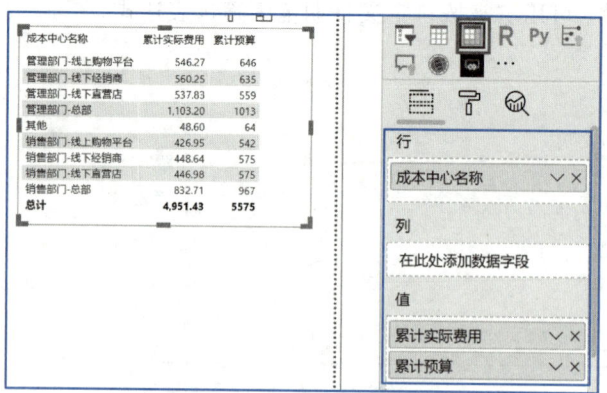

图 8-18 成本中心累计对比

```
1  差异-预算 = [累计实际费用]-[累计预算]

1  累计去年同期实际费用 =
2  var x=CALCULATE(FIRSTDATE(
3      SAMEPERIODLASTYEAR('0 日期表'[Date])),
4      ALL('0 日期表'[年月]))
5  var y=LASTDATE(
6      SAMEPERIODLASTYEAR('0 日期表'[Date]))
7
8  return
9  CALCULATE([实际费用],
10     DATESBETWEEN('0 日期表'[Date],x,y))

1  差异-去年同期 = [累计实际费用]-[累计去年同期实际费用]
1  差异百分比-预算 = DIVIDE([差异-预算],[累计实际费用])
1  差异百分比-去年同期 = DIVIDE([差异-去年同期],[累计实际费用])
```

图 8-19 其他度量值的计算公式

添加进矩阵,就看到完整的成本中心分析结果了。如图 8-20 所示。

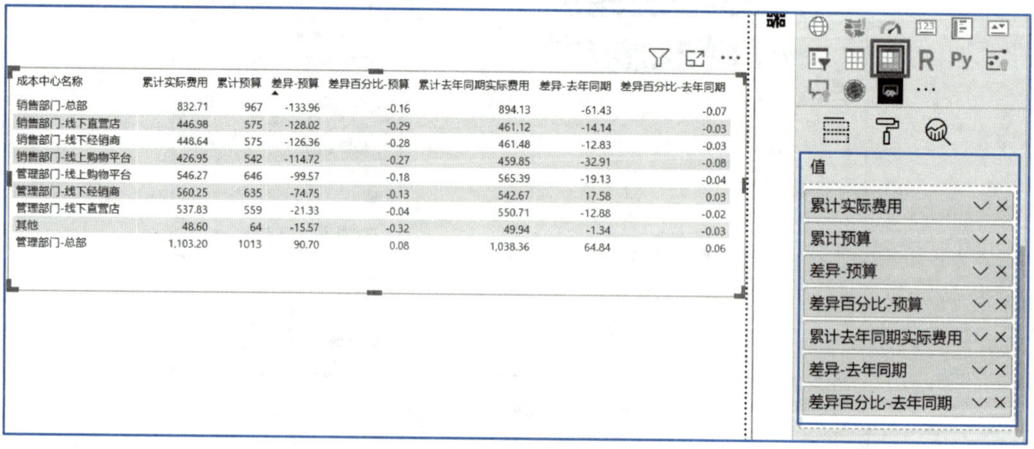

图 8-20 各成本中心分析结果

再调整一下格式,把对比值和差异值都改为百分比格式。由于值的名称都比较长,如图 8-21 所示,修改为比较容易理解的名称。

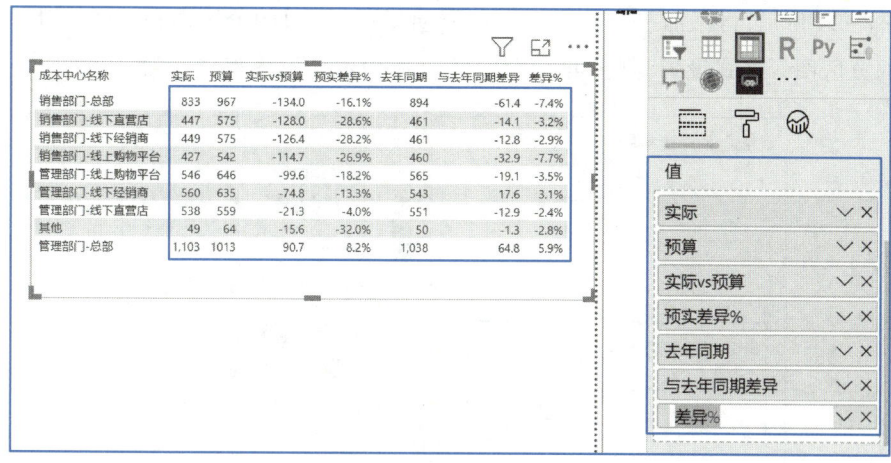

图 8-21　简化值名称

再添加几个分区图显示【差异】。

如图 8-22 所示,【差异-预算(按年月)】的分区图,【轴】为"日期表"的【年月】,【值】为【差异-预算】;如图 8-23 所示,按【年月】升序,【格式】选项卡下,【形状】栏打开【渐变】,让图形有一个渐变的效果。

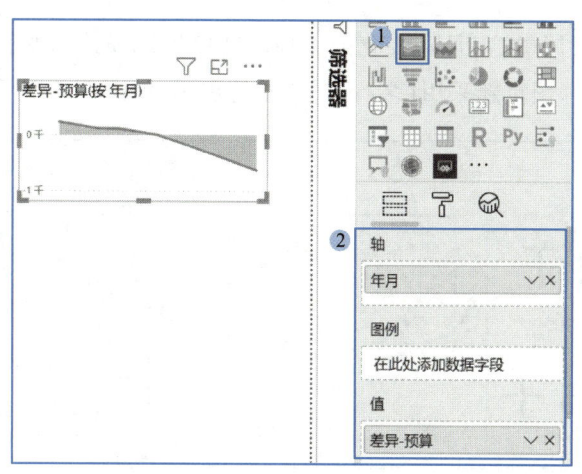

图 8-22　差异-预算分区图

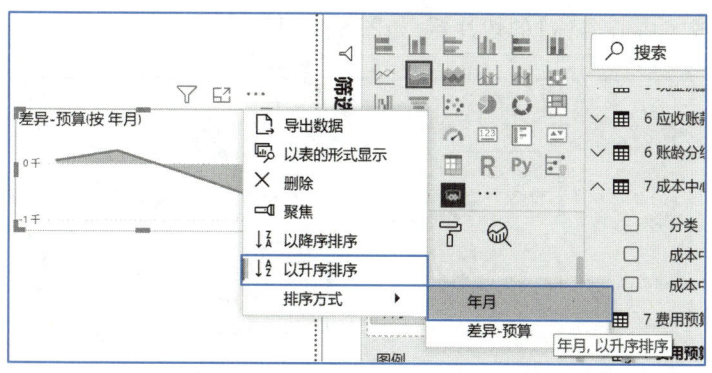

图 8-23　差异-预算的渐变效果

如图 8-24 所示,再添加一个【差异-去年同期(按年月)】的分区图和一个【实际费用(按年月)】的分区图。格式设置与【差异-预算(按年月)】的条形图保持一致。

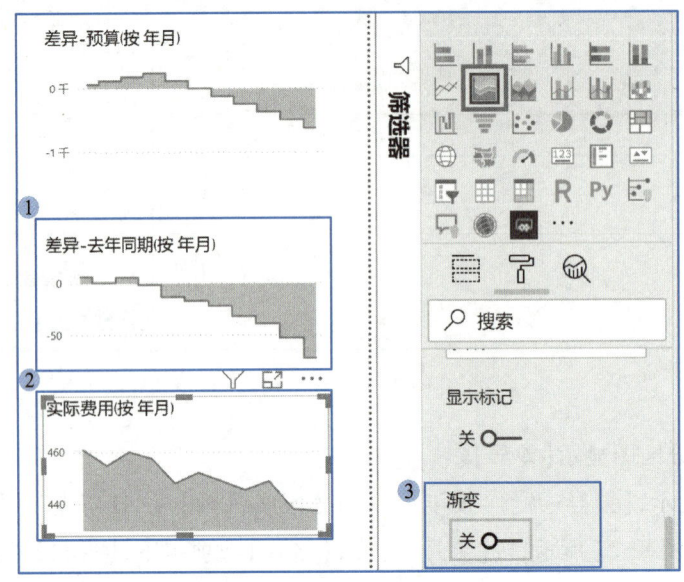

图 8-24　去年同期比较

想要看到【实际费用(按年月)】变化的走势,将【形状】下的【渐变】关掉。接着将之前的卡片图重新采用【多行卡】来汇总展示,如图 8-25 所示。

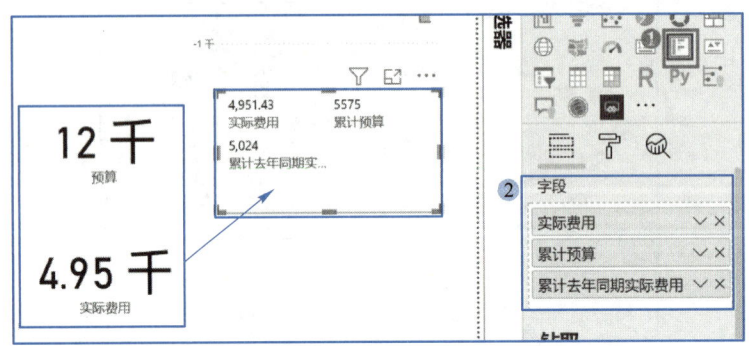

图 8-25　多行卡显示

最后添加【成本中心名称】的切片器,如图 8-26 所示。

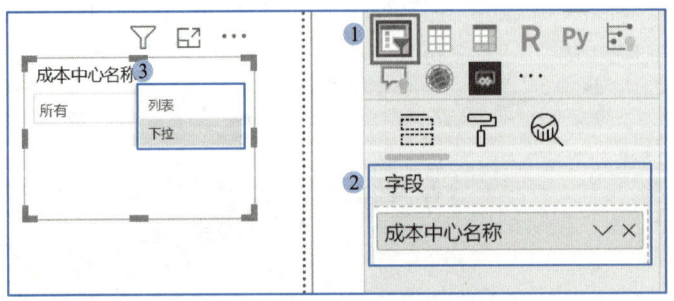

图 8-26　成本中心名称切片器

这样如图 8-27 所示，下一节我们将对整体的费用仪表板进行可视化设计。

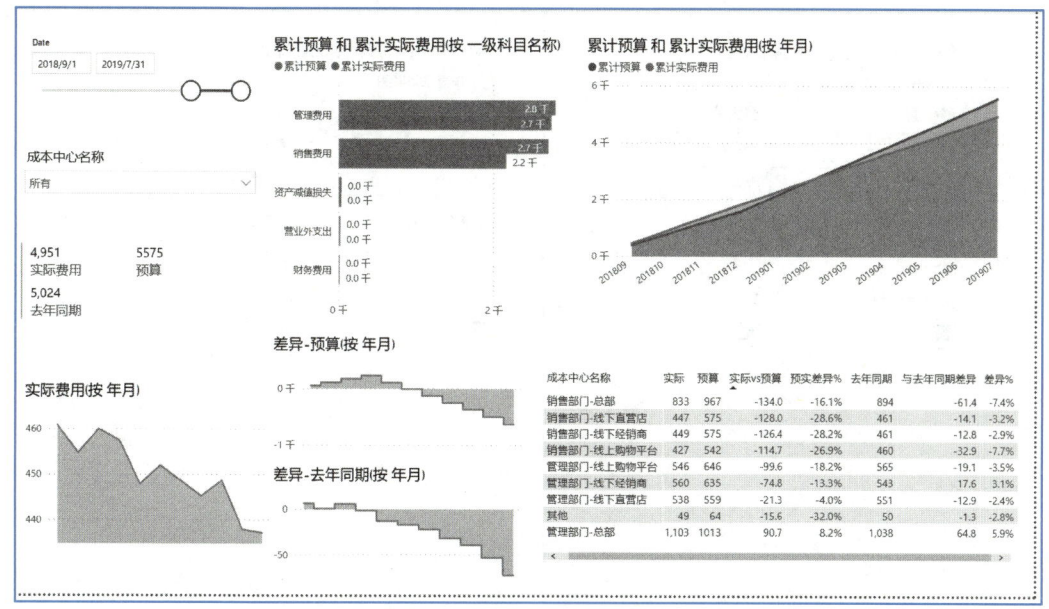

图 8-27　费用仪表板

本节思维导图

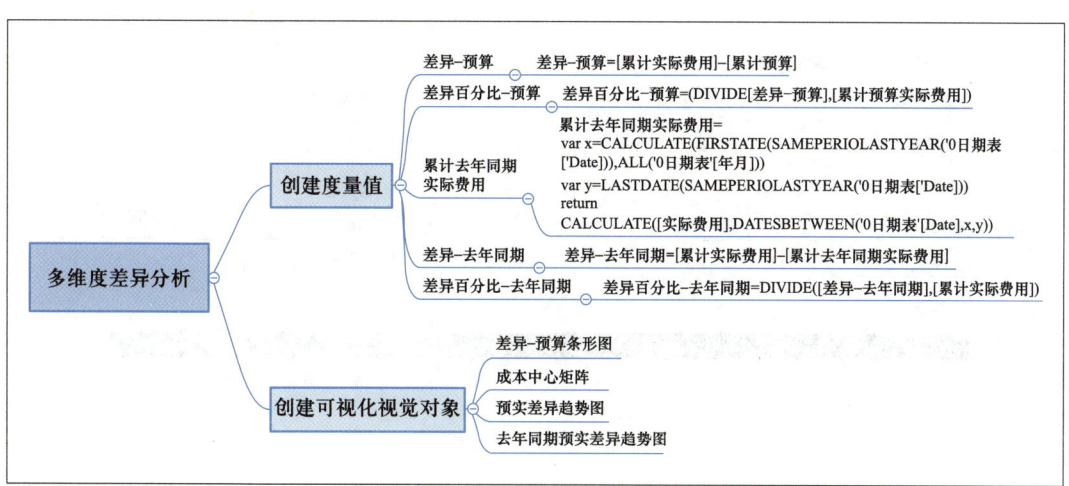

第四节　可视化输出

大家可以参照图 8-27 的目标模板，根据自己的喜好修改可视化效果，在本节我们仅对矩阵可视化的数据条与背景色设置做补充，如图 8-28 和图 8-29 所示。

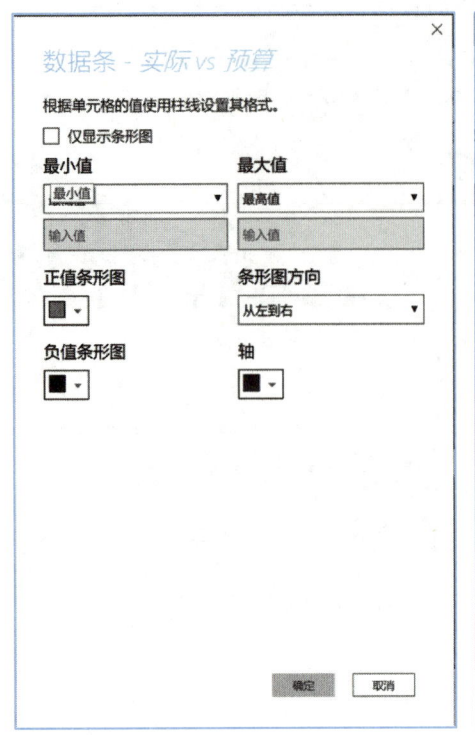
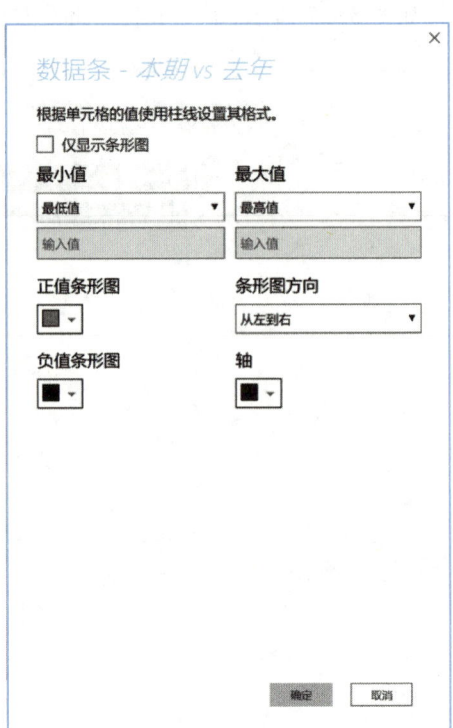

图 8-28　数据条设置

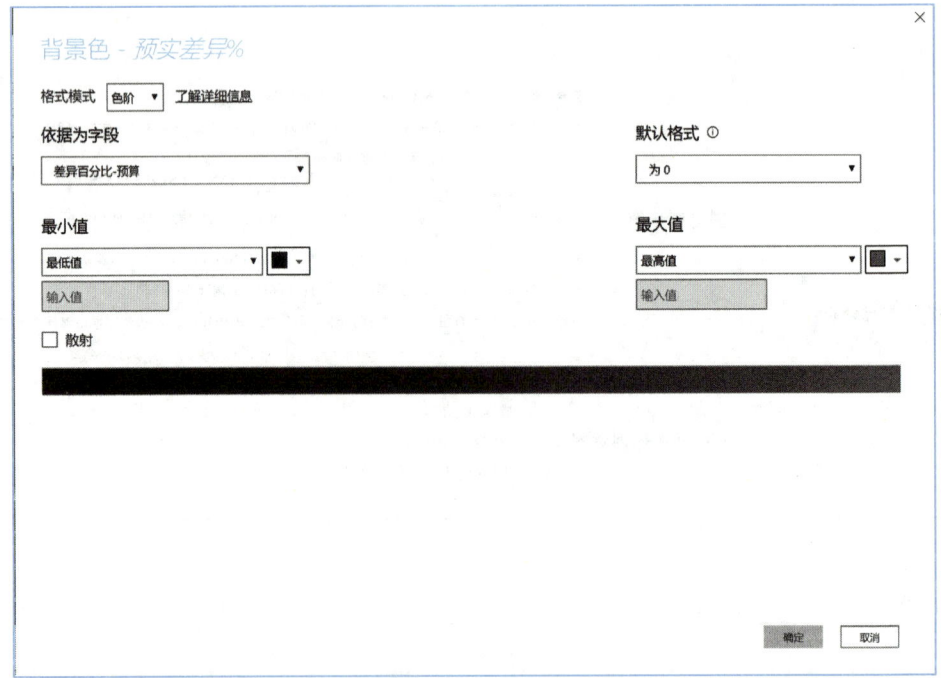

图 8-29　背景设置

如果仍有精力,可以观看一下视频学习更多可视化输出的具体操作。

扫码观看：
费用可视化输出

 本节思维导图

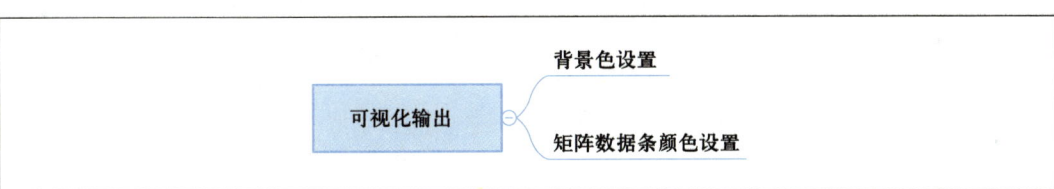

 实操作业

1. 建立费用差异分析的相关度量值；
2. 创建费用差异分析的主要可视化对象。

 本章关键词

费用　　预算　　差异　　对比　　分摊　　分区图

即测即评

请扫描右侧二维码，进行随堂测试。

第九章

管理利润考核

本章导语 　　这一章将对经营管理利润进行考核分析,其核心是对成本费用进行分摊,最后求出一个精细化的净利润,从而公平地对每个组织单元进行考核评价。 本章管理利润考核分析目标模板如图 9-1 所示。

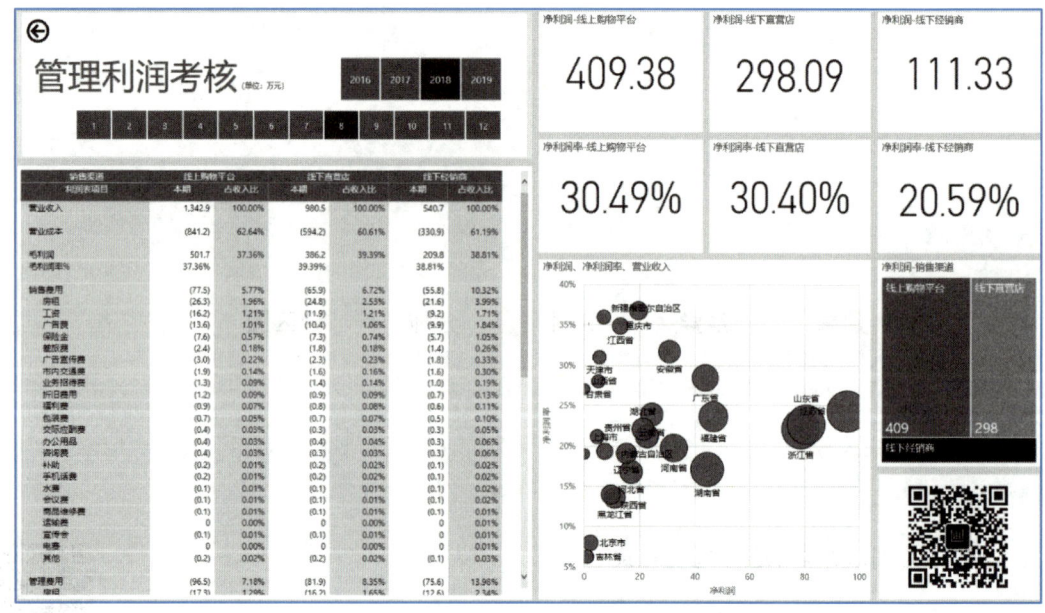

图 9-1　管理利润考核目标模板

第一节 数据准备工作

 扫码观看：
管理利润的数据准备

为什么要对费用做分摊呢？举个例子，我们的案例里有三种销售渠道：线上购物平台、线下直营店和线下经销商，也有不同的组织单元，这些数据都包含在"0 销售订单数据表"里。

再看图 8-2 的"7 成本中心"这张表：

（1）有销售部门—总部、管理部门—总部以及不同的平台，它们开销是多少，对于总部这样的部门开销，它们的归属怎么处理？

（2）某品牌为整个公司品牌升级支出的广告费用，显然不是单一地只为某一个产品服务，广告费用应该怎样分摊？

（3）公司总经理出差参加会议，这个会议也不是为了某一个平台而服务的，怎样公平地分摊？

（4）三个销售渠道在同一个屋檐下工作，房屋所发生的费用是否可以按照不同平台、不同渠道的房屋占地面积来划分……这些问题都可能会涉及精细化的成本费用分摊，又该如何进行费用分摊？

这里把案例的整体模型简化了一下，可以直接识别出营业收入和营业成本。实际上，公司可能会把营业成本细化到某一个工厂，工厂内部也可能将共享的成本分配到各个生产线，本节主要以费用为例，介绍如何分摊到不同渠道、不同城市的大致思路，其他分摊的思路大同小异。

第一步：数据准备。

数据模型中，有"0 销售订单数据表"的"销售渠道"，对应"0 费用数据表"的"成本中心"，以及"7 成本中心"的"分类"也包含了"共享成本中心"和三个不同渠道的字段。由于计算利润需要"收入""销售成本"和"成本中心费用"的值，因此需要把这两个项目通过一个表关联起来，即用销售渠道建立一对多关系。

首先输入数据，创建"8 销售渠道表"，并添加【销售渠道】和【排序】，如图 9-2 所示。

这样图 9-2 的"8 销售渠道表"就可以和"0 销售订单数据表"的【销售渠道】和"0 费用数据表"的【成本中心】分别建立关系。如图 9-3 所示，将"8 销售数据表"的【排序】与"6 账龄分组辅助表"的【排序】和"6 应收账款数据"的【销售渠道】删除默认关系。将"8 销售数据表"的【销售渠道】分别与"0 销售的订单数据表"的【销售渠道】以及"7 成本中心"的【分类】重新建立所需要的关系。

第九章　管理利润考核

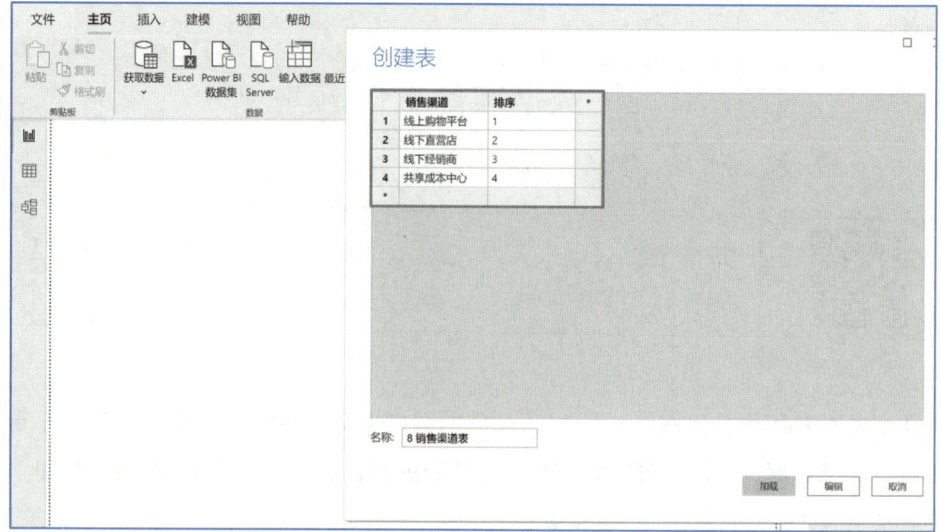

图 9-2　创建销售渠道表

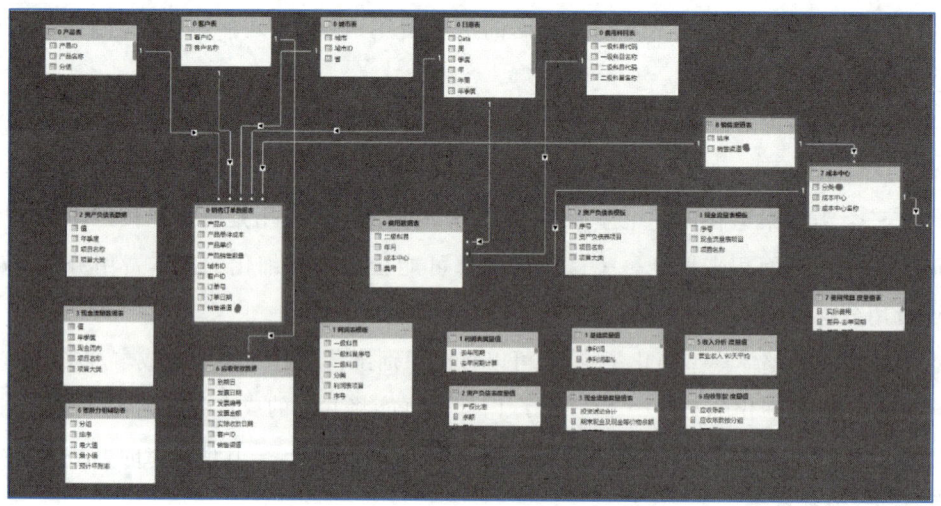

图 9-3　建立销售订单关系

本节思维导图

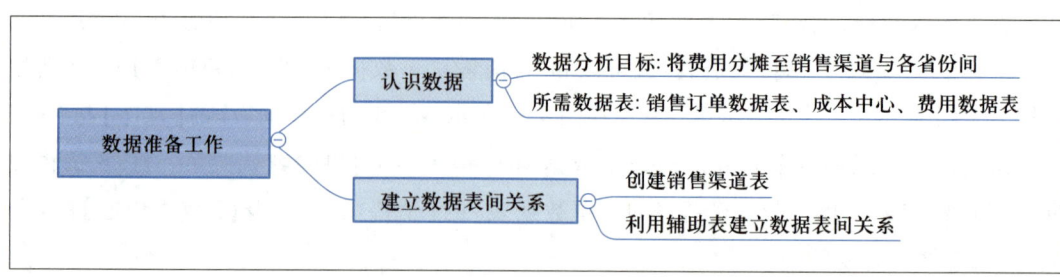

实操作业

1. 体会数据分析目标与所需数据之间的关系；
2. 建立管理利润考核所需的数据表间的关系。

第二节 城市费用的分摊

收集好数据，我们需要根据分摊的方法进行模型的搭建，通常我们将某些成本中心的费用按一定的规则进行分摊，来确保利润中心的损益更加完整。下面我们进入数据建模。

扫码观看：
费用分摊

第二步：数据建模。

如图 9-4 所示，复制之前做好的【利润表】矩阵，方便后续观测分摊数据的显示。我们从一个简单的案例开始，以城市维度进行分摊，【列】为【城市】，【值】为【利润表】的【当期计算】。

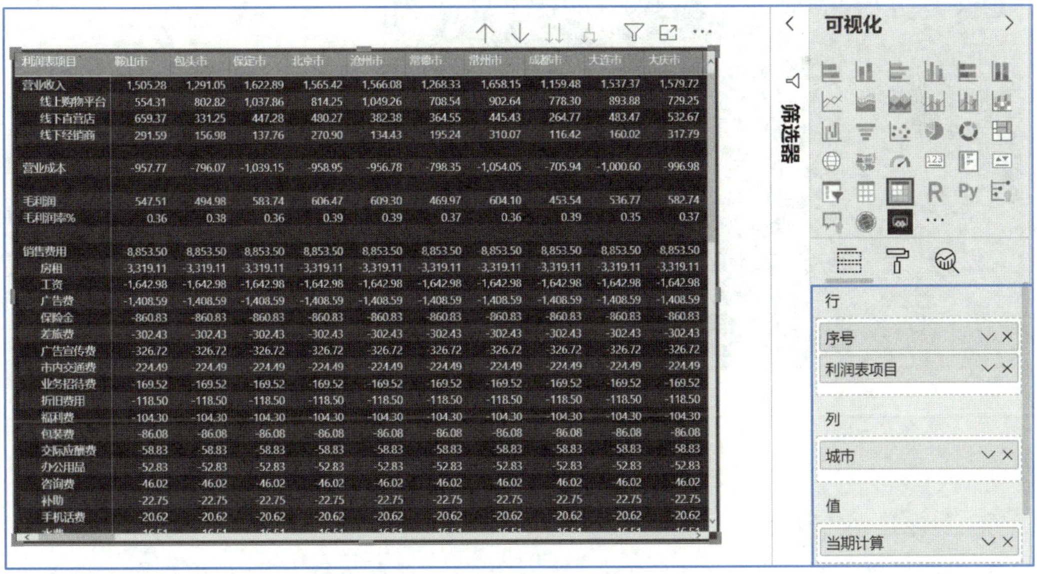

利润表项目	鞍山市	包头市	保定市	北京市	沧州市	常德市	常州市	成都市	大连市	大庆市
营业收入	1,505.28	1,291.05	1,622.89	1,565.42	1,566.08	1,268.33	1,658.15	1,159.48	1,537.37	1,579.72
线上购物平台	554.31	802.82	1,037.86	814.25	1,049.26	708.54	902.64	778.30	893.88	729.25
线下直营店	659.37	331.25	447.28	480.27	382.38	364.55	445.43	264.77	483.47	532.67
线下经销商	291.59	156.98	137.76	270.90	134.43	195.24	310.07	116.42	160.02	317.79
营业成本	-957.77	-796.07	-1,039.15	-958.95	-956.78	-798.35	-1,054.05	-705.94	-1,000.60	-996.98
毛利润	547.51	494.98	583.74	606.47	609.30	469.97	604.10	453.54	536.77	582.74
毛利润率%	0.36	0.38	0.36	0.39	0.39	0.37	0.36	0.39	0.35	0.37
销售费用	8,853.50	8,853.50	8,853.50	8,853.50	8,853.50	8,853.50	8,853.50	8,853.50	8,853.50	8,853.50
房租	-3,319.11	-3,319.11	-3,319.11	-3,319.11	-3,319.11	-3,319.11	-3,319.11	-3,319.11	-3,319.11	-3,319.11
工资	-1,642.98	-1,642.98	-1,642.98	-1,642.98	-1,642.98	-1,642.98	-1,642.98	-1,642.98	-1,642.98	-1,642.98
广告费	-1,408.59	-1,408.59	-1,408.59	-1,408.59	-1,408.59	-1,408.59	-1,408.59	-1,408.59	-1,408.59	-1,408.59
保险金	-860.83	-860.83	-860.83	-860.83	-860.83	-860.83	-860.83	-860.83	-860.83	-860.83
差旅费	-302.43	-302.43	-302.43	-302.43	-302.43	-302.43	-302.43	-302.43	-302.43	-302.43
广告宣传费	-326.72	-326.72	-326.72	-326.72	-326.72	-326.72	-326.72	-326.72	-326.72	-326.72
市内交通费	-224.49	-224.49	-224.49	-224.49	-224.49	-224.49	-224.49	-224.49	-224.49	-224.49
业务招待费	-169.52	-169.52	-169.52	-169.52	-169.52	-169.52	-169.52	-169.52	-169.52	-169.52
折旧费用	-118.50	-118.50	-118.50	-118.50	-118.50	-118.50	-118.50	-118.50	-118.50	-118.50
福利费	-104.30	-104.30	-104.30	-104.30	-104.30	-104.30	-104.30	-104.30	-104.30	-104.30
包装费	-86.08	-86.08	-86.08	-86.08	-86.08	-86.08	-86.08	-86.08	-86.08	-86.08
交际应酬费	-58.83	-58.83	-58.83	-58.83	-58.83	-58.83	-58.83	-58.83	-58.83	-58.83
办公用品	-52.83	-52.83	-52.83	-52.83	-52.83	-52.83	-52.83	-52.83	-52.83	-52.83
咨询费	-46.02	-46.02	-46.02	-46.02	-46.02	-46.02	-46.02	-46.02	-46.02	-46.02
补助	-22.75	-22.75	-22.75	-22.75	-22.75	-22.75	-22.75	-22.75	-22.75	-22.75
手机话费	-20.62	-20.62	-20.62	-20.62	-20.62	-20.62	-20.62	-20.62	-20.62	-20.62

图 9-4　数据建模

从图 9-4 看到，营业收入、渠道成本、利润率、毛利润率这些数据都能精准地识别到每个城市。但从费用开始，每一项结果都是所有城市的总计，并没有发生分摊，所以我们需要把这些费用按照城市收入的比例进行分摊。如图 9-5 所示，建立城市收入占比度量值公式：

```
1 城市收入占比 = DIVIDE([营业收入],CALCULATE([营业收入],ALL('0 城市表')))
```

图 9-5　城市收入占比公式

并在当期计算公式的基础上新建一个度量值为"当期计算-城市"，如图 9-6 所示。

```
1  当期计算-城市 =
2  Var x=SELECTEDVALUE('1 利润表模板'[分类])
3
4  return
5      SWITCH(true,
6          x="收入",[当期计算],
7          x="成本",[当期计算],
8          x="毛利润",[当期计算],
9          x="毛利润率%",[当期计算],
10         x="费用",[当期计算]*[城市收入占比],
11         x="净利润",[毛利润]+[费用]*[城市收入占比],
12         x="净利润率%",DIVIDE([毛利润]+[费用]*[城市收入占比],[营业收入]),
13         BLANK())
14
```

图 9-6　当期计算-城市公式

如图 9-7 所示，把【当期计算-城市】添加到矩阵，替换掉【当期计算】。

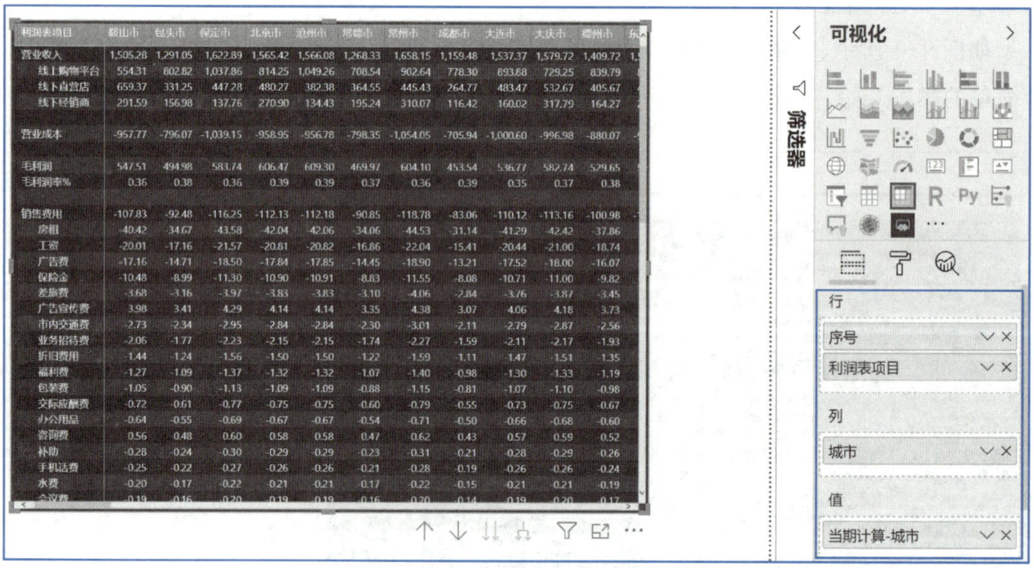

图 9-7　替换后的矩阵图

第三步：建立气泡图。

散点图展示了两个数值之间的关系。气泡图将数据点替换为气泡，用气泡大小表示附加的第三个数据维度。点阵图类似于气泡图和散点图，不同之处在于其用于沿 X 轴绘制分类数据。

如果要显示两个数值之间的关系；要将两组数字绘制成一个 x 和 y 坐标系列；要更改水

平轴的比例尺,但不使用折线图;要将水平轴转换为对数比例尺;要显示包含值或已分组值集的工作表数据(提示:在散点图中,可以调整轴的自由刻度来显示分组值的详细信息);要显示大型数据集中的模式,例如要显示线性或非线性趋势、簇状和离群值;要在不考虑时间的情况下,比较大量数据点,散点图中包含的数据越多,比较的效果就越好。

但是如果数据有三个数据系列,每个系列分别包含一组值,并且使用不同象限,可以用气泡图来展示。如果展示财务数据,不同的气泡大小对增强特定值的视觉效果很有成效。

在这里我们选择气泡图,来展示每个省市的营业收入、净利润和净利润率。单独建立两个度量值,"净利润-城市""净利润率-城市",计算公式如图 9-8 所示。

```
1  净利润-城市 = [毛利润]+[费用]*[城市收入占比]

1  净利润率-城市 = DIVIDE([净利润]+[费用]*[城市收入占比],[营业收入])
```

图 9-8　新建度量值公式

如图 9-9 所示,【详细信息】为【省】,【X 轴】为【净利润-城市】,【Y 轴】为【净利润率-城市】。气泡【大小】用【营业收入】来表示。把类别标签打开,可以将名称放在气泡上,这样气泡图就完成了。

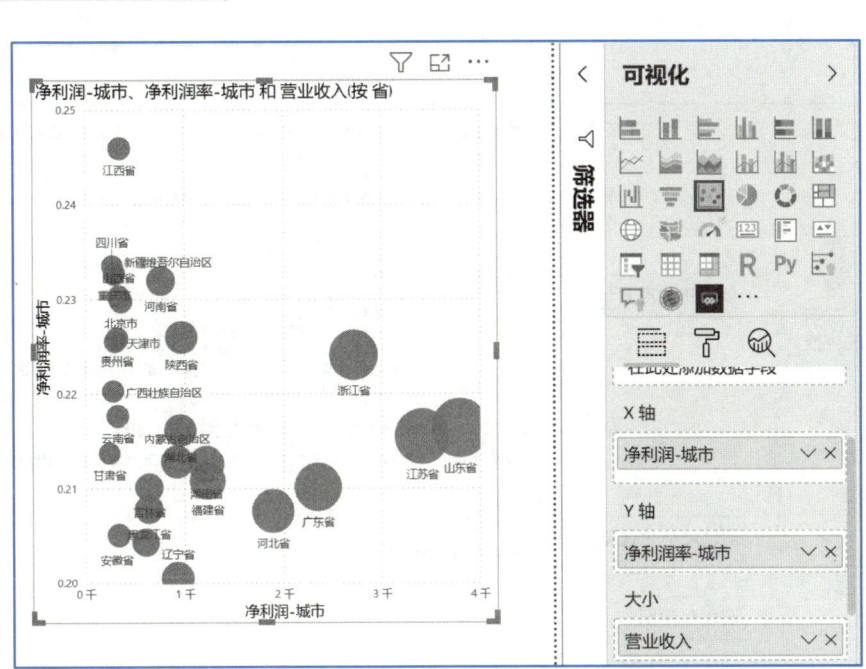

图 9-9　气泡图

在这里做一个补充,气泡图可以用动图的形式来展现。因为净利润、净利润率来自收入和费用,而这些费用的时间颗粒度是"月",所以如图 9-10 所示,将"0 日期表"的【年月】放到【播放轴】,可以得到动态效果图。选择一个省份,还可以看到变动的轨迹。我们最终的目标仪表板是静态的,并不会设置播放轴,在这里只是给大家介绍一下这项功能。

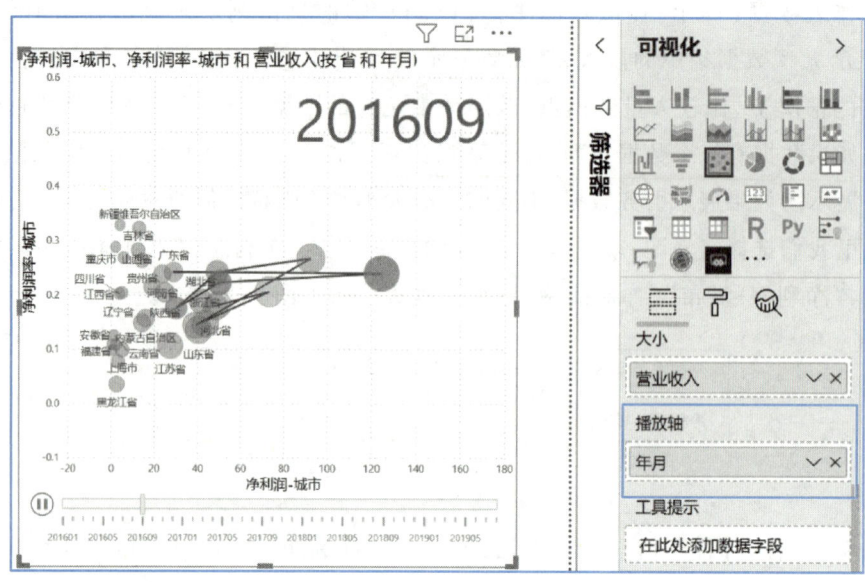

图 9-10　设置【播放轴】

本节思维导图

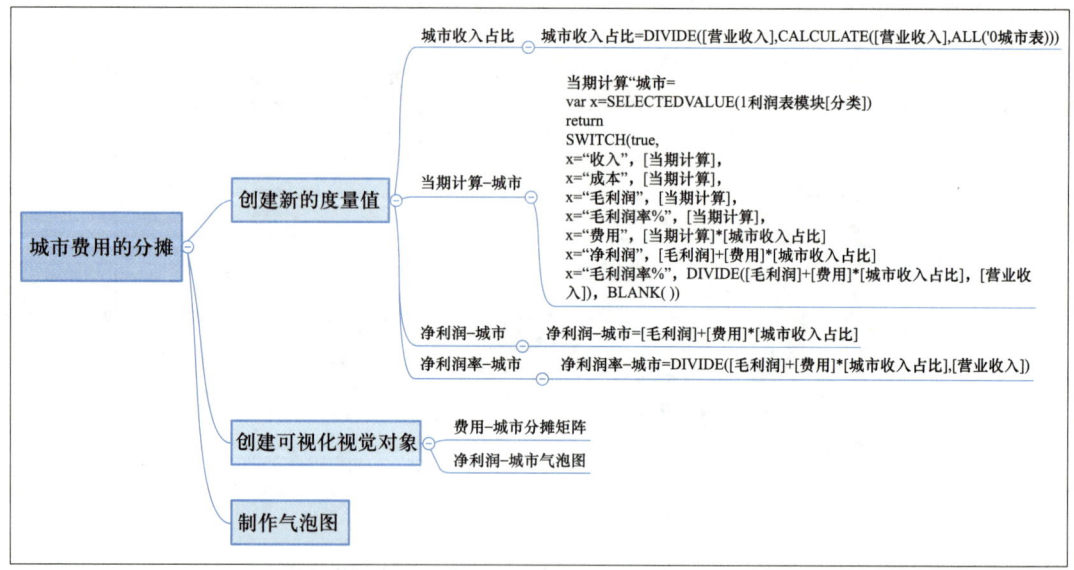

实操作业

1. 建立度量值:城市收入占比、当期计算、净利润-城市、净利润率-城市;
2. 建立以城市为基础的费用分摊可视化项目。

第三节 基于成本中心的综合成本费用分摊

扫码观看：
渠道矩阵分摊

做渠道费用的分摊，首先我们先用当期计算做一个试验。我们最终并不会用"当期计算-城市"进行分摊，而是更想知道各个渠道的利润以及成本这样更加综合全面的结果，所以直接对图9-7矩阵的项目进行替换。

如图9-11所示，保持【行】不变，【列】为【销售渠道】，【值】为【当期计算】。

现在的矩阵中，对于线上购物平台、线下经营商、线下直营店这三大销售渠道，我们可以识别出收入、成本、毛利润。费用中，既有已对销售渠道进行识别并进行分摊的部分，也有左边未识别、未分摊的"共享成本中心"。因此接下来要做的是把为共享的部分分摊到三个销售渠道里，同时保留已经识别、分摊的部分。

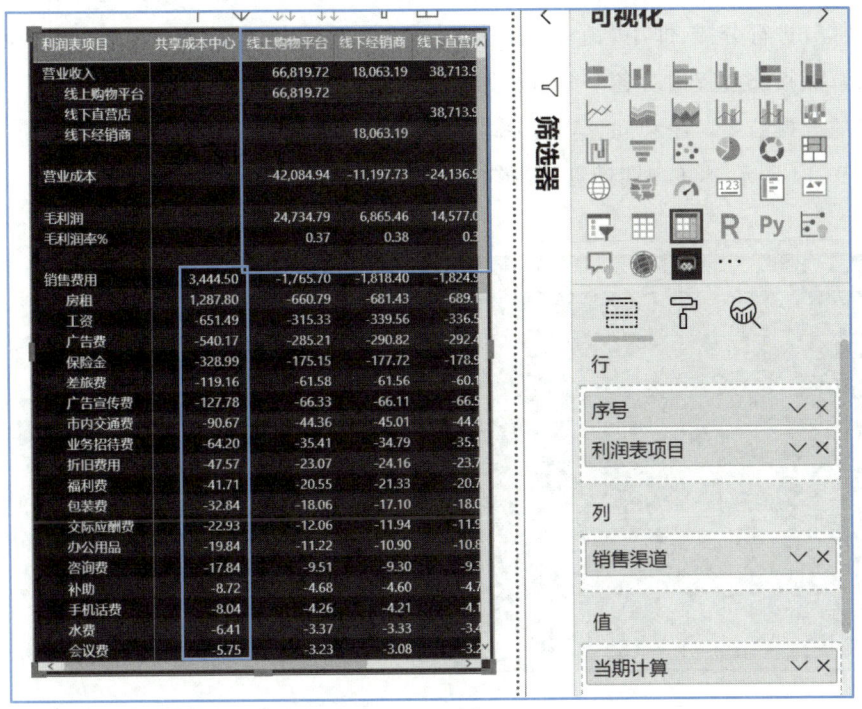

图9-11 渠道费用显示

建立渠道收入占比度量值，其公式如图9-12所示。

```
1  渠道收入占比 = DIVIDE([营业收入],
2              CALCULATE([营业收入],ALL('8 销售渠道')))
```

图9-12 渠道收入占比公式

接着再求当期计算在各个渠道的占比情况。当期计算-渠道的公式如图9-13所示。

```
1  当期计算-渠道 =
2  Var x=SELECTEDVALUE('1 利润表模板'[分类])
3
4  return
5      SWITCH(true,
6          x="收入",[当期计算],
7          x="成本",[当期计算],
8          x="毛利润",[当期计算],
9          x="毛利润%",[当期计算],
10         x="费用",[当期计算]+CALCULATE([当期计算],'8 销售渠道表'[销售渠道]="共享成本中心",ALL('8 销售渠道表'))*[渠道收入占比],
11         x="净利润",[毛利润]+[费用]+CALCULATE([费用],'8 销售渠道表'[销售渠道]="共享成本中心",ALL('8 销售渠道表'))*[渠道收入占比],
12         x="净利润%",DIVIDE([毛利润]+[费用]+CALCULATE([费用],'8 销售渠道表'[销售渠道]="共享成本中心",ALL('8 销售渠道表'))*[渠道收入占比],[营业收入]),
13         BLANK())
```

图9-13 当期计算-渠道公式

公式中，收入、成本、毛利润、毛利润率都不变。"费用"中，保留"当期计算"，在此基础上对共享部分进行分摊，即用"销售渠道表"中的"销售渠道"限定至"共享成本中心"。ALL函数用来解除筛选过程中对各个渠道原始数据的影响。再乘以"渠道收入占比"，即可求得各个渠道的分摊结果。净利润、净利润率%的修改方法类似。

如图9-14所示，将【当期计算-渠道】添加到【值】，对比看一下结果。

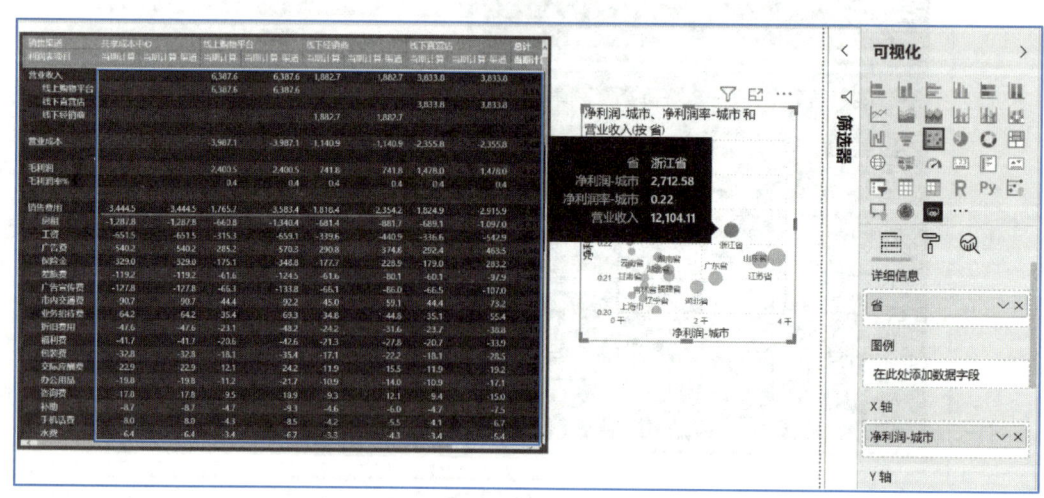

图9-14 添加值

图 9-14 中可以看到，销售费用已经按照比例分摊。然而如果我们在气泡图中选择【浙江省】，下面的费用并没有发生变化。我们怎样既对城市进行分摊，也对渠道收入进行分摊呢？只需要把城市收入占比也加入到当期计算-渠道这个度量值里，公式修改如图 9-15 所示。

```
1  当期计算-渠道 =
2  Var x=SELECTEDVALUE('1 利润表模板'[分类])
3
4  return
5      SWITCH(true,
6          x="收入",[当期计算],
7          x="成本",[当期计算],
8          x="毛利润",[当期计算],
9          x="毛利润率%",[当期计算],
10         x="费用",([当期计算]+CALCULATE([当期计算],'8 销售渠道表'[销售渠道]="共享成本中心",ALL('8 销售渠道表'))*[渠道收入占比])*[城市收入占比],
11         x="净利润",[毛利润]+([费用]+CALCULATE([费用],'8 销售渠道表'[销售渠道]="共享成本中心",ALL('8 销售渠道表'))*[渠道收入占比])*[城市收入占比],
12         x="净利润率%",DIVIDE([毛利润]+([费用]+CALCULATE([费用],'8 销售渠道表'[销售渠道]="共享成本中心",ALL('8 销售渠道表'))*[渠道收入占比])*[城市收入占比],[营业收入]),
13         BLANK())
```

图 9-15　修改当期计算-渠道公式

如图 9-16 所示，我们看一下结果。

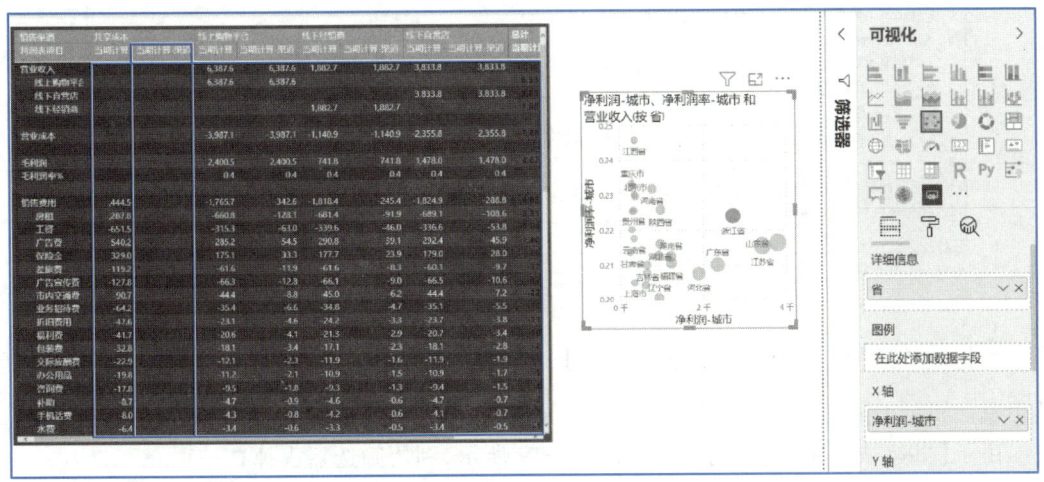

图 9-16　修改结果展示

在这里我们注意到，图 9-16 中"共享成本中心"下面的"当期计算-渠道"都是空白，这是因为在这个矩阵里销售渠道表有 4 个，但是在"0 销售订单数据表"里却只有三个销售渠道，没有共享成本中心这一项，所以它的收入、成本输出都为空白。"费用""净利润"这些项目也因为收入占比为空白，得到的值也是空白。如果我们把矩阵当中的【当期计算】从【值】中去掉，如图 9-17 所示，矩阵就只会显示三个渠道的数据。

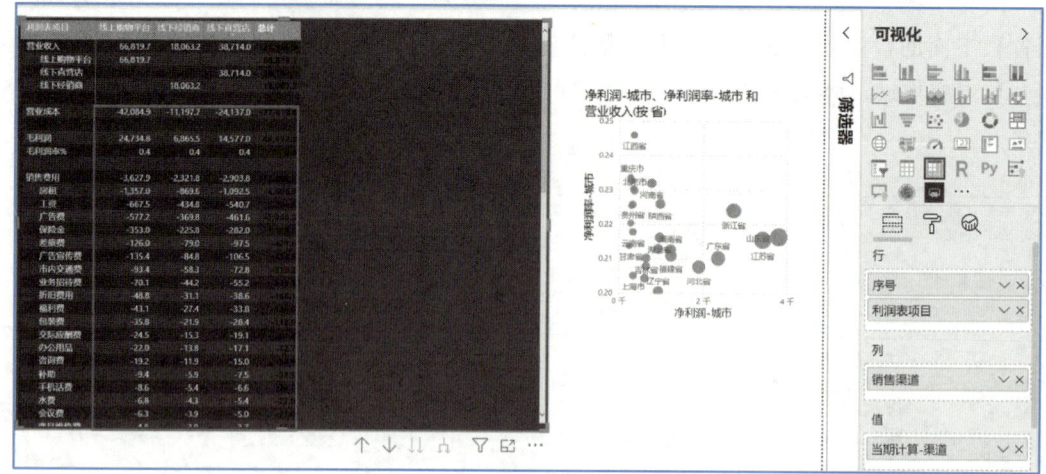

图 9-17　三个渠道的数据显示

还有一个问题,也就是利润率的百分比显示以及费用正负号的方向(参照第二章的三个格式小技巧),所以再添加一个展示性的度量值当期-渠道,如图 9-18 所示。

```
1  当期-渠道 =
2  Var x=SELECTEDVALUE('1 利润表模板'[二级科目])
3
4  return
5  SWITCH(true,
6  x="毛利率%",FORMAT([当期计算-渠道],"percent"),
7  x="净利率%",FORMAT
8      (DIVIDE(
9          CALCULATE([当期计算-渠道],'1 利润表模板'[二级科目]="净利润",ALL('1 利润表模板')),[营业收入]),
10          "percent"),
11 [当期计算-渠道]>=0,[当期计算-渠道],
12 FORMAT([当期计算-渠道],"#,##0;(#,##0.0)"))
13
```

图 9-18　当期-渠道公式

再把矩阵的【值】替换成【当期-渠道】,如图 9-19 所示,现在数字显示就非常整齐美观了。

由于【共享成本中心】没有项目,如图 9-19 所示,利用筛选器去掉这一项。

如图 9-20 所示,在筛选器中,把【营业收入】中【线上购入平台】【线下经销商】【线下直营店】三项去掉,因为与列重复了。

继续完善矩阵,还需要一些比率指标,也就是每一个项目占收入的比值,度量值的计算公式如图 9-21 所示。

如图 9-22 所示,把【占收入比】添加到【值】,占收入比是一个百分比的格式,但是我们看到图 9-22 中里的百分比项目也以负数的形式来显示。如果想用正数来显示也很简单,如图 9-23 所示,直接在度量值中添加一个函数"ABS( )"。

第三节 基于成本中心的综合成本费用分摊　153

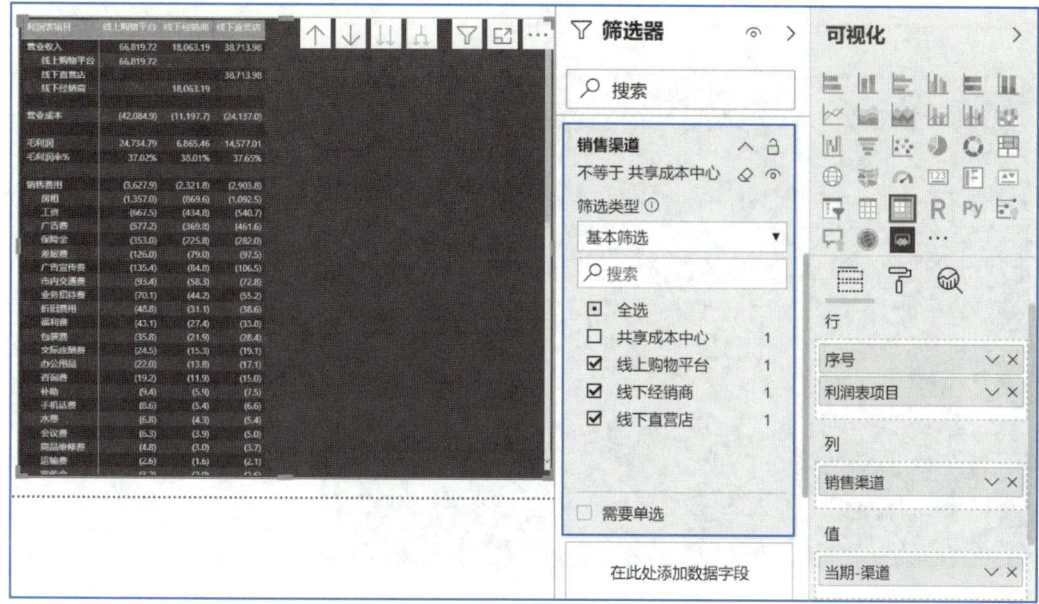

图 9-19　去掉共享成本中心

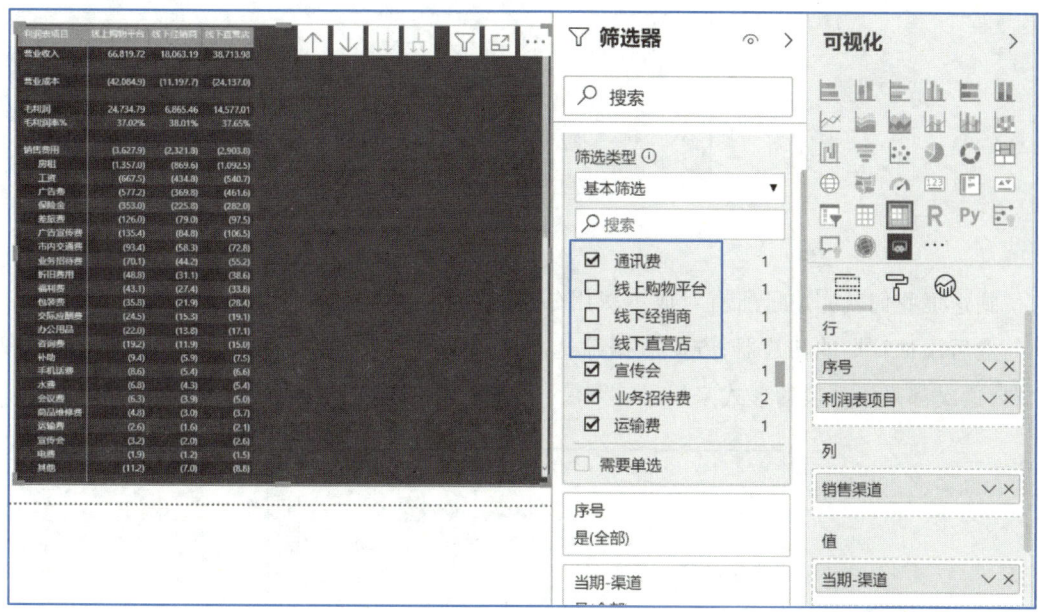

图 9-20　去除重复项目

```
1 占收入比 =
2 var x=SELECTEDVALUE('1 利润表模板'[二级科目])
3
4 return
5 SWITCH(true,
6 x="毛利润率%",BLANK(),
7 x="净利润率%",BLANK(),
8 DIVIDE([当期计算-渠道],[营业收入]))
```

图 9-21　占收入比公式

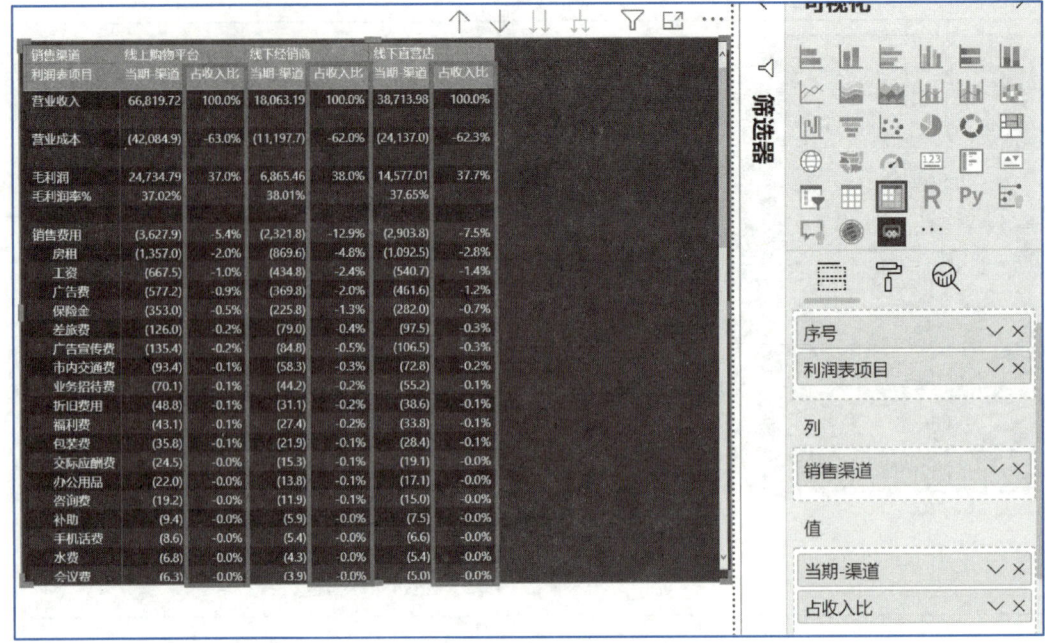

图 9-22 添加占收入比

```
1 占收入比 =
2 var x=SELECTEDVALUE('1 利润表模板'[二级科目])
3
4 return
5 SWITCH(true,
6   x="毛利润率%",BLANK(),
7   x="净利润率%",BLANK(),
8   ABS(DIVIDE([当期计算-渠道],[营业收入])))
```

图 9-23 正数显示

到这里我们就完成了所有对成本费用分摊的计算。

然后添加日期的切片器,方便数据筛选。如图 9-24、图 9-25 所示,添加年度及月度切片器,这次都采用列表的形式来展示。

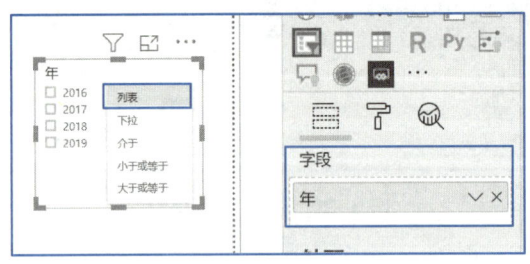

图 9-24 添加年度切片器

如图 9-26 所示,再添加三个卡片图,显示各个销售渠道的净利润。

① 选择【卡片图】,【值】为【净利润】;

② 利用筛选器让卡片分别显示【净利润-线上购物平台】【净利润-线下经销商】【净利润-线下直营店】。

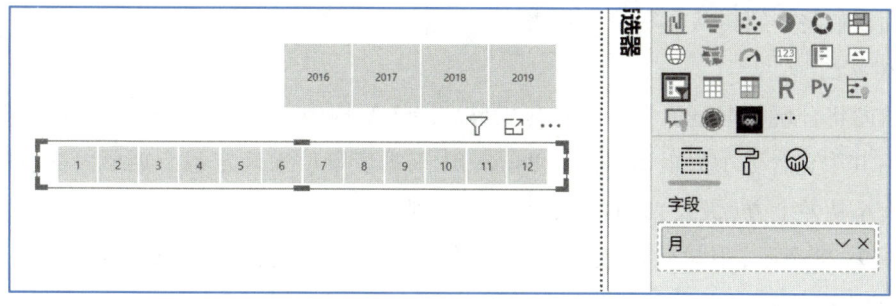

图 9-25　添加月度切片器

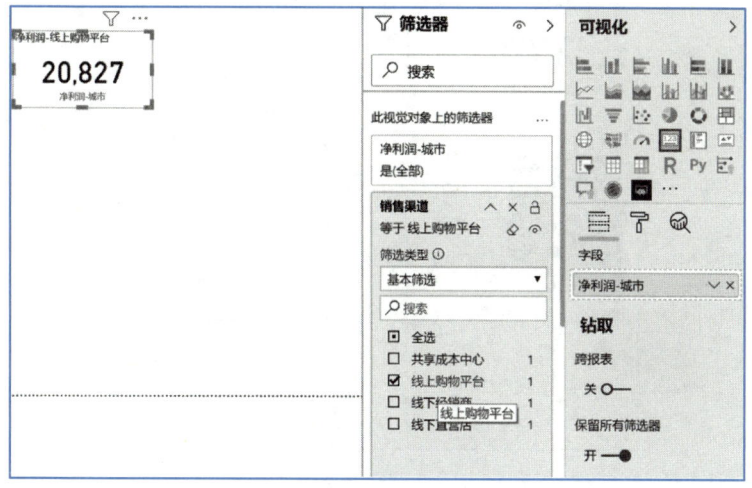

图 9-26　各个销售渠道的净利润

再用三个卡片图显示各个销售渠道的净利润率,如图 9-27 所示。

① 选择【卡片图】,【值】为【净利润率】;

② 利用筛选器功能分别显示【净利润率-线上购物平台】【净利润率-线下经销商】【净利润率-线下直营店】。

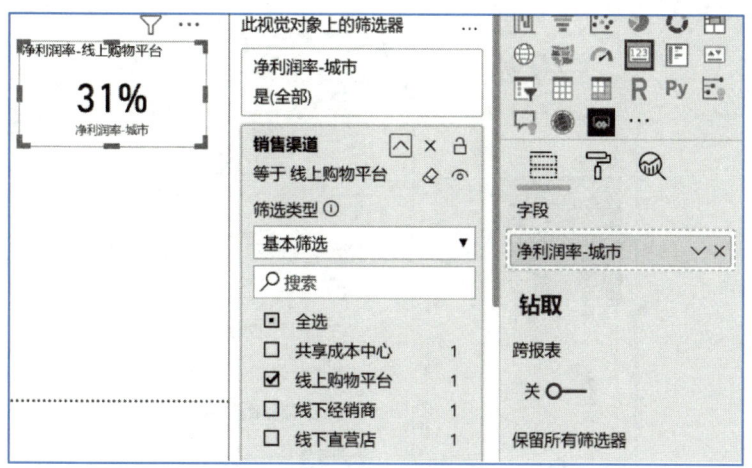

图 9-27　各个销售渠道的净利润率

下面我们将介绍树状图和径向仪表图。

1. 树状图

树状图将分层数据显示为一组嵌套矩形。层次结构中每个级别都由一个有色矩形（分支）表示，其中包含更小的矩形（叶）。Power BI 根据度量值来确定每个矩形内的空间大小。矩形按大小从左上方（最大）到右下方（最小）排列。

如图 9-28 所示，用树状图表示各个渠道的净利润，【组】为【销售渠道】，【值】为【净利润-城市】。

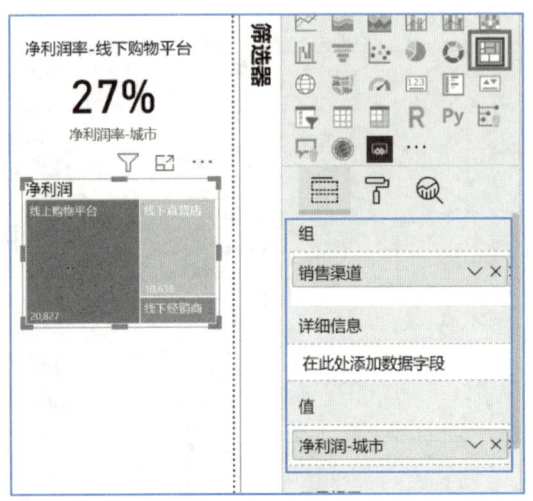

图 9-28　树状图显示净利润率

2. 径向仪表图

径向仪表图在圆弧内显示一个值，用于度量在实现目标或关键绩效指标（KPI）方面的进度。线（或指针）表示目标或目标值。底纹表示在实现目标方面的进度。圆弧内的值表示进度值。Power BI 沿圆弧均匀分布所有可能的值，从最小值（最左边的值）到最大值（最右边的值）。

如图 9-29 所示，用径向仪表图来显示【净利润率-城市】。

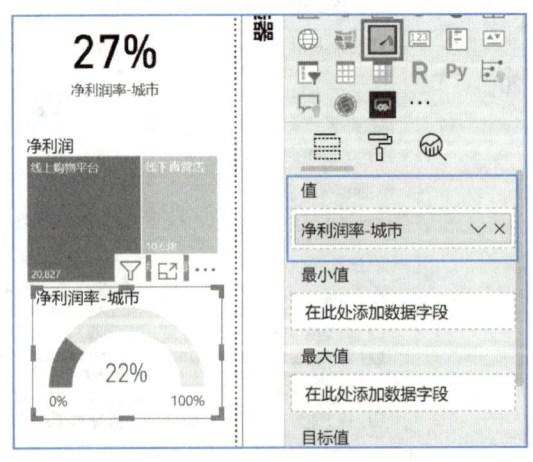

图 9-29　径向仪表图显示净利润率-城市

本节任务到此就完成了，最终效果如图 9-30 所示，下一节我们将该图进行可视化的设计。

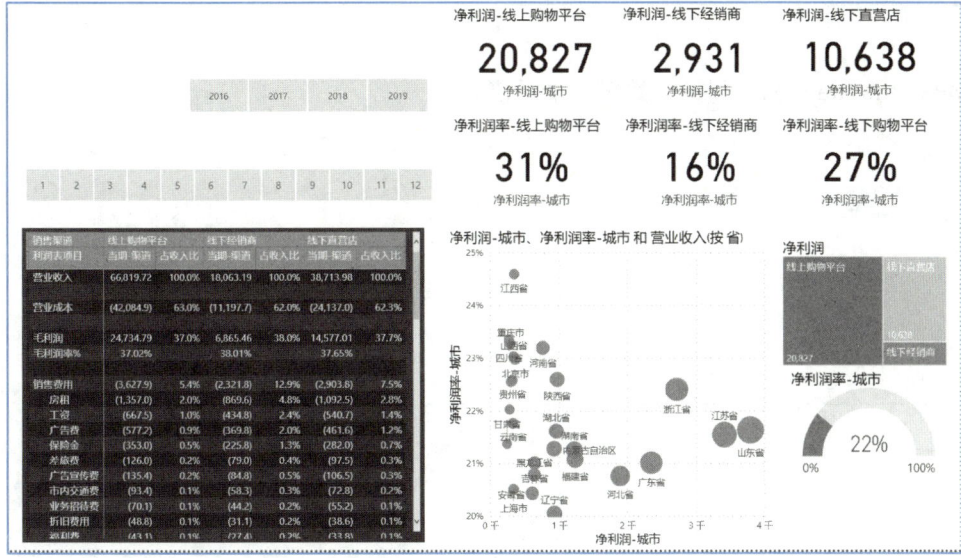

图 9-30　最终效果图

本节思维导图

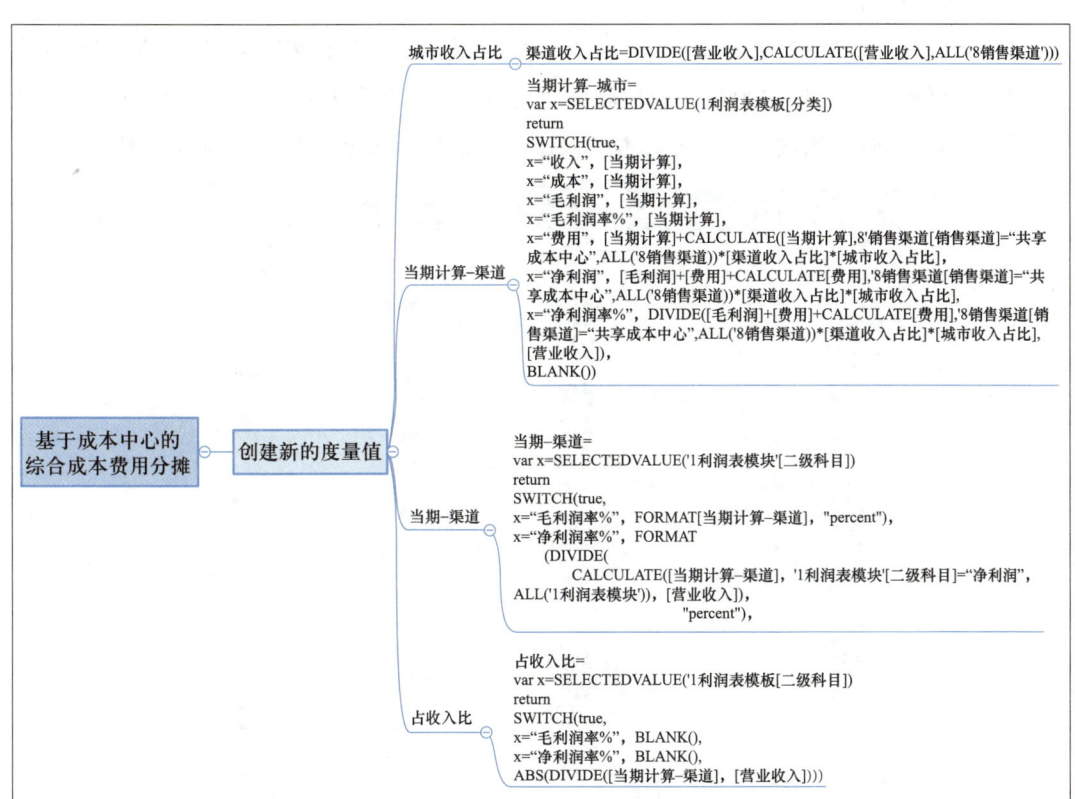

函数回顾

ABS(<number>),返回某一数字的绝对值。

实操作业

建立度量值:渠道收入占比、当期计算-渠道、当期-渠道、占收入比。

第四节　可视化输出

扫码观看:
管理利润考核可视化

第四步:可视化设计。

矩阵可视化的最终效果如图9-31所示,背景白色(颜色代码#FFFFFF)。值、字体颜色都改为黑色(颜色代码#000000)。列标题背景为蓝色(颜色代码#3962BC)。在字段格式中可以把本期和占收入比做一个区分。占收入比的背景色为灰色(颜色代码#CCCCCC)。

销售渠道		线上购物平台		线下直营店		线下经销商	
利润表项目		本期	占收入比	本期	占收入比	本期	占收入比
营业收入		1,342.9	100.00%	980.5	100.00%	540.7	100.00%
营业成本		(841.2)	62.64%	(594.2)	60.61%	(330.9)	61.19%
毛利润		501.7	37.36%	386.2	39.39%	209.8	38.81%
毛利润率%			37.36%		39.39%		38.81%
销售费用		(77.5)	5.77%	(65.9)	6.72%	(55.8)	10.32%
	房租	(26.3)	1.96%	(24.8)	2.53%	(21.6)	3.99%
	工资	(16.2)	1.21%	(11.9)	1.21%	(9.2)	1.71%
	广告费	(13.6)	1.01%	(10.4)	1.06%	(9.9)	1.84%
	保险金	(7.6)	0.57%	(7.3)	0.74%	(5.7)	1.05%
	差旅费	(2.4)	0.18%	(1.8)	0.18%	(1.4)	0.26%
	广告宣传费	(3.0)	0.22%	(2.3)	0.23%	(1.8)	0.33%
	市内交通费	(1.9)	0.14%	(1.6)	0.16%	(1.6)	0.30%
	业务招待费	(1.3)	0.09%	(1.4)	0.14%	(1.0)	0.19%
	折旧费用	(1.2)	0.09%	(0.9)	0.09%	(0.7)	0.13%
	福利费	(0.9)	0.07%	(0.8)	0.08%	(0.6)	0.11%
	包装费	(0.7)	0.05%	(0.7)	0.07%	(0.5)	0.10%
	交际应酬费	(0.4)	0.03%	(0.3)	0.03%	(0.3)	0.05%
	办公用品	(0.4)	0.03%	(0.4)	0.04%	(0.3)	0.06%
	咨询费	(0.4)	0.03%	(0.3)	0.03%	(0.3)	0.06%
	补助	(0.2)	0.01%	(0.2)	0.02%	(0.1)	0.02%
	手机话费	(0.2)	0.01%	(0.2)	0.02%	(0.1)	0.02%
	水费	(0.1)	0.01%	(0.1)	0.01%	(0.1)	0.02%
	会议费	(0.1)	0.01%	(0.1)	0.01%	(0.1)	0.02%
	商品维修费	(0.1)	0.01%	(0.1)	0.01%	(0.1)	0.01%
	运输费	0	0.00%	0	0.00%	0	0.01%
	宣传会	(0.1)	0.01%	(0.1)	0.01%	(0.1)	0.01%
	电费		0.00%		0.00%		0.01%
	其他	(0.2)	0.02%	(0.2)	0.02%	(0.1)	0.03%
管理费用		(96.5)	7.18%	(81.9)	8.35%	(75.6)	13.98%
	房租	(17.3)	1.29%	(16.2)	1.65%	(12.6)	2.34%

图9-31　调节背景颜色

1. 气泡图可视化

坐标轴颜色、字体颜色为黑色（颜色代码#000000），气泡颜色为蓝色（颜色代码#3962BC），最终效果如图9-32所示。

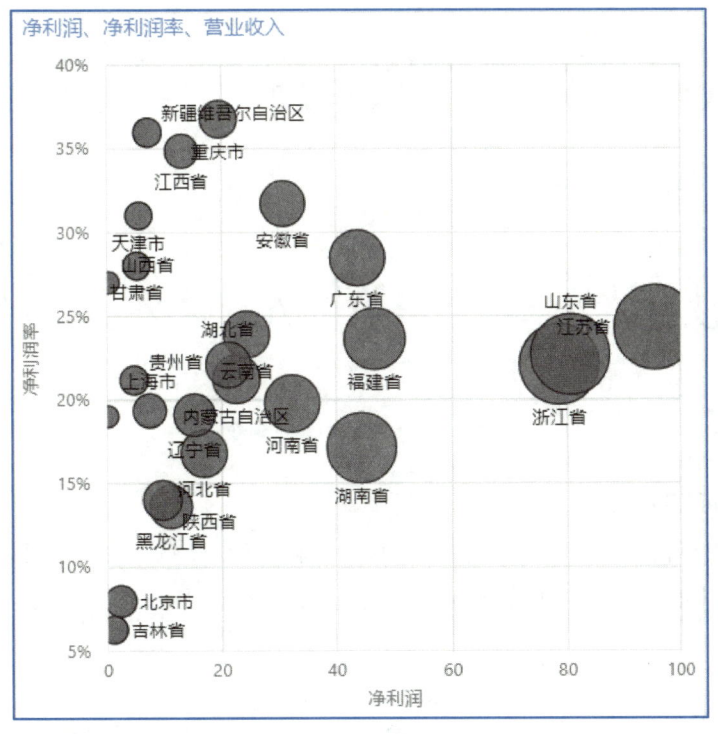

图9-32　气泡图可视化

2. 树状图可视化

标题为蓝色（颜色代码#3962BC），字体为白色（颜色代码#FFFFFF），【线上购物平台】背景色为蓝色（颜色代码#3962BC），【线下经销商】背景为黑色（颜色代码#000000），【线下直营店】背景为灰色（颜色代码#CCCCCC），最终效果如图9-33所示。

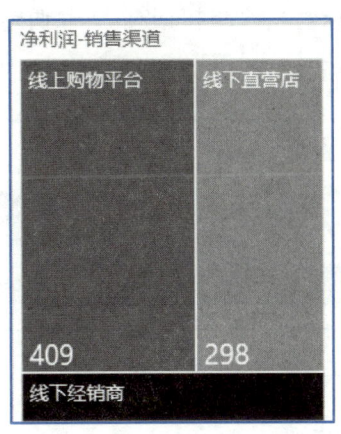

图9-33　树状图可视化

3. 卡片图的可视化

设置卡片图样式，如图 9-34 所示。

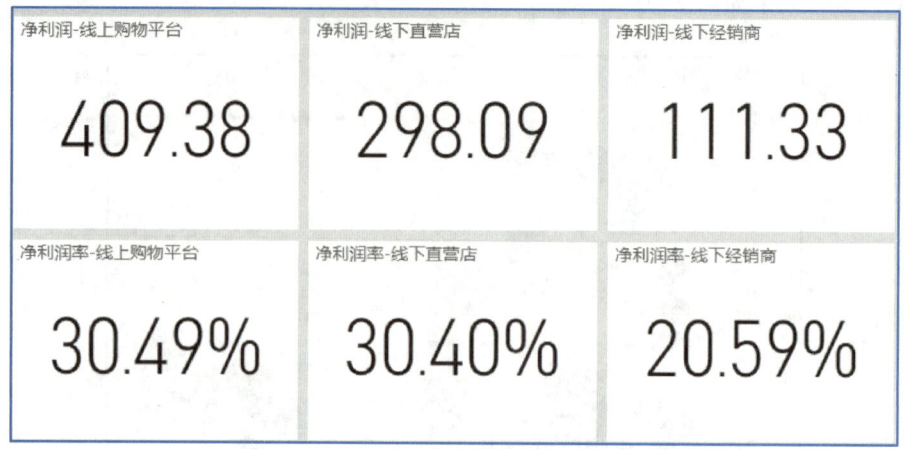

图 9-34　卡片图的可视化

4. 仪表板可视化

添加一个目标值 0.4，即 40%。把这个目标值输入【目标】这个栏，也可以在测量轴的目标中输入 0.4。【填充】及【目标】颜色均为蓝色（颜色代码#3962BC），最终效果如图 9-35 所示。

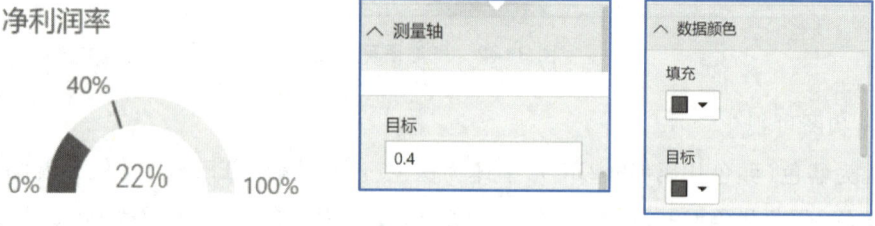

图 9-35　仪表板可视化

最后如图 9-36 所示，添加标题"管理利润考核"，并调整切片器颜色，就完成了，最终效果如图 9-1 所示。

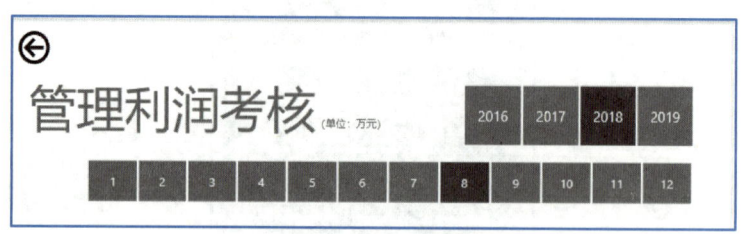

图 9-36　添加标题

在本章最后一节我们将制作封面。

本节思维导图

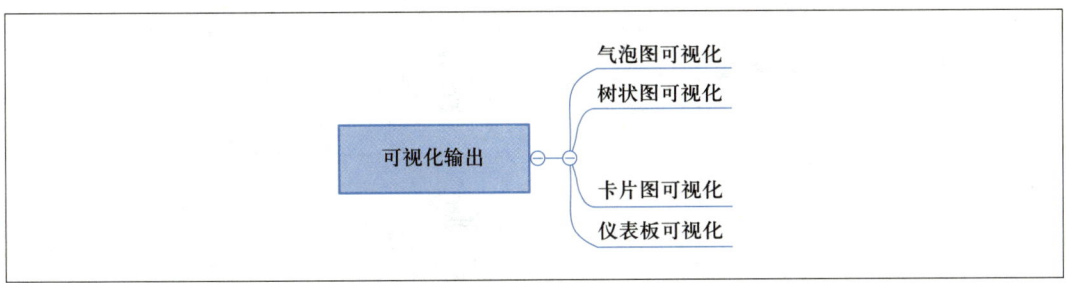

实操作业

创建自己的管理利润考核仪表板。

第五节 封面的制作

扫码观看：
封面制作

通过前面的学习，我们终于从头到尾一步一步完成了任务，包括利润表、资产负债表、现金流量表、财务指标分析、收入洞察、应收账款管理、费用预算对控制，以及管理利润考核，每一章也体验了不同主题的仪表板，使用了各种可视化工具，全部内容放在一起也比较多，所以我们需要一张导航页，做一个目录给用户来展示，让他们更方便地通过链接进入到每一个模块。

首先配置页面背景，如图9-37所示，在【页面背景】→【添加映像】导入案例数据文档中准备好的"首页封面图片"，并将透明度设为0%，在【图像匹配度】中选择【匹配度】，把整张照片放在页面里作为背景。

接着如图9-38所示，插入标题"商业智能财务分析"。

如图9-39所示，再做一个提示"点击下方进入了模块页面"。

然后就可以摆放8个模块，并列的一行放4个。以利润表为例，如图9-40所示，插入文本框，写上"利润表"。

最后补全8个模块名称，并给每个模块配置不同的填充色。如图9-41所示，透明度均为80%。

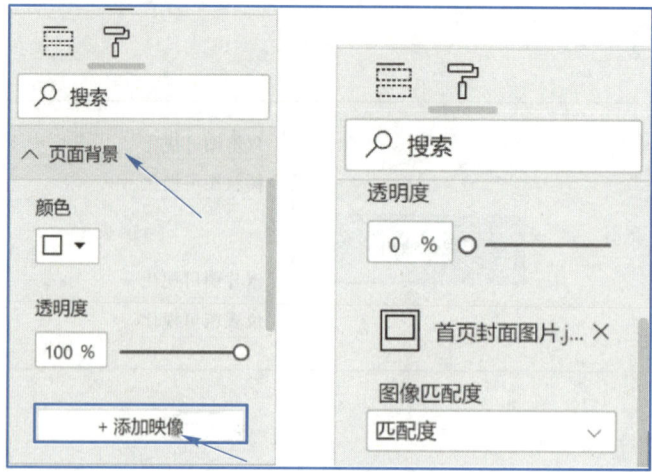

图 9-37　页面背景

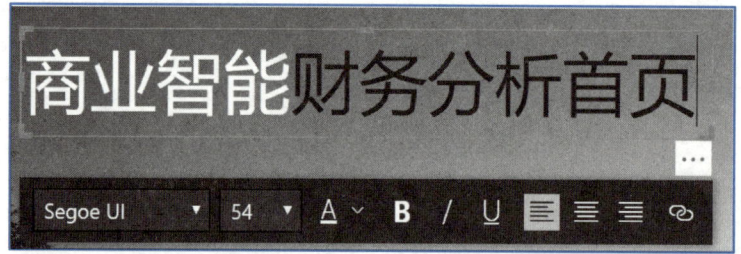

图 9-38　插入标题

图 9-39　标题提示

图 9-40　添加模块标题

图 9-41　调节模块透明度

那么如何让每一个模块点击之后就可以进行跳转？这里用到的功能是【视图】选项卡下的【书签】，类似于 PPT 里的超链接。由于每个模块操作都是一样的，因此依然都以"利润表"为例做演示，操作如图 9-42 所示。

① 点击【视图】；

② 点击【书签】；

③ 选择【利润表】；

④ 点击【添加】，并将添加书签重命名为"利润表"。

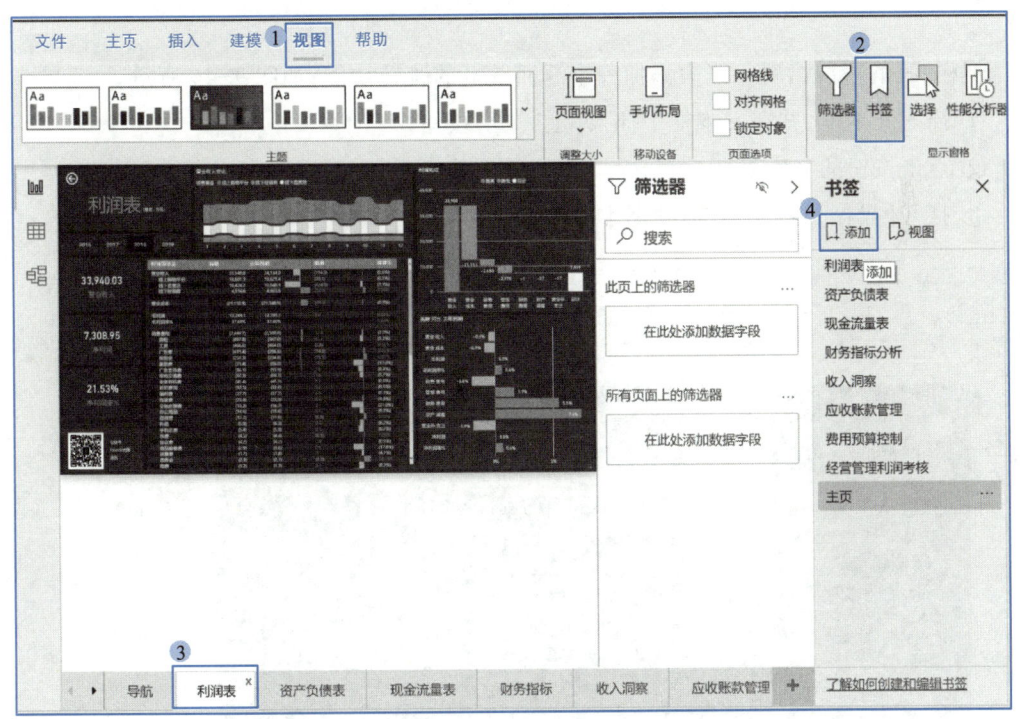

图 9-42　添加书签

然后回到【导航】页，设置书签类型，如图 9-43 所示。

① 点击【利润表】文本框；

② 在【设置形状格式】中，【操作】栏下，类型选择【书签】；

③ 当鼠标移至【利润表】文本框的时候，发现有了【按住 Ctrl 键并单击此处以跟踪跳转链接】这样的提示，这是因为在 Power BI 桌面版里不能直接点击进行跳转，需要按 Ctrl 再点击模块实现跳转。

图 9-43　设置书签类型

同样，我们可以给每一张表添加一个返回首页的跳转功能，如图 9-44 所示。

① 插入文本框，并在文本框中插入【上一步】按钮；

② 点击按钮的文本框；

③ 打开【操作】栏，类型为【书签】，书签为【主页】。

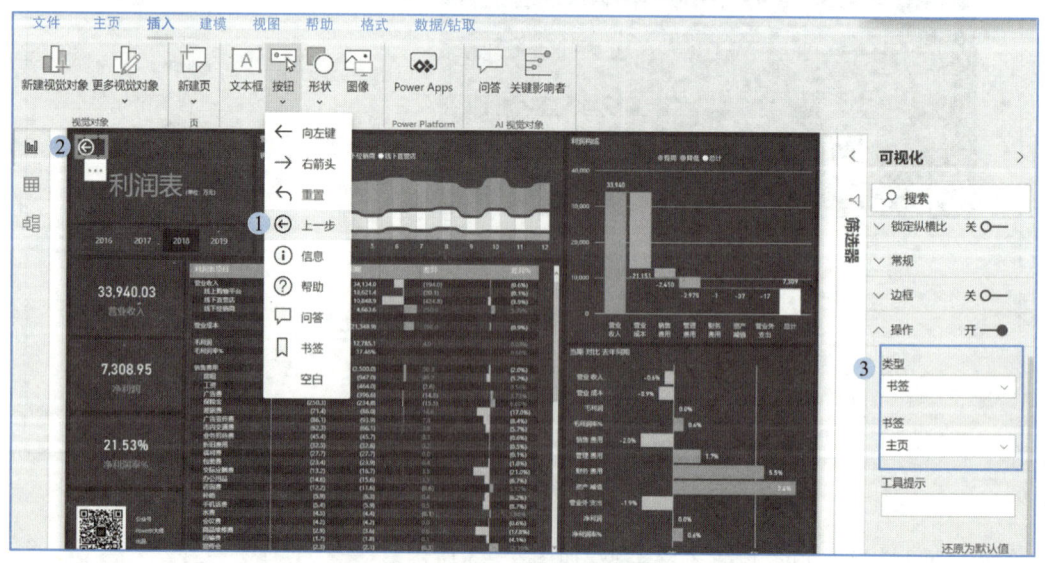

图 9-44　设置返回首页的跳转

本节思维导图

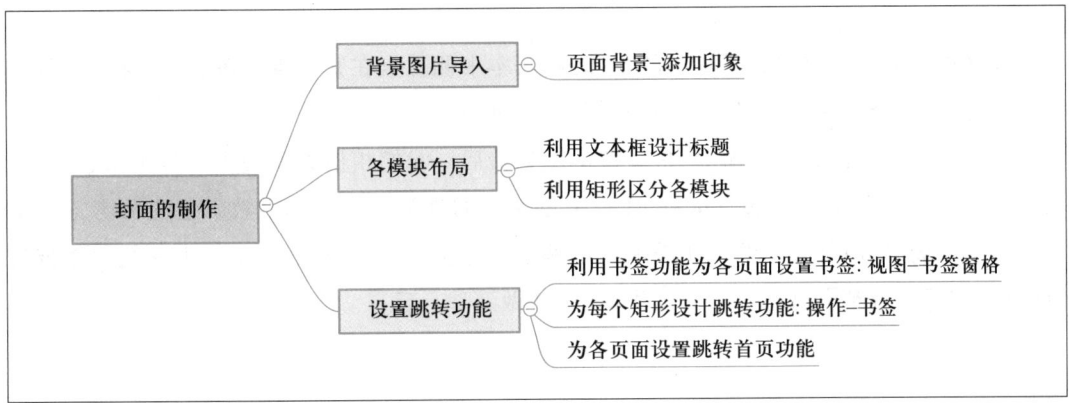

实操作业

设计导航封面。

本章关键词

| 销售渠道 | 共享成本 | 气泡图 | 散点图 | 动态图播放轴 |
| 树状图 | 径向仪表图 | 导航封面 | 跳转功能 | |

即测即评

请扫描右侧二维码,进行随堂测试。

到这里我们已经讲解完了课程的全部内容,本书侧重点在知识点讲解,对步骤的详细说明以及可视化调整,大家可以跟着视频课程进行练习。

非常感谢各位读者的不懈努力,坚持学习到最后。我们相信大家一步一步走来,也一定积累了自己的心得体会,并对 Power BI 有了更深入的理解。虽然本书教学已充分考虑了诸多实际应用场景,但是真正的工作需求一定是千变万化的,所以我们更希望大家能够掌握这门课程的精髓,带到自己的学习和工作中去,并做到举一反三。

郑重声明

高等教育出版社依法对本书享有专有出版权。任何未经许可的复制、销售行为均违反《中华人民共和国著作权法》，其行为人将承担相应的民事责任和行政责任；构成犯罪的，将被依法追究刑事责任。为了维护市场秩序，保护读者的合法权益，避免读者误用盗版书造成不良后果，我社将配合行政执法部门和司法机关对违法犯罪的单位和个人进行严厉打击。社会各界人士如发现上述侵权行为，希望及时举报，本社将奖励举报有功人员。

反盗版举报电话　（010）58581999　58582371　58582488
反盗版举报传真　（010）82086060
反盗版举报邮箱　dd@hep.com.cn
通信地址　北京市西城区德外大街4号
　　　　　高等教育出版社法律事务与版权管理部
邮政编码　100120